2024
国家统一法律职业资格考试

历年客观试题精讲

主编　桑　磊
编著　李万强　邹龙妹

三国法

［章节版］

历年经典客观题，配套教材大纲，章节自测
十余位法学专家学者倾力奉献，全新解读；深度解析命题思路，点拨答题方法

扫码进题库

中国法制出版社
CHINA LEGAL PUBLISHING HOUSE

图书在版编目（CIP）数据

2024国家统一法律职业资格考试历年客观试题精讲：章节版．三国法／桑磊主编．—北京：中国法制出版社，2024.6

ISBN 978-7-5216-4156-1

Ⅰ．①2… Ⅱ．①桑… Ⅲ．①国际法-资格考试-题解②国际私法-资格考试-题解③国际经济法-资格考试-题解 Ⅳ．①D920.4

中国国家版本馆CIP数据核字（2024）第032516号

策划编辑：李连宇

责任编辑：李连宇　黄丹丹　刘海龙　潘环环　　封面设计：拓　朴

2024国家统一法律职业资格考试历年客观试题精讲：章节版．三国法

2024 GUOJIA TONGYI FALÜ ZHIYE ZIGE KAOSHI LINIAN KEGUAN SHITI JINGJIANG：ZHANGJIEBAN. SANGUOFA

主编／桑　磊

经销／新华书店

印刷／三河市华润印刷有限公司

开本／787毫米×1092毫米　16开　　印张／7.25　字数／210千

版次／2024年6月第1版　　2024年6月第1次印刷

中国法制出版社出版

书号 ISBN 978-7-5216-4156-1　　总定价：261.00元（全八册）

北京市西城区西便门西里甲16号西便门办公区

邮政编码：100053　　传真：010-63141600

网址：http：//www.zgfzs.com　　编辑部电话：010-63141811

市场营销部电话：010-63141612　　印务部电话：010-63141606

（如有印装质量问题，请与本社印务部联系。）

本书二维码内容由桑磊法考提供，用于服务广大考生，有效期截至2024年12月31日。

目　录

第一部分 国际法

第一章 国家的管辖权与主权豁免

试 题

1. 乘坐乙国航空公司航班的甲国公民，在飞机进入丙国领空后实施劫机，被机组人员制服后交丙国警方羁押。甲、乙、丙三国均为1963年《东京公约》、1970年《海牙公约》及1971年《蒙特利尔公约》缔约国。据此，下列哪一选项是正确的？（2017-1-32）

A. 劫机发生在丙国领空，仅丙国有管辖权

B. 犯罪嫌疑人为甲国公民，甲国有管辖权

C. 劫机发生在乙国航空器上，仅乙国有管辖权

D. 本案涉及国际刑事犯罪，应由国际刑事法院管辖

2. 甲国某公司与乙国驻甲国使馆因办公设备合同产生纠纷，并诉诸甲国法院。根据相关国际法规则，下列哪些选项是正确的？（2014-1-75）

A. 如合同中有适用甲国法律的条款，则表明乙国放弃了其管辖的豁免

B. 如乙国派代表出庭主张豁免，不意味着其默示接受了甲国的管辖

C. 如乙国在本案中提起了反诉，则是对管辖豁免的默示放弃

D. 如乙国曾接受过甲国法院的管辖，甲国法院即可管辖本案

详 解

1. [答案] B [难度] 易

[考点] 国际民航安全制度；国际刑事责任问题

[命题和解题思路] 命题人通过本题考查了国际民航安全制度和国际刑事责任问题。考生要注意的是，反劫机三公约对劫机行为实行的是并行管辖制度，也就是说，公约体系所确定的相关国家法院均享有管辖权，甚至在管辖上也没有先后次序之分。因此，选项中"言之凿凿"声称"仅由"某国法院行使管辖权应该是错误的。在此考生注意不要错误理解和适用"属地优越权"概念，以免造成误判。另外，尽管劫机也是一项国际罪行，但不属于国际刑事法庭受案范围。国际刑事法院仅对犯有灭绝种族罪、反人类罪、战争罪和侵略罪四种国际社会认为最严重的国际罪行的个人行使管辖权。

[选项分析] 国际民航安全制度建立在1963年《在航空器上犯罪和其他某些行为的公约》（《东京公约》）、1970年《关于制止非法劫持航空器的公约》（《海牙公约》）和1971年《关于制止危害民用航空安全的非法行为的公约》（《蒙特利尔公约》）三个公约的基础上。根据上述三个公约的规定，对于危害民航安全罪行下列国家均拥有管辖权：（1）航空器登记国；（2）航空器降落地国，当犯罪嫌疑人仍在航空器内；（3）承租人的营业地国或常住地国，当航空器是不带机组的出租；（4）犯罪嫌疑人所在国；（5）犯罪嫌疑人国籍国或永久居所国；（6）犯罪行为发生地国；（7）罪行后果涉及国，包括受害人国籍国或永久居所国、后果涉及领土国、罪行危及其安全的国家；（8）根据本国法行使管辖权的其他国家。本题中，甲国是嫌疑人国籍国，乙国是航空器登记国，丙国是犯罪行为发生地国，三个国家对该劫机行为均有管辖权，而且都不能独占地行使管辖权，因此，选项A、C错误，选项B正确。

选项D是重点干扰项。1998年《国际刑事法院罗马规约》建立的国际刑事法院对于犯有灭绝种族罪、反人类罪、战争罪和侵略罪四种国际社会认为最严重的国际罪行的个人行使管辖权。该《规约》并未涉及国家本身刑事责任的问题，仅申明其对个人刑事责任的规定不影响国家根据国际

法其他规则所应承担的责任。需要注意的是，国际法上的“国际罪行”，除了上面所指的国家严重违背其国际义务的一种国家不法行为外，还常用来指由国际条约规定的、国家具有普遍管辖权或惩治义务的某些个人犯罪，如劫机、海盗、贩毒等。**这种国际犯罪本身是个人罪行，不存在国家刑事责任问题，通常是由国内法院进行管辖和审判**。因此，选项 D 错误。

2. ［答案］BC　　［难度］中

［考点］国家主权豁免

［命题和解题思路］国家主权豁免是指国家的行为及其财产不受或免受他国管辖。与国家的管辖权一样，国家享有的这种非经自己同意、不受他国管辖的权利，同样被认为是国家主权的体现，符合主权国家在国际关系中平等性和独立性的特征。尽管国家主权豁免可以“放弃”，但是为避免对被诉国国家主权的任意贬损，这些“放弃”的情形要严格把握。本题选项的设置，就是考查考生对这一问题是否熟悉。

［选项分析］选项 A 是重点干扰项。一国如以某种方式同意另一国法院对某一事项或案件行使管辖，就不得在该法院就该事项或案件提起的诉讼中援引管辖豁免。明示的同意容易判断，比如在国际协定、书面合同或在法院发表的声明或在特定诉讼中提出的书面函件里明确表示放弃国家豁免。**默示的同意需要从严把握**。2004 年《联合国国家及其财产管辖豁免公约》规定，如果一国本身就该事项或案件在他国法院提起诉讼、介入诉讼或提起反诉，则亦不得在另一国法院中援引管辖豁免，这是国家豁免的一种默示放弃形式。同时，公约也规定，以下几种情形不应解释为一国同意另一国的法院对其行使管辖权：（1）一国同意适用另一国的法律；（2）一国仅为援引豁免或对诉讼中有待裁决的财产主张一项权利之目的而介入诉讼；（3）一国代表在另一国法院出庭作证；（4）一国未在另一国法院的诉讼中出庭。**第一种情形容易引起混淆**，许多考生以为合同中有适用甲国法律的条款就表明乙国放弃了豁免。2004 年公约尚未生效，但表明了该领域的一种趋势，也是国家实践的反映。因此，甲国某公司与乙国驻甲国使馆签订的办公设备合同有适用甲国法律的条款，也不能表明乙国放弃了其管辖的豁免；乙国派代表出庭主张豁免，也不意味着其默示接受了甲国的管辖；乙国在本案中提起了反诉，则是对管辖豁免的默示放弃。选项 A 错误，选项 B、C 正确。

国家豁免事关重大，都是逐案讨论和解决的。一国先前曾接受过另一国法院的管辖，并不表明该国继续在另一国法院的其他案件中仍然放弃豁免。因此，即便乙国曾接受过甲国法院的管辖，甲国法院也不能当然地对本案行使管辖权。选项 D 错误。

第二章　联合国体系

试　题

1. 甲国国际法学者约翰拟参选联合国国际法院法官，安理会常任理事国乙国表示反对。关于相关的国际法规则，下列哪一说法是正确的？（2022 年回忆版）

A. 约翰若当选国际法官，对涉及甲国的案件不需要申请回避

B. 国际法官只要在大会投票表决超过 2/3 即可当选

C. 若乙国投出否决票，则约翰不能当选国际法官

D. 甲国驻联合国代表团可提名约翰为国际法院法官

2. 联合国会员国甲国出兵侵略另一会员国。联合国安理会召开紧急会议，讨论制止甲国侵略的决议案，并进行表决。表决结果为：常任理事国 4 票赞成、1 票弃权；非常任理事国 8 票赞成、2 票否决。据此，下列哪一选项是正确的？（2016－1－32）

A. 决议因有常任理事国投弃权票而不能通过

B. 决议因非常任理事国两票否决而不能通过

C. 投票结果达到了安理会对实质性问题表决通过的要求

D. 安理会为制止侵略行为的决议获简单多数赞成票即可通过

3. 联合国大会由全体会员国组成，具有广泛的职权。关于联合国大会，下列哪一选项是正确的？（2015-1-32）

A. 其决议具有法律拘束力

B. 表决时安理会5个常任理事国的票数多于其他会员国

C. 大会是联合国的立法机关，三分之二以上会员国同意才可以通过国际条约

D. 可以讨论《联合国宪章》范围内或联合国任何机关的任何问题，但安理会正在审议的除外

4. 甲国分立为“东甲”和“西甲”，甲国在联合国的席位由“东甲”继承，“西甲”决定加入联合国。“西甲”与乙国（联合国成员）交界处时有冲突发生。根据相关国际法规则，下列哪一选项是正确的？（2014-1-32）

A. 乙国在联大投赞成票支持“西甲”入联，一般构成对“西甲”的承认

B. “西甲”认为甲国与乙国的划界条约对其不产生效力

C. “西甲”入联后，其所签订的国际条约必须在秘书处登记方能生效

D. 经安理会9个理事国同意后，“西甲”即可成为联合国的会员国

详　解

1. ［答案］A　　［难度］中

［考点］国际法院的法官

［命题和解题思路］国际法院的法官是和平解决国际争端中司法方式下的一个细节问题。对于专案法官制度，考生是比较熟悉的，但如果对法官的选举制度不熟悉，则在本题的解答中容易产生困惑。

［选项分析］国际法院的法官对本国籍案件不适用回避制度，除非其就任前曾参与该案件，故选项A正确。

国际法院的法官在联合国大会和安全理事会中分别进行独立选举，只有在这两个机关同时获得绝对多数票方可当选，故选项B错误。

安理会常任理事国对于国际法院法官的产生没有一票否决权，故选项C错误。

国际法院法官的提名，由各国根据常设仲裁法院的“各国团体”名单提出候选人，在常设仲裁法院没有本国代表的国家可由本国的法学家专门团体提名，而并非由政府提名，故选项D错误。

2. ［答案］C　　［难度］中

［考点］联合国体系

［命题和解题思路］本题考查考生对安理会表决机制的熟悉程度。命题人主要想考查考生三个问题：(1) 是否知晓安理会表决机制因决议事项性质的不同而不同；(2) 是否知晓常任理事国和非常任理事国各自反对票的不同效力；(3) 是否知晓常任理事国弃权票的实际效果。本题题干设计的赞成票数较多，一定程度上减轻了考生对选项B和C进行判断的难度。选项D错误比较明显，因为安理会是联合国在维持国际和平与安全方面负主要责任的机关，对于“侵略”这种十分明显的实质性问题采用“简单多数”赞成票通过于理不合。对于常任理事国的弃权票，一些考生可能认为不能算作赞成票从而产生误判，但是对于关注国际时事的考生来讲应该是个极易辨识的问题。

［选项分析］联合国体制机制是考试多次考查的内容。本题涉及联合国安理会表决机制。联合国安理会由联合国15个会员国组成，其中，中国、法国、俄罗斯、英国及美国5国为安理会常任理事国，其他10个安理会非常任理事国由联合国大会遵循一定原则选举产生。根据《联合国宪章》第27条规定，对于程序事项，安理会9个理事国同意即可；其他所有事项，则不仅需要安理会9个理事国同意，而且表示同意的9个理事国应包括所有5个常任理事国（即常任理事国的“一票否决权”，也称“大国一致原则”）。本题中，“制止甲国侵略决议案”属于实质性事项，不属于程序事项，常任理事国4票赞成、1票弃权（弃权不构成否决），非常任理事国8票赞成、2票否决，共计13国同意且同意国包含了5个常任理事国，表决结果符合《联合国宪章》第27条的规定，因此，选项C正确。

选项A是重点干扰项。考生需要特别注意的是，联合国的长期实践已形成一种先例，即常任理事国的弃权并不构成对实质性问题决议的否决，“弃权”的实际效果等同于“同意”。这是一种“实践智慧”，适用于常任理事国不支持某项决议

但也不想阻止其通过的情形，能够在一定程度上缓冲常任理事国之间在一些问题上的对立。基于此，本题中尽管常任理事国中有一国弃权，但并不构成对相关决议的否决，不影响决议的通过。因此，选项 A 不正确。

15 个理事国中，同意国超过了 9 个并且包括了全部 5 个常任理事国，因此，2 个非常任理事国投反对票不足以否决决议，选项 B 不正确。

本题的选项 D 甚至可以不通过阅读题干即可判断正误，只要明白该选项提及的“制止侵略行为的决议”不属于程序事项。如上所述，非程序事项仅有简单多数赞成票是不能通过的。因此，选项 D 不正确。

易混淆点解析

本题有两点可能导致考生出现失误：其一，错误理解联合国安理会表决机制中的“大国一致原则”，误认为联合国安理会决议的通过需要所有常任理事国均投赞成票，即误认为弃权票具有阻止决议通过效力。其二，对“制止甲国侵略决议案”性质认识不清，搞不清题干中这一因素对本题答案会有什么影响。这两点搞清楚了，也就基本掌握了联合国安理会的表决机制。通过解答本题，考生对国际法可能会有新的认识：（1）在一些问题上，比如安理会对实质性问题的表决，常任理事国与非常任理事国是“不平等”的；（2）“五常”的“弃权”不能算作“否决”，因此，所谓的“大国一致”实际上可能并不完全一致。

3. ［答案］D　　［难度］易

［考点］联合国体系

［命题和解题思路］本题相对比较简单，选项内容在学习中也是经常被反复强调的。需要注意的是，不要把 5 个常任理事国在安理会拥有的一票否决权“幻化为”它们在联大的表决票多于其他会员国的错觉。另外，联合国大会的职权受到安理会审议事项的限制也需加以注意。

［选项分析］联合国大会不是一个立法机关，而主要是一个审议和建议机关。根据《联合国宪章》，联合国大会对于联合国组织内部事务通过的决议对于会员国具有拘束力；对于其他一般事项作出的决议属于建议性质，不具有法律拘束力。因此，选项 A、C 错误。

选项 B 是重点干扰项。联合国大会表决实行会员国一国一票制。对于一般问题的决议采取简单多数通过；对于重要问题决议采取 2/3 多数通过。实践中也常常采取协商一致方法通过决议。在这里，并未给予安理会 5 个常任理事国以更多的投票权。其实，即便在安理会，实行的也是每一理事国一票的表决制度，只不过在非程序事项或称实质性事项的决议表决问题上，要求包括全体常任理事国在内的 9 个同意票，从而赋予了常任理事国以否决权。因此，选项 B 错误。

根据《联合国宪章》，联合国大会由全体会员国组成，具有广泛的职权，可以讨论宪章范围内或联合国任何机关的任何问题，但安理会正在审议的除外。因此，选项 D 正确。

4. ［答案］A　　［难度］中

［考点］国际法上的承认；国际法上的继承；条约的效力；联合国体系

［命题和解题思路］命题人通过设置一个国家的“分立”情形把国际法上若干分散的知识点放在一起进行考查。选项 A 的正确性比较明显，其余三项则有不同程度的迷惑性。对于此类“单项选择”考题，考生如果能够确定地找到一个明显的正确答案，则其他选项就可以“不予理会”了。

［选项分析］选项 A 涉及国家的承认。国际法上国家的承认一般是指既存国家对于新国家的出现，以一定的方式表示接受或同时表明愿意与其发展正常关系的单方面行为。国际法没有对承认的形式作出明确规定，国际实践中有明示和默示两种。本题涉及默示承认问题。默示承认是指承认者不是通过明白的语言文字，而是通过与承认对象有关的行为表现出承认的意思，主要情形包括：（1）与承认对象建立正式外交关系；（2）与承认对象缔结正式的政治性条约；（3）正式接受承认对象的领事或正式投票支持承认对象参加政府间国际组织等。本题中，乙国在联大投赞成票支持“西甲”入联，应当构成对“西甲”的承认。因此，选项 A 正确。

选项 B 涉及国家继承中的条约继承问题。条约的继承，是指在领土发生变更时，被继承国的条约对于继承国是否继续有效的问题。通常，与领土有关的“非人身性条约”，比如关于领土边界、河流交通、水利灌溉等方面的条约，属于继承的范围；而与国际法主体人格有关的所谓“人身性条约”以及政治性条约，一般不予继承。不同的领土变更情况，条约继承的情况也不尽相同。在国家分离或分立的情况下，不论原先的被继承国是否存续，原来对被继承国全部领土有效的条约，对于所有继承国继续有效。本题中，尽管分立后成立的“西甲”与乙国时有边界冲突，但仍有义务接受先前被继承国甲国与乙国签订的边界条约的约束。因此，“西甲”认为甲国与乙国的划界条约对其不产生效力是错误的，选项 B 错误。

选项 C 涉及条约的登记及其效力问题。该选项为易混淆选项。《维也纳条约法公约》第 80 条规定：“条约应于生效后送请联合国秘书处登记或存案及记录，并公布之。”《联合国宪章》第 102 条也规定，联合国任何会员国所缔结的一切条约及国际协定应尽速在秘书处登记，并由秘书处公布。否则，条约的当事国不得在联合国的任何机构中援引该项条约。这说明，在秘书处登记不是“西甲”所签订的国际条约生效的前提条件，相反，在联合国秘书处登记的条约必须是已生效的条约，条约和国际协定尚未在缔约国之间生效之前，不得进行登记。不登记，不影响“西甲”所签国际条约的生效，只是不得在联合国的任何机构中援引该项条约。因此，选项 C 错误。

选项 D 涉及联合国会员国资格的取得。该选项有两点错误。其一，联合国接纳为新会员国的程序是：申请国首先向秘书长提出申请，秘书长将其申请交由安理会，安理会审议并通过后向联合国大会推荐。联合国大会审议并经 2/3 多数通过。因此，要成为联合国新会员国仅有安理会的同意是不够的。其二，安理会在向大会推荐接纳新会员国或秘书长人选、建议中止会员国权利和开除会员国等问题上，也适用非程序性事项表决程序。而安理会对于非程序事项或称实质性事项的决议表决，要求包括全体常任理事国在内的 9 个同意票，此又称为“大国一致原则”，即任何一个常任理事国都享有否决权。选项 D 只提及“9 个理事国”，未明确 9 个理事国“包括全体常任理事国”，所以，“西甲”能否通过安理会程序，也存在疑问。因此，选项 D 错误。

第三章 国家领土

试 题

乙国一架民航飞机因机械故障在甲乙两国边界附近坠毁并引发森林火灾，乙国组织力量紧急救援。乙国救援队为灭火和抢救生命，擅自进入甲国国界数十米，尽管乙国尽力救助，火灾还是给甲国造成了财产损失。后乙国救援队撤回国界内，发现甲乙两国界标毁损。根据国际法相关规则，下列哪些说法是正确的？（2021 年回忆版）

A. 乙国救援人员未经甲国同意越过边境救灾，构成国际不法行为

B. 乙国可自行修复界碑，恢复后通知甲国

C. 乙国通知甲国后，应尽快修复界碑

D. 乙国无需承担因火灾给甲国造成的损失

详 解

［答案］AD　　［难度］易

［考点］边境和边界

［命题和解题思路］命题人通过本题综合考查了边境土地的使用、界标的维护、国家责任等多个知识点。题目较为综合，难度不大，对界标的维护相关知识点熟悉的考生容易选出正确答案。

［选项分析］国家对本国领土有绝对主权，进入一国领土应经主权国家同意。乙国人员未经许可越境救灾，构成国际不法行为。因此选项 A 正确。

在已设界标边界线上，相邻国家对界标的维护负有共同责任。双方都应采取必要措施防止界标被移动、损坏或灭失。若一方发现界标出现上述情况，应尽快通知另一方，在双方代表在场的情况下修复或重建。国家有责任对移动、损坏或毁灭界标的行为给予严厉惩罚。因此选项 B、C 均错误。

该民航飞机坠毁并非可归因国家的行为，乙国也进行了积极的救助。乙国无需承担因火灾给甲国造成的损失。因此选项 D 正确。

另外，军舰、潜水艇或其他潜水器通过他国领海的问题，沿海国对外国船舶上发生的刑事或民事事件的管辖权问题，无害通过与过境通行的区别问题等，考生也要予以关注。

4. [答案] D [难度] 中

[考点] 群岛水域

[命题和解题思路] 本题较为集中地考查考生对群岛水域法律制度的掌握程度。尽管命题人在题干中简单设置了一个情形，但只是影响到对选项 B 的判断，对其他三个选项基本没有影响。命题人设置的干扰点是群岛水域与专属经济区的关系：一是群岛国在划定群岛水域后能否主张专属经济区；二是群岛基线能否将隔海邻国的领海和公海或专属经济区隔断。

[选项分析] 群岛水域是群岛国的群岛基线所包围的内水之外的海域。群岛水域的航行制度分为无害通过和群岛海道通过两种情况。前一种是所有国家的船舶享有通过除群岛国内水以外的群岛水域的无害通过权；后一种是指群岛国可以指定适当的海道和其上的空中通道，以便其他国家的船舶或飞机连续不停地迅速通过或飞越其群岛水域及其邻接的领海。**这两种通过制度都不需要群岛国的许可**，因此，选项 A 错误。

选项 B 是重点干扰项。群岛基线的划法比较复杂。与本题相关的有两点：基线的划定不应在任何明显的程度上偏离群岛的一般轮廓；**群岛国不应采用一种基线制度，致使另一国的领海同公海或专属经济区隔断**。选项 B 错误。

选项 C 和选项 D 的正误比较明显。根据《联合国海洋法公约》第 48、49 条的规定，群岛国对其群岛水域包括其上空和底土拥有主权；群岛水域的划定不妨碍群岛国可以按照《联合国海洋法公约》划定内水，及在基线之外划定领海、毗连区、专属经济区和大陆架。因此，甲国对其群岛水域包括上空和底土拥有主权；**甲国虽已划定了群岛水域，仍然可以再划定专属经济区**。选项 C 错误，选项 D 正确。

第五章 国际法上的个人

试 题

1. 中国籍公民李智与德国籍公民珍妮结婚后取得了德国国籍，二人共同生活在中国北京。李智加入德国籍后没有到公安机关注销中国身份证与户籍。根据中国法律规定，下列哪些说法是正确的？（2023 年回忆版）

A. 如公安机关发现珍妮存在严重违法情形，决定将其驱逐出境，其可向法院提起行政诉讼

B. 如珍妮有危害国家安全的嫌疑并被公安机关拘留审查，其可依法提起行政复议

C. 中国法院管辖李智的案件时应认定其国籍国为中国

D. 如李智有未了结的民事诉讼，不得出境

2. 甲国和乙国爆发重大武装冲突，甲国难民大量流入乙国。甲乙两国都是《联合国关于难民地位的公约》的缔约国。对此，下列哪一说法是正确的？（2022 年回忆版）

A. 难民 A 以难民身份获准留在乙国，可从事营利性活动

B. 难民 B 未经许可进入乙国，乙国可对其进行惩罚

C. 如难民 C 回国将面临生命安全威胁，在任何情况下，乙国都不能将其遣返

D. 乙国接收甲国难民属于国际法上的庇护

3. 2005 年，甲国夫妇汤姆和玛丽来华收养中国女孩樱樱，樱樱改名艾琳后随养父母一同定居甲国并取得甲国国籍。2019 年，艾琳被中国高校录取来中国境内读书。对此，下列哪一说法是正确的？（2021 年回忆版）

A. 艾琳到中国学习，无需办理签证

B. 艾琳可以同时有甲国和中国国籍

C. 甲国暴发传染病疫情，甲国夫妇申请进入中国境内探望艾琳，中国边检机关禁止二人入境可不说明理由

D. 艾琳可以利用周末到快餐店兼职

4. 某外国体育明星申请加入中国国籍。对此，下列哪一说法是正确的？（2020 年回忆版）

A. 加入中国国籍应由中国外交部批准

B. 其妻为广州人，其子也在广州出生，具有中国国籍

C. 一旦加入中国国籍就不能退出

D. 获得中国国籍后还能保留原国籍

5. 甲国人汉斯因公务来华，在北京已居住两年。在此期间，汉斯与一名中国籍女子在北京结婚并生有一子。根据我国相关法律规定，下列哪些说法是正确的？（2019 年回忆版）

A. 汉斯有尚未完结的民事诉讼，边检机关可限制其出境

B. 北京是汉斯的经常居所地

C. 汉斯利用周末假期在某语言培训机构兼职教课，属于非法工作

D. 汉斯和中国籍妻子的儿子具有中国国籍

6. 中国公民李某与俄罗斯公民莎娃结婚，婚后定居北京，并育有一女李莎。依我国《国籍法》，下列哪些选项是正确的？（2017-1-75）

A. 如李某为中国国家机关公务员，其不得申请退出中国国籍

B. 如莎娃申请中国国籍并获批准，不得再保留俄罗斯国籍

C. 如李莎出生于俄罗斯，不具有中国国籍

D. 如李莎出生于中国，具有中国国籍

7. 马萨是一名来华留学的甲国公民，依中国法律规定，下列哪些选项是正确的？（2017-1-76）

A. 马萨入境中国时，如出入境边防检查机关不准其入境，可以不说明理由

B. 如马萨留学期间发现就业机会，即可兼职工作

C. 马萨留学期间在同学家中短期借住，应按规定向居住地的公安机关办理登记

D. 如马萨涉诉，则不得出境

8. 甲国公民汤姆于 2012 年在本国故意杀人后潜逃至乙国，于 2014 年在乙国强奸一名妇女后又逃至中国。乙国于 2015 年向中国提出引渡请求。经查明，中国和乙国之间没有双边引渡条约。依相关国际法及中国法律规定，下列哪一选项是正确的？（2015-1-33）

A. 乙国的引渡请求应向中国最高人民法院提出

B. 乙国应当作出互惠的承诺

C. 最高人民法院应对乙国的引渡请求进行审查，并由审判员组成合议庭进行

D. 如乙国将汤姆引渡回本国，则在任何情况下都不得再将其转引

9. 中国公民王某与甲国公民彼得于 2013 年结婚后定居甲国并在该国产下一子，取名彼得森。关于彼得森的国籍，下列哪些选项是正确的？（2015-1-75）

A. 具有中国国籍，除非其出生时即具有甲国国籍

B. 可以同时拥有中国国籍与甲国国籍

C. 出生时是否具有甲国国籍，应由甲国法确定

D. 如出生时即具有甲国国籍，其将终生无法获得中国国籍

10. 王某是定居美国的中国公民，2013 年 10 月回国为父母购房。根据我国相关法律规定，下列哪一选项是正确的？（2014-1-34）

A. 王某应向中国驻美签证机关申请办理赴中国的签证

B. 王某办理所购房产登记需提供身份证明的，可凭其护照证明其身份

C. 因王某是中国公民，故需持身份证办理房产登记

D. 王某回中国后，只要其有未了结的民事案件，就不准出境

11. 中国某航空公司国际航班在乙国领空被乙国某公民劫持，后乙国将该公民控制，并拒绝了甲国的引渡请求。两国均为 1971 年《关于制止危害民用航空安全的非法行为的公约》等三个国际民航安全公约缔约国。对此，下列哪一说法是正确的？（2013-1-33）

A. 劫持未发生在甲国领空，甲国对此没有管辖权

B. 乙国有义务将其引渡到甲国

C. 乙国可不引渡，但应由本国进行刑事审判

D. 本案属国际犯罪，国际刑事法院可对其行使管辖权

12. 甲国公民杰克申请来中国旅游，关于其在中国出入境和居留期间的管理，下列哪些选项是正确的？（2013-1-76）

A. 如杰克患有严重精神障碍，中国签证机关不予签发其签证

B. 如杰克入境后可能危害中国国家安全和利益，中国出入境边防检查机关可不准许其入境

C. 杰克入境后，在旅馆以外的其他住所居住或者住宿的，应当在入住后 48 小时内由本人或者留宿人，向居住地的公安机关办理登记

D. 如杰克在中国境内有未了结的民事案件，法院决定不准出境的，中国出入境边防检查机关有权阻止其出境

13. 甲国公民库克被甲国刑事追诉，现在中国居留，甲国向中国请求引渡库克，中国和甲国间无引渡条约。关于引渡事项，下列选项正确的是：（2013-1-97）

A. 甲国引渡请求所指的行为依照中国法律和甲国法律均构成犯罪，是中国准予引渡的条件之一

B. 由于库克健康原因，根据人道主义原则不宜引渡，中国可以拒绝引渡

C. 根据中国法律，引渡请求所指的犯罪纯属军事犯罪的，中国应当拒绝引渡

D. 根据甲国法律，引渡请求所指的犯罪纯属军事犯罪的，中国应当拒绝引渡

详　解

1. ［答案］BC　　［难度］中

［考点］国籍的取得与丧失；入境、居留和出境

［命题和解题思路］本题主要围绕《出境入境管理法》综合考查了国籍和外国人的法律地位等多个知识点，考查较细致，考生需要熟悉法条才能正确作答。该法已经多次考查，本题在以往重点法条的基础上有所拓展，考生应适当关注。

［选项分析］《出境入境管理法》第 81 条规定，外国人违反本法规定，情节严重，尚不构成犯罪的，公安部可以处驱逐出境。公安部的处罚决定为最终决定。选项 A 错误。

《出境入境管理法》第 64 条规定，外国人对依照本法规定对其实施的继续盘问、拘留审查、限制活动范围、遣送出境措施不服的，可以依法申请行政复议，该行政复议决定为最终决定。选项 B 正确。

《国籍法》第 3 条规定，中华人民共和国不承认中国公民具有双重国籍。第 9 条规定，定居外国的中国公民，自愿加入或取得外国国籍的，即自动丧失中国国籍。第 14 条规定，中国国籍的取得、丧失和恢复，除第 9 条规定的以外，必须办理申请手续。未满 18 周岁的人，可由其父母或其他法定代理人代为办理申请。李智取得德国籍后，定居在国内，不符合第 9 条的规定；他也没有到公安机关注销中国身份证和户籍，不符合第 14 条的规定。因此，李智仍属于中国公民。选项 C 正确。

《出境入境管理法》第 12 条第 3 项规定，中国公民有下列情形之一的，不准出境：（3）有未了结的民事案件，人民法院决定不准出境的。可见并非李智有未了结的民事诉讼，即不得出境。选项 D 错误。

2. ［答案］A　　［难度］难

［考点］《联合国关于难民地位的公约》；庇护

［命题和解题思路］本题目紧跟时事热点，考查了法考中鲜少出现的一个知识点，大多数考生对此知识点不熟悉。再结合庇护的知识点考查，增加了难度。按照《联合国关于难民地位的公约》规定，难民待遇主要有以下两方面的问题：一是难民待遇的一般原则：难民服从接受国的管辖；难民不受歧视；相互条件的免除。二是难民待遇的内容和标准：国民待遇；最惠国待遇；不低于一般外国人的待遇。而庇护是指国家对于因遭受他国迫害而来避难的外国人，准其入境和居留，给以保护，并拒绝将他引渡给另一国的行为。庇护的对象只限于政治犯。

［选项分析］《联合国关于难民地位的公约》第 18 条规定，缔约各国对合法在其领土内的难民，就其自己经营农业、工业、手工业、商业以及设立工商业公司方面，应给以尽可能优惠的待遇，无论如何，此项待遇不得低于一般外国人在同样情况下所享有的待遇。故选项 A 正确。

《联合国关于难民地位的公约》第 31 条第 1 款规定，缔约各国对于直接来自生命或自由受到

第1条所指威胁的领土未经许可而进入或逗留于该国领土的难民，不得因该难民的非法入境或逗留而加以刑罚，但以该难民毫不迟延地自行投向当局说明其非法入境或逗留的正当原因者为限。故选项B错误。

《联合国关于难民地位的公约》第33条规定，（1）任何缔约国不得以任何方式将难民驱逐或送回（“推回”）至其生命或自由因为他的种族、宗教、国籍、参加某一社会团体或具有某种政治见解而受威胁的领土边界。（2）但如有正当理由认为难民足以危害所在国的安全，或者难民已被确定判决认为犯过特别严重罪行从而构成对该国社会的危险，则该难民不得要求本条规定的利益。故并非在任何情况下，乙国都不能将其遣返。故选项C错误。

难民不等同于政治犯，不属于庇护的对象。故选项D错误。

3. [答案] C　　[难度] 中

[考点] 外国人的入境、出境；国籍相关制度

[命题和解题思路] 本题主要围绕着《出境入境管理法》进行了考查，难度不大，考生对国际法考查范围内的中国相关法律规定应予以重视。

[选项分析] 《出境入境管理法》第24条规定，外国人入境，应当向出入境边防检查机关交验本人的护照或者其他国际旅行证件、签证或者其他入境许可证明，履行规定的手续，经查验准许，方可入境。艾琳因为收养关系加入了甲国国籍，应遵守本条规定。选项A错误。

《国籍法》第3条规定，中华人民共和国不承认中国公民具有双重国籍。第9条规定，定居外国的中国公民，自愿加入或取得外国国籍的，即自动丧失中国国籍。艾琳的国籍状态应为甲国国籍。选项B错误。

《出境入境管理法》第21条规定，患有严重精神障碍、传染性肺结核病或者有可能对公共卫生造成重大危害的其他传染病的，不予签发签证，对不予签发签证的，签证机关可以不说明理由。第25条规定，外国人有下列情形之一的，不准入境，其中包括第21条所规定的情形，对不准入境的，出入境边防检查机关可以不说明理由。因而选项C正确。

《出境入境管理法》第41条规定，外国人在中国境内工作，应当按照规定取得工作许可和工作类居留证件。第43条规定，未按照规定取得工作许可和工作类居留证件在中国境内工作的，属于非法就业。外国留学生违反勤工助学管理规定，超出规定的岗位范围或者时限在中国境内工作的，属于非法就业。选项D未对许可情况加以说明，未满足以上条件，艾琳不可以在中国境内工作。因而选项D错误。

4. [答案] B　　[难度] 易

[考点] 国籍的取得；国籍的丧失；国籍的冲突；中国国籍法实践

[命题和解题思路] 本题围绕国籍制度进行命题，考查重点清晰，涉及申请加入中国国籍的审批权、中国在国籍取得和丧失方面采取的原则、中国是否承认双重国籍等。本题较为简单，依据法条即可解题。

[选项分析] 《国籍法》第16条规定：“加入、退出和恢复中国国籍的申请，由中华人民共和国公安部审批。经批准的，由公安部发给证书。”加入中国国籍应由公安部批准，因此，A选项错误。

《国籍法》第4条规定：“父母双方或一方为中国公民，本人出生在中国，具有中国国籍。”该外国体育明星申请加入中国国籍获批前仍为外国国籍，其妻子为中国公民，其儿子出生在中国，具有中国国籍。因此，B选项正确。

在国籍的丧失这个问题上，中国采取的是申请丧失为主，自动丧失为辅的原则。申请丧失体现在《国籍法》第10条和第11条。中国公民具有下列条件之一的，可以经申请批准退出中国国籍：（1）外国人的近亲属；（2）定居在外国的；（3）有其他正当理由。申请退出中国国籍获得批准的，即丧失中国国籍。自动丧失体现在《国籍法》第9条，即“定居外国的中国公民，自愿加入或取得外国国籍的，即自动丧失中国国籍。”并非一旦加入中国国籍就不能退出，因此，C选项错误。

《国籍法》第8条规定：“申请加入中国国籍获得批准的，即取得中国国籍；被批准加入中国国籍的，不得再保留外国国籍。”因此，D选项错误。

5. ［答案］CD　　［难度］易

［考点］入境、居留和出境；自然人的居所；中国国籍法实践

［命题和解题思路］本题考查的知识点横跨国际公法和国际私法两个领域，涉及外国人居留、出境、经常居所地的判断、国籍的取得等问题。选项 A 涉及的知识点以前曾经考过，选项 C、D 的判断相对容易。选项 B 具有一定迷惑性，但是考生如果全面掌握了《涉外民事关系法律适用法》司法解释关于经常居所地的界定，特别是其“但书”部分，该选项的正误就不难判断了。

［选项分析］《出境入境管理法》第 28 条规定：“外国人有下列情形之一的，不准出境：（一）被判处刑罚尚未执行完毕或者属于刑事案件被告人、犯罪嫌疑人的，但是按照中国与外国签订的有关协议，移管被判刑人的除外；（二）有未了结的民事案件，人民法院决定不准出境的；（三）拖欠劳动者的劳动报酬，经国务院有关部门或者省、自治区、直辖市人民政府决定不准出境的；（四）法律、行政法规规定不准出境的其他情形。”其中第二种情形“有未了结的民事案件”，还需要有“人民法院决定”，才符合不准出境的要求。因此，选项 A 错误。

选项 B 是重点干扰项。《最高人民法院关于适用〈中华人民共和国涉外民事关系法律适用法〉若干问题的解释（一）》第 13 条规定：“自然人在涉外民事关系产生或者变更、终止时已经连续居住一年以上且作为其生活中心的地方，人民法院可以认定为涉外民事关系法律适用法规定的自然人的经常居所地，但就医、劳务派遣、公务等情形除外。”尽管汉斯在北京已居住 2 年，但其属于因公务来华，也就不符合取得经常居所的条件。因此，选项 B 错误。

《出境入境管理法》第 37 条规定：“外国人在中国境内停留居留，不得从事与停留居留事由不相符的活动，并应当在规定的停留居留期限届满前离境。”第 43 条规定：“外国人有下列行为之一的，属于非法就业：（一）未按照规定取得工作许可和工作类居留证件在中国境内工作的；（二）超出工作许可限定范围在中国境内工作的；（三）外国留学生违反勤工助学管理规定，超出规定的岗位范围或者时限在中国境内工作的。”汉斯因公务来华，如果利用周末假期兼职教课，就属于非法工作。因此，选项 C 正确。

《国籍法》第 4 条规定：“父母双方或一方为中国公民，本人出生在中国，具有中国国籍。”汉斯与一名中国籍女子在北京结婚并生有一子，其子具有中国国籍。因此，选项 D 正确。

6. ［答案］ABD　　［难度］易

［考点］国籍的取得

［命题和解题思路］本题考查重点有两项，一是中国的“不承认双重国籍”原则，二是中国在国籍取得方面采取的“血统主义”立场。我国国籍法的血统主义体现在，父母双方或一方为中国公民，无论本人出生在中国还是外国，都具有中国国籍。但是要注意，父母双方或一方为中国公民并定居在外国，本人出生时即具有外国国籍的，不具有中国国籍。

［选项分析］《国籍法》第 12 条规定：“国家工作人员和现役军人，不得退出中国国籍。”如果李某为中国国家机关公务员，就不得申请退出中国国籍。因此，选项 A 正确。

《国籍法》第 3 条规定，我国不承认中国公民具有双重国籍，因此，如果莎娃申请中国国籍并获批准，就不得再保留俄罗斯国籍。故选项 B 正确。

选项 C 是重点干扰项。《国籍法》第 5 条规定：“父母双方或一方为中国公民，本人出生在外国，具有中国国籍；但父母双方或一方为中国公民并定居在外国，本人出生时即具有外国国籍的，不具有中国国籍。”李莎的父亲李某为中国公民，如果李莎本人出生于俄罗斯，根据本条规定，李莎具有中国国籍。因此，选项 C 错误。当然，如前所述，我国不承认中国公民具有双重国籍，如果李莎因出生而依俄罗斯法律具有了俄罗斯国籍，则其可能丧失中国国籍。

《国籍法》第 4 条规定：“父母双方或一方为中国公民，本人出生在中国，具有中国国籍。”李莎的父亲李某为中国公民，如果李莎本人出生于中国，根据本条规定，李莎具有中国国籍。因此，选项 D 正确。

7. ［答案］AC　　［难度］中

［考点］外国人入境、居留和出境

［命题和解题思路］命题人通过本题考查了外国人入境、居留和出境相关规定。本题选项 A 和选项 D 容易导致考生判断失误。有些考生对行政管理"透明度"作过度理解，错误地认为对于不准外国人入境的决定，出入境边防检查机关应当说明理由。对外国人的管理，有其特殊之处，对于不向外国人发放签证的决定以及不准外国人入境的决定，有关机关都不需要说明理由。就选项 D 而言，要注意所涉诉讼依照民事诉讼和刑事诉讼的不同，对外国人出境限制的条件或程度也不相同。

［选项分析］《出境入境管理法》第 25 条规定，对不准外国人入境的，出入境边防检查机关可以不说明理由。因此，选项 A 正确。

《出境入境管理法》第 42 条和第 43 条规定，国务院教育主管部门会同国务院有关部门建立外国留学生勤工助学管理制度，对外国留学生勤工助学的岗位范围和时限作出规定。外国留学生违反勤工助学管理规定，超出规定的岗位范围或者时限在中国境内工作的，属于非法就业。因此，如果马萨留学期间发现就业机会，必须遵守外国留学生勤工助学管理制度方可兼职工作。故选项 B 错误。

《出境入境管理法》第 39 条第 2 款规定："外国人在旅馆以外的其他住所居住或者住宿的，应当在入住后二十四小时内由本人或者留宿人，向居住地的公安机关办理登记。"因此，如果马萨留学期间在同学家中短期借住，应按规定向居住地的公安机关办理登记。故选项 C 正确。

选项 D 是重点干扰项。《出境入境管理法》第 28 条规定，外国人有下列情形之一的，不准出境：(1) 被判处刑罚尚未执行完毕或者属于刑事案件被告人、犯罪嫌疑人的，但是按照中国与外国签订的有关协议，移管被判刑人的除外；(2) 有未了结的民事案件，人民法院决定不准出境的；(3) 拖欠劳动者的劳动报酬，经国务院有关部门或者省、自治区、直辖市人民政府决定不准出境的；(4) 法律、行政法规规定不准出境的其他情形。因此，马萨涉诉应分两种情形区别对待：如果是刑事案件被告人、犯罪嫌疑人的，则不得出境；如果是民事案件，而且人民法院决定其不准出境的，马萨才不得出境。故选项 D 错误。

8. ［答案］B　　［难度］中

［考点］引渡

［命题和解题思路］本题考查考生对《引渡法》熟悉程度，选项的内容涉及外国向我国请求引渡的程序机制。命题人设计的"陷阱"是引渡的联系机关和引渡程序一些环节的审查机关。另外，转引渡的情形也容易被一些考生忽视。所幸的是，本题的正确项比较明显。因为题干强调中国和乙国之间没有双边引渡条约，那么根据一般实践以及《引渡法》，乙国应当作出互惠的承诺我国才会考虑其引渡申请。

［选项分析］《引渡法》第 4 条规定，我国和外国之间的引渡，通过外交途径联系；中国外交部为指定的进行引渡的联系机关。选项 A 称乙国的引渡请求应向中国最高人民法院提出，显然是错误的。

在国际法中，国家没有一般的引渡义务，因此引渡需要根据有关的引渡条约进行。当他国在没有引渡条约的情况下提出引渡时，一国可以自由裁量，包括根据其有关国内法或其他因素作出决定。《引渡法》第 15 条规定，在没有引渡条约的情况下，请求国应当作出互惠的承诺。因此，选项 B 正确。

《引渡法》第 16 条第 2 款规定，"最高人民法院指定的高级人民法院对请求国提出的引渡请求是否符合本法和引渡条约关于引渡条件等规定进行审查并作出裁定。最高人民法院对高级人民法院作出的裁定进行复核。"因此，对乙国的引渡请求进行审查的应当是最高人民法院指定的高级人民法院，而不是最高人民法院本身。因此，选项 C 错误。在此需要指出的是，对外国引渡请求的审查涉及外交部、最高人民法院、高级人民法院以及最高人民检察院等多个机关，它们各自的分工与职责应注意区分。

选项 D 是重点干扰项。根据《引渡法》，请求国请求引渡，应当保证请求国不将该人再引渡给第三国，但经中华人民共和国同意，或者被引渡人在其引渡罪行诉讼终结、服刑期满或者提前释放之日起 30 日内没有离开请求国，或者离开后又自愿返回的除外。乙国将汤姆引渡回本国，"则在任何情况下都不得再将其转引"的说法显然没有考虑到立法上的"除外"规定。因此，选项 D 错误。

9. [答案] AC　　[难度] 易

[考点] 国籍的取得

[命题和解题思路] 本题集中考查国籍的取得问题。命题人设置的考点包括国籍取得的法律依据、父母国籍以及出生地对国籍取得的影响、国籍的变更以及我国的“禁止双重国籍”制度等。这些考点相对而言都比较容易。

[选项分析]《国籍法》第 5 条规定：“父母双方或一方为中国公民，本人出生在外国，具有中国国籍；但父母双方或一方为中国公民并定居在外国，本人出生时即具有外国国籍的，不具有中国国籍。”彼得森父母一方为中国公民并定居在甲国，根据前述规定，彼得森具有中国国籍，除非其出生时即具有甲国国籍。因此，选项 A 正确。

《国籍法》第 3 条规定，我国不承认中国公民具有双重国籍，因此，彼得森不能同时拥有中国国籍与甲国国籍。选项 B 错误。

根据国际法，国籍是指一个人属于某一个国家的公民或国民的法律资格。给予哪些人国籍，即认定哪些人是其公民，是国家自身的权利。国家对此一般通过有关的国内法作出规定。因此，彼得森出生时是否具有甲国国籍，应由甲国法来确定。选项 C 正确。

一个人可以基于本人意愿或某种事实，根据一国国籍法的规定而获得该国的国籍。这种国籍也称为继有国籍或转承国籍。这种情形属于国籍的“加入取得”方式，与“出生取得”方式相对应，其实也可以看作是国籍的“变更”。《国籍法》第 7 条规定，在符合一定条件时，外国人或无国籍人可以经申请批准加入中国国籍。当然，被批准加入中国国籍的，不得再保留外国国籍。因此，即使彼得森出生时具有甲国国籍，他以后也有可能通过“加入取得”方式具有中国国籍。选项 D 错误。

10. [答案] B　　[难度] 易

[考点] 出境入境管理法

[命题和解题思路] 本题考查考生对《出境入境管理法》中“中国公民出境入境”的相关规定。命题人在题干中设置了“定居美国”这一干扰因素。考生应注意的是，“中国公民出境入境”这一部分只有第 13 条“定居国外的中国公民要求回国定居的”和第 14 条“定居国外的中国公民在中国境内办理相关事务需要提供身份证明”的情形区分了中国公民是否定居国外及其影响，其他事项未作此种区分，考生可根据生活经验加以判断。

[选项分析] 根据《出境入境管理法》，中国公民出境入境，应当向出入境边防检查机关交验本人的护照或者其他旅行证件等出境入境证件，履行规定的手续，经查验准许，方可出境入境。尽管定居美国，王某仍然是中国公民，他回中国不需要向中国驻美签证机关申请办理赴中国的签证。因此，选项 A 错误。

《出境入境管理法》第 13 条规定，定居国外的中国公民在中国境内办理金融、教育、医疗、交通、电信、社会保险、财产登记等事务需要提供身份证明的，可以凭本人的护照证明其身份。王某是定居美国的中国公民，他在国内办理所购房产登记，可凭其护照证明其身份，不需要提供身份证。因此，选项 B 正确，选项 C 错误。

选项 D 是重点干扰项。根据《出境入境管理法》第 12 条，中国公民有未了结的民事案件，人民法院决定不准出境的，不准出境。根据此条，中国公民有未了结的民事案件，并不足以阻却该公民出境，还需要满足“人民法院决定不准出境”这一条件，才能禁止其出境。因此，选项 D 错误。

11. [答案] C　　[难度] 易

[考点] 国际民航安全制度；国际刑事责任问题；引渡

[命题和解题思路] 本题主要考查国际民航安全制度，同时也考查了考生对国际刑事法院管辖权的熟悉程度。由于甲乙两国均为 1971 年《关于制止危害民用航空安全的非法行为的公约》等三个国际民航安全公约缔约国，该公约就引渡问题有所安排，因此命题人设计了选项 B 和选项 C 两个对立的选项，考生如果对这个问题记忆模糊，就有可能出错。另外，如果考生不了解国际刑事法院仅对四种国际罪行行使管辖权，也可能被“本案属国际犯罪”这一表述所“忽悠”，从而在这一选项上犹疑甚至错选。不过，本题为单选题，考生如果认定答案必在选项 B 和选项 C 两个对立的选项中产生的话，选项 A 和选项 D 甚至就可以“忽略不计”了。

[选项分析] 国际民航安全制度由 1963 年

《在航空器上犯罪和其他某些行为的公约》（《东京公约》）、1970 年《关于制止非法劫持航空器的公约》（《海牙公约》）和 1971 年《关于制止危害民用航空安全的非法行为的公约》（《蒙特利尔公约》）三个公约所构建。对于危害民航安全罪行的管辖权，三个公约规定下列国家均具有管辖权：（1）航空器登记国；（2）航空器降落地国，当犯罪嫌疑人仍在航空器内；（3）承租人的营业地国或常住地国，当航空器是不带机组的出租；（4）犯罪嫌疑人所在国；（5）犯罪嫌疑人国籍国或永久居所国；（6）犯罪行为发生地国；（7）罪行后果涉及国，包括受害人国籍国或永久居所国、后果涉及领土国、罪行危及其安全的国家；（8）根据本国法行使管辖权的其他国家。本题中，尽管劫持未发生在甲国领空，犯罪行为未发生在甲国，但是甲国是被劫持飞机的登记国，根据公约应该享有对本案的管辖权，因此，选项 A 错误。

关于劫机犯罪嫌疑人的引渡，三个公约规定，危害民航安全罪行是一种可引渡的罪行，但各国没有强制引渡的义务。国家可以依据引渡条约或本国国内法决定是否予以引渡。如果嫌疑人所在国没有相关协议引渡义务，并决定不予引渡，则所在国应在本国作为严重的普通刑事案件进行起诉，使此种行为受到惩处。因此，选项 B 错误，选项 C 正确。

根据 1998 年《国际刑事法院罗马规约》，国际刑事法院仅对犯有灭绝种族罪、反人类罪、战争罪和侵略罪四种国际社会认为最严重的国际罪行的个人行使管辖权。劫机、海盗、贩毒等也属于“国际罪行”，但此类国际罪行属于个人罪行，不存在国家刑事责任问题，通常是由国内法院进行管辖和审判。因此，选项 D 错误。

12. [答案] ABD　　[难度] 易

[考点] 外国人入境、居留和出境

[命题和解题思路] 命题人通过本题主要考查了考生对《出境入境管理法》的熟悉程度。选项 A 和选项 B 均为《出境入境管理法》第 21 条规定的“不予签发签证”的情形，同时也都经过“援引”成为第 25 条规定的“拒绝入境”的情形，从而成为第 25 条的“隐性”组成部分。命题人从“拒绝入境”的角度考查选项 B 所述的情形，对考生具有一定迷惑性。选项 C 的命题“陷阱”在外国人登记的时间限制上。如果考生了解这个时限，本题得分就很容易。

[选项分析]《出境入境管理法》第 21 条规定，外国人有以下情形的，中国签证机关不予签发签证：（1）被处驱逐出境或者被决定遣送出境，未满不准入境规定年限的；（2）患有严重精神障碍、传染性肺结核病或者有可能对公共卫生造成重大危害的其他传染病的；（3）可能危害中国国家安全和利益、破坏社会公共秩序或者从事其他违法犯罪活动的；（4）在申请签证过程中弄虚作假或者不能保障在中国境内期间所需费用的；（5）不能提交签证机关要求提交的相关材料的；（6）签证机关认为不宜签发签证的其他情形。“患有严重精神障碍”属于不予签发签证的情形，因此，选项 A 正确。

结合《出境入境管理法》第 25 条和第 21 条之规定，可知外国人如果存在“可能危害中国国家安全和利益、破坏社会公共秩序或者从事其他违法犯罪活动”的情形，出入境边防检查机关应该拒绝其入境，因此，选项 B 正确。

《出境入境管理法》第 39 条规定，外国人在中国境内旅馆住宿的，旅馆应当为其办理住宿登记，并向所在地公安机关报送外国人住宿登记信息；外国人在旅馆以外的其他住所居住或者住宿的，应当在入住后 24 小时内向居住地的公安机关办理登记。选项 C 的表述是“48 小时”，因此，该选项错误。

《出境入境管理法》第 28 条规定，外国人有下列情形之一的，不准出境：（1）被判处刑罚尚未执行完毕或者属于刑事案件被告人、犯罪嫌疑人的，但是按照中国与外国签订的有关协议，移管被判刑人的除外；（2）有未了结的民事案件，人民法院决定不准出境的；（3）拖欠劳动者的劳动报酬，经国务院有关部门或者省、自治区、直辖市人民政府决定不准出境的；（4）法律、行政法规规定不准出境的其他情形。因此，选项 D 正确。

13. [答案] ABCD　　[难度] 中

[考点] 引渡

[命题和解题思路]《引渡法》既规定了“应当拒绝引渡”的情形，也规定了“可以拒绝引渡”的情形。同时，是否引渡既要涉及中国法，也涉

及请求国的法律。命题人对这些情形进行“排列组合”来设计选项。就本题而言，考生要清楚选项 B 所述的情形不属于“应当拒绝引渡”的情形。另外，“应当拒绝引渡”的军事犯罪，判断依据既可以是中国法律，也可以是请求国法律，两者满足其一即可。

［选项分析］题干说明中国和甲国间无引渡条约，因此，库克的引渡问题应当适用《引渡法》。《引渡法》第 7 条第 1 款遵循了引渡法原理上的“双重犯罪原则”。双重犯罪原则是可引渡罪行的必备条件之一，是指被请求引渡人的行为必须是请求国和被请求国的法律都认定的犯罪。甲国是请求国，我国是被请求国，引渡请求所指的库克的行为依照中国法律和甲国法律均构成犯罪，具备了我国准予引渡的条件之一。因此，选项 A 正确。

《引渡法》第 9 条规定，由于被请求引渡人的年龄、健康等原因，根据人道主义原则不宜引渡的，外国向我国提出引渡请求，我国可以拒绝。库克由于健康原因，根据人道主义原则不宜引渡，我国可以拒绝引渡。因此，选项 B 正确。

《引渡法》第 8 条第 5 项规定，根据我国法律或者请求国法律，引渡请求所指的犯罪纯属军事犯罪的，我国也应当拒绝请求国的引渡请求。也就是说，库克无论是构成我国法上的军事犯罪，还是构成甲国法上的军事犯罪，都不应当被引渡。因此，选项 C、D 均正确。

第六章 外交关系法与领事关系法

试 题

1. 甲国公民杰克是甲国派驻乙国使馆的一名武官。关于其在乙国的行为，根据《维也纳外交关系公约》，下列哪些说法是正确的？（2023 年回忆版）

A. 周末可以利用自己的特长参加专业技能方面的商业活动

B. 不得因为维护甲国利益而参与乙国反动组织的游行

C. 如涉及民事诉讼，可以书面放弃管辖豁免

D. 如参与刑事犯罪活动，需要承担责任

2. 甲乙两国发生战争，两国的共同邻国丙国宣布战时中立。根据国际法相关规则，下列哪一说法是正确的？（2022 年回忆版）

A. 为缩短后勤补给时间，甲国可借丙国领土运送军用物资

B. 甲国没收敌国乙国的使馆财产

C. 甲国驻乙国大使馆的外交人员自两国宣战时起不再享有外交特权和豁免

D. 甲国不可没收乙国战俘的金钱与贵重财产

3. 甲乙两国均为《维也纳外交关系公约》的缔约国，两国未签订其他相关协定。根据《维也纳外交关系公约》相关规定，下列哪些选项是正确的？（2021 年回忆版）

A. 两国的外交邮袋可以经商业飞机机长转递

B. 如两国宣战，甲国可扣押乙国使馆档案财产

C. 即使甲国驻乙国大使馆长期处于撤离状态，乙国也不得进入其馆舍搜查档案文件

D. 甲国驻乙国大使馆有权庇护被乙国通缉的丙国人

4. 甲、乙两国均为《维也纳外交关系公约》缔约国，甲国拟向乙国派驻大使馆工作人员。其中，杰克是武官，约翰是二秘，玛丽是甲国籍会计且非乙国永久居留者。依该公约，下列哪一选项是正确的？（2017-1-33）

A. 甲国派遣杰克前，无须先征得乙国同意

B. 约翰在履职期间参与贩毒活动，乙国司法机关不得对其进行刑事审判与处罚

C. 玛丽不享有外交人员的特权与豁免

D. 如杰克因参加斗殴意外死亡，其家属的特权与豁免自其死亡时终止

5. 甲国与乙国基于传统友好关系，兼顾公平与效率原则，同意任命德高望重并富有外交经验的丙国公民布朗作为甲乙两国的领事官员派遣至丁国。根据《维也纳领事关系公约》，下列哪一选项是正确的？（2015-1-34）

A. 布朗既非甲国公民也非乙国公民，此做法

违反《公约》

B.《公约》没有限制，此做法无须征得丁国同意

C. 如丁国明示同意，此做法是被《公约》允许的

D. 如丙国与丁国均明示同意，此做法才被《公约》允许

6. 甲乙丙三国因历史原因，冲突不断，甲国单方面暂时关闭了驻乙国使馆。艾诺是甲国派驻丙国使馆的二秘，近日被丙国宣布为不受欢迎的人。根据相关国际法规则，下列哪些选项是正确的？（2014-1-74）

A. 甲国关闭使馆应经乙国同意后方可实现

B. 乙国驻甲国使馆可用合法手段调查甲国情况，并及时向乙国作出报告

C. 丙国宣布艾诺为不受欢迎的人，须向甲国说明理由

D. 在丙国宣布艾诺为不受欢迎的人后，如甲国不将其召回或终止其职务，则丙国可拒绝承认艾诺为甲国驻丙国使馆人员

7. 甲乙两国均为《维也纳领事关系公约》缔约国，阮某为甲国派驻乙国的领事官员。关于阮某的领事特权与豁免，下列哪一表述是正确的？（2013-1-32）

A. 如犯有严重罪行，乙国可将其羁押

B. 不受乙国的司法和行政管辖

C. 在乙国免除作证义务

D. 在乙国免除缴纳遗产税的义务

详　解

1. [答案] BD　　[难度] 中

[考点] 外交人员的特权与豁免；使馆及享有外交特权与豁免人员的义务

[命题和解题思路] 外交关系法是高频考点，特别是外交人员特权与豁免以及使馆的特权与豁免。考生首先应熟知使馆的组成，对外交人员包括哪些职衔应熟练掌握。在此基础上理解外交人员的特权与豁免以及使馆及享有外交特权与豁免人员的义务。

[选项分析] 外交代表不应在接受国内为私人利益从事任何专业或商业活动。选项 A 错误。

外交代表及其他享有特权与豁免的人不得参加或支持旨在反对接受国政府的游行、示威活动。选项 B 正确。

外交人员的特权和管辖可以由其派遣国放弃，外交人员本身没有作出这种放弃的权利。选项 C 错误。

参与刑事违法活动，虽然有对接受国刑事管辖的豁免，但仍需要承担责任。选项 D 正确。

2. [答案] D　　[难度] 易

[考点] 外交人员的特权与豁免；战时中立国的义务；战争开始的法律后果；战俘待遇

[命题和解题思路] 本题考查比较综合，结合了多个知识点。

（1）战时中立国的义务：①不作为义务；②防止义务；③容忍义务。

（2）战争开始的法律后果：①断交；②条约变化；③中断经贸关系；④人民和财产带有敌性。

（3）战俘待遇：主要在《关于战俘待遇之日内瓦公约》及附加议定书中作出相关规定，主要对战俘的人身、财产、民事权利、医疗卫生、宗教信仰、通讯、司法保障等方面作出保护性规定。

[选项分析] 防止义务是指中立国有义务采取一切可能的措施，防止交战国在其领土或其管辖范围内的区域从事战争，或利用其资源准备从事战争敌对行动以及战争相关的行动，包括在该区域中征兵、备战、建立军事设施或捕获法庭、军队及军用装备过境等。因此，甲国借丙国领土运送军用物资属于违反防止义务，故选项 A 错误。

战争开始后，对敌国的财产，在交战国境内的敌国财产如果是公产、不动产（除属于使馆的财产档案外）可以没收和使用，但不能加以变卖。因此，甲国不可以没收乙国的使馆财产，故选项 B 错误。

享有外交特权与豁免的人员，其特权与豁免通常是该员离境之时或给予其离境的合理期间结束之时终止。即使两国有武装冲突发生，其特权和豁免也应继续有效至上述时间为止。故选项 C 错误。

战俘应保有其被俘时所享有的民事权利。战俘的个人财物（除武器、马匹、军事装备和军事

文件以外的自用物品）一律归其个人所有，战俘的金钱和贵重物品可由拘留国保存，但不得没收。故选项 D 正确。

3.［答案］AC　　［难度］难

［考点］使馆特权与豁免

［命题和解题思路］本题主要考查使馆特权与豁免这个知识点项下的通讯自由和使馆财产与档案不受侵犯。这两个知识点的细化考查带来了本题的难度。选项 B、C、D 考生可以通过常识判断，而选项 A 是本题最大的迷惑选项。考生解答此类命题，还需对相关知识点全面掌握。

［选项分析］根据《维也纳外交关系公约》的规定，外交邮袋可托交预定在准许入境地点降落的商业飞机机长转递。机长应持有载明构成邮袋的邮包件数的官方文件，但机长不能视为外交信差。因而选项 A 正确。

使馆财产及档案不得侵犯。使馆的档案及文件无论何时何处，均不得侵犯。接受国任何时候都不得要求使馆交出其档案和文件，也不得对使馆的档案和文件采取搜查、查封、扣押、没收或销毁等措施，无论这些文件档案位于何处。战争开始后，交战国间的外交关系和领事关系一般自动断绝。交战国关闭其在敌国的使、领馆。接受国有一般的义务尊重馆舍财产和档案安全。因而选项 B 错误。

使馆财产及档案不得侵犯这项特权即使两国断交、使馆馆长长期或暂时撤退、发生武装冲突时也不例外。因而选项 C 正确。

庇护是国家基于领土主权而引申出的权利。关于领土以外的庇护，或称为域外庇护，最常见的是指利用国家在外国的外交或领事机构馆舍、船舶或飞机等作为场所进行的庇护。这种庇护是没有一般国际法根据的。因而选项 D 错误。

4.［答案］B　　［难度］中

［考点］外交代表机关、外交人员的特权与豁免

［命题和解题思路］本题题干和选项分别涉及外交人员、使馆行政技术人员及其家属。《维也纳外交关系公约》针对不同类别的人员规定了不同的特权与豁免，考生应熟悉他们之间的待遇差异。命题人设置的干扰项是“会计”的待遇问题。该《公约》对包含会计在内的使馆行政技术人员的外交待遇有一些限制和差别，但是除了这些限制和差别，他们还是会享有外交人员的一般特权与豁免，尽管他们不属于“外交人员”。此外，考生不应在选项 D 的判断上有失误，因为根据常理来看，在使馆人员死亡时，其家属在离境前也应当继续享有外交特权与豁免，否则“不近人情”。

［选项分析］国际法上国家拥有派遣和接受外交代表的权利，历史上称为“使节权”。这是国家的一种权利能力或资格。同时，任何国家没有必须向某个国家派遣或必须接受某个外国的外交代表的一般义务。因此外交代表机构的设立或派遣必须经过有关双方的同意。派遣国派遣使馆馆长和武官之前，应先将其拟派人选通知接受国，征得接受国同意后正式派遣。使馆的其他人员派遣国可直接委派，一般无须事先征求接受国同意，但如果委派接受国国籍的人或第三国国籍的人为使馆外交人员，则仍须经接受国的同意方得派遣。接受国可以拒绝接受其所不同意的任何派遣国使馆人员，并无须向派遣国说明理由。杰克是武官，因此，甲国派遣杰克前，应先征得乙国同意，故选项 A 错误。

外交人员享有完全的对接受国刑事管辖的豁免，即接受国的司法机关不得对其进行刑事审判和处罚。约翰是二秘，属于外交人员。约翰在履职期间参与贩毒活动，乙国司法机关不得对其进行刑事审判与处罚。因此，选项 B 正确。

选项 C 是重点干扰项。根据《维也纳外交关系公约》，使馆的行政技术人员及与其构成同一户口的家属，如非接受国国民且不在该国永久居留者，也享有外交人员享有的一般特权与豁免，但有一些限制和修改，包括：其执行职务范围以外的行为不享有民事和行政管辖的豁免；除其最初到任时所输入的物品外不能免纳关税及其他课征；其行李不免除海关查验。玛丽是甲国籍会计，属于使馆的行政技术人员，她也不是乙国永久居留者，因此，她也享有外交人员享有的一般特权与豁免。故选项 C 错误。

享有特权与豁免人员的职务如已终止，其特权与豁免通常是在该员离境之时或给予其离境的合理期间结束之时终止。即使两国有武装冲突发生，其特权与豁免也应继续有效至上述时间为止。

如遇使馆人员死亡，其家属应继续享有其应享有的特权与豁免，直到给予其离境的合理期间结束时为止。因此，假如杰克因参加斗殴意外死亡，其家属的特权与豁免并不是自其死亡时终止，而是应当给予其继续享有特权与豁免的合理的离境时间。因此，选项 D 错误。

5. ［答案］C　　［难度］易

［考点］领事馆组成及人员派遣

［命题和解题思路］本题考点比较集中，主要是派遣国能否向接受国派遣第三国国民作为领事官员。命题人设置了两个干扰因素，一是两个国家是否可以联合委派同一领事官员，这个在平时生活经验中很少有所见闻；二是一国派遣第三国国民作为领事官员是否需要征得该第三国同意。另外，四个选项一定程度和范围上存在相互矛盾、“非此即彼”的关系，考生要避免被错误选项误导。

［选项分析］选项 A 是重点干扰项。根据《维也纳领事关系公约》，领事官员之国籍原则上应属派遣国国籍，但也可以为接受国国籍或者第三国国籍。《维也纳领事关系公约》第 22 条规定，委派属于接受国国籍之人或者亦非为派遣国之第三国国民为领事官员，非经接受国明示同意，不得为之；此项同意接受国也可以随时撤销。第 18 条则规定，两个以上国家经接受国之同意得委派同一人为驻该国之领事官员。因此，尽管布朗既非甲国公民也非乙国公民，但如果接受国丁国同意，布朗仍可作为甲乙两国委派的领事官员，此做法并不违反《维也纳领事关系公约》。因此，选项 A、B 错误，选项 C 正确。

《维也纳领事关系公约》在规定委派第三国国民为领事官员时，只要求征得接受国明示同意，没有要求征得第三国同意，因此，此项委派无需第三国丙国同意。选项 D 错误。

6. ［答案］BD　　［难度］中

［考点］外交代表机关

［命题和解题思路］命题人挑选了一些容易混淆的情形考查考生对使馆的设立及其职务、外交代表的派遣等制度的掌握程度。比如，一国可否不经另一国同意关闭设在该另一国的使馆？使馆可否调查接受国情况？宣布使馆人员为不受欢迎的人是否须向派遣国说明理由？等等。其实，还有其他一些情形也很容易成为考查目标，比如，派遣国派遣馆长、武馆或使馆的其他人员是否必须征得接受国同意等。考生应注意根据身份把握不同使馆人员的待遇与地位。

［选项分析］根据《维也纳外交关系公约》，一国可以不经另一国同意而单方面暂时关闭使馆，甚至断绝与另一国的外交关系。因此，甲国可以单方面暂时关闭驻乙国的使馆，选项 A 错误。考生应注意，如果两国关系改善或恶化，任何一方也可以提出将已有的外交关系升格或降级，但这种情形需要经另一方同意后才能实现。

使馆的职务主要有五项。其中“调查和报告”是指，使馆可以以一切合法的手段，调查接受国的各种情况，并及时向派遣国作出报告。在这里要注意强调调查手段的合法性。选项 B 的情形符合这一职务规定，因此是正确的。

根据《维也纳外交关系公约》，对于派遣国的使馆馆长及外交人员，接受国可以随时不加解释地宣布其为“不受欢迎的人”。对于使馆的其他人员，接受国可以宣布其为“不能接受”。对于被宣布为“不受欢迎的人”或“不能接受”的使馆人员，如果在其到达接受国境内以前被宣告，则接受国可以拒绝给予其签证或拒绝其入境；如果在其入境以后被宣告，则派遣国应酌情召回该人员或终止其使馆人员的职务。否则，接受国可以拒绝承认该人员为使馆人员，甚至令其限期离境。因此，丙国宣布甲国使馆二秘艾诺为不受欢迎的人，无须向甲国说明理由；在丙国宣布艾诺为不受欢迎的人后，如甲国不将其召回或终止其职务，则丙国可拒绝承认艾诺为甲国驻丙国使馆人员。因此，选项 C 错误，选项 D 正确。

7. ［答案］A　　［难度］中

［考点］领事官员的特权与豁免

［命题和解题思路］有关领事官员特权与豁免的规则相对比较琐碎，几乎每项一般规定都有若干例外，因此，命题人可以选取不同的事项，在“一般规则”与“例外情形”之间的众多选项中设置“圈套”。另外，命题人将选项 A 和选项 B 放在一起，形成一种“貌似”的对立，具有一定的迷惑性，会给考生的选择造成一定麻烦。不过，正如前述，既然几乎领事官员特权与豁免

的每项规定都有例外，那么一些不包含例外的“全面”肯定性表述为错误表述的情况就是“大概率事件”，本题选项 B 和选项 C 就是这种情况。

［选项分析］根据《维也纳领事关系公约》，领事官员人身不受侵犯，但也有例外情形。比如，接受国不得逮捕或羁押领事官员，但是，如果领事官员犯有严重罪行，接受国则不受此项限制；接受国不得对领事官员施以监禁或对其人身自由加以任何其他方式的拘束，但为执行生效的司法判决则不受此限；对领事官员提起刑事诉讼，该员须到管辖机关出庭。这说明，领事官员的人身自由所受到的是“一定程度”的保护。因此，选项 A 正确。

领事官员的司法和行政管辖豁免，仅限于其“执行职务行为”。非因“执行职务行为”的一些情形，领事官员不享有豁免，包括：（1）因领事官员并未明示或默示以派遣国代表身份而订立契约所发生的诉讼；（2）第三者因车辆船舶或航空器在接受国内所造成的意外事故而要求损害赔偿的诉讼。另外，即使是可以豁免管辖的事项，如果领事官员主动提起诉讼，就不得对与本诉直接相关的反诉主张管辖豁免。选项 B 未考虑非因“执行职务行为”的情形，因此错误。

领事官员不享有一般的作证义务豁免。领事官员仅对其执行职务所涉及的事项豁免作证义务或提供有关公文或文件的义务，其他方面领事官员不得拒绝作证。选项 C 认为阮某在乙国享有绝对的作证义务豁免，是错误的。

领事免纳一切对个人和物的课税，但是也有很多税费不在免除之列，其中就包括间接税、遗产税、服务费等。因此，选项 D 错误。

易混淆点解析

接受国对于犯有严重罪行的领事官员实施羁押候审，属于领事官员“人身不得侵犯”的例外，不要与领事官员“司法和行政管辖”问题混淆。另外，领事官员的特权与豁免也要与外交人员的特权与豁免相区别，这一点，有心的考生在学习时都会进行对比。比如，外交人员人身不可侵犯、作证义务的免除等具有一定的绝对性，几乎没有例外或者限制。

第七章　条约法

试　题

1. 依据《中华人民共和国缔结条约程序法》及中国相关法律，下列哪些选项是正确的？（2015-1-76）

A. 国务院总理与外交部长参加条约谈判，无需出具全权证书

B. 由于中国已签署《联合国国家及其财产管辖豁免公约》，该公约对我国具有拘束力

C. 中国缔结或参加的国际条约与中国国内法有冲突的，均优先适用国际条约

D. 经全国人大常委会决定批准或加入的条约和重要协定，由全国人大常委会公报公布

2. 甲乙丙三国为某投资公约的缔约国，甲国在参加该公约时提出了保留，乙国接受该保留，丙国反对该保留，后乙丙丁三国又签订了涉及同样事宜的新投资公约。根据《维也纳条约法公约》，下列哪些选项是正确的？（2014-1-76）

A. 因乙丙丁三国签订了新公约，导致甲乙丙三国原公约失效

B. 乙丙两国之间应适用新公约

C. 甲乙两国之间应适用保留修改后的原公约

D. 尽管丙国反对甲国在原公约中的保留，甲丙两国之间并不因此而不发生条约关系

3. 根据《维也纳条约法公约》和《中华人民共和国缔结条约程序法》，关于中国缔约程序问题，下列哪些表述是正确的？（2013-1-74）

A. 中国外交部长参加条约谈判，无需出具全权证书

B. 中国谈判代表对某条约作出待核准的签署，即表明中国表示同意受条约约束

C. 有关引渡的条约由全国人大常委会决定批准，批准书由国家主席签署

D. 接受多边条约和协定，由国务院决定，接

受书由外交部长签署

详 解

1. [答案] AD [难度] 中

[考点] 条约的缔结程序和方式；条约的生效

[命题和解题思路] 命题人通过本题考查了我国条约的缔结程序以及国际条约与国内法的关系。条约的缔结程序比较复杂，需要考生熟悉我国《缔结条约程序法》的具体规定。本题的两个难点是，(1) 考生要了解《联合国国家及其财产管辖豁免公约》的有关进展情况；(2) 对于国际条约与国内法冲突的解决，考生要了解我国目前的立法状况。

[选项分析] 国家元首、政府首脑、外交部长依其职权，通常被认为是国家的代表，参加谈判、签约无须出具全权证书。《缔结条约程序法》第 6 条明确规定，国务院总理、外交部长谈判和签署条约、协定，无须出具全权证书。因此，选项 A 正确。

选项 B 是重点干扰项。条约生效后各当事国才受其拘束。条约生效的日期和方式有不同情形，一般依照条约的规定，或依照各谈判国的约定。《联合国国家及其财产管辖豁免公约》第 30 条规定，该公约应自第 30 份批准书、接受书、核准书或加入书交存联合国秘书长之日后第 30 天生效。由于目前尚未达到这一数目，该公约尚未生效，还没有法律上的拘束力。另外，即便该公约生效，它对我国的拘束力还有待确定，因为我国虽已签署，但尚未批准。条约法上的“签署”包括两种情形，一种是表示同意受条约约束的签署，另一种是“须经批准”或“待核准”的签署，后一种情形应经其本国核准确认后才表示该国同意受条约约束。《联合国国家及其财产管辖豁免公约》属于后一种情形。因此，选项 B 错误。

对于国际条约和国内法的关系，《宪法》或《立法法》等没有作一般性的规定。一些部门法，比如《海商法》《民用航空法》等规定中国缔结或参加的国际条约与中国国内法有冲突的，适用国际条约的规定。但这不代表我国在此问题上的一般立场。况且，这些部门法还往往对适用国际条约有所限定，即“中华人民共和国声明保留的条款除外”。选项 C 是一种一般立场的表述，没有法律依据，并且没有考虑条约的保留情形，因此，选项 C 错误。

《缔结条约程序法》第 15 条规定：“经全国人民代表大会常务委员会决定批准或者加入的条约和重要协定，由全国人民代表大会常务委员会公报公布。其他条约、协定的公布办法由国务院规定。”因此，选项 D 正确。

2. [答案] BCD [难度] 中

[考点] 条约的冲突；条约保留的法律效果

[命题和解题思路] 本题考查条约的冲突和条约保留的法律效果两个知识点。在第一个知识点的考查上，命题人设置的“陷阱”是先后两个条约的当事国不完全相同，因此考生要注意不同当事国之间对先后两个条约的适用问题。在第二个知识点的考查上，考生要掌握条约的保留国和反对保留国之间对条约的适用问题。

[选项分析] 选项 A、B 考查条约的冲突问题。条约的冲突是指一国就同一事项先后参加的两个或几个条约的规定相互冲突。本题中就相同事宜签订的先后两个投资条约当事国不完全相同。先后就同一事项签订的两个条约的当事国部分相同，部分不同时，在同为两条约当事国与仅为其中一条约的当事国之间，适用两国均为当事国的条约。由于甲国不是后约的当事国，它与乙丙两国之间仍然适用该三国均为当事国的在先条约，因此，原公约并未失效。选项 A 错误。而在同为两条约当事国之间，适用后约优于先约的原则。由于乙丙两国均为先后两个投资公约的当事国，因此，两国之间应适用新公约。选项 B 正确。

选项 D 是重点干扰项。选项 C、D 考查条约保留的法律效果。条约的保留是指一国在签署、批准、接受、赞同或加入一个条约时所作的单方声明，无论措辞或名称如何，其目的在于排除或更改条约中某些规定对该国适用时的法律效果。条约保留的法律效果是，在保留国与接受保留国之间，按保留的范围，修改了该保留所涉及的一些条款所规定的权利义务关系；在保留国与反对保留国之间，若反对保留国并不反对该条约在保留国与反对保留国之间生效，则保留所涉及的规定，在保留的范围内，不在该两国之间适用。本题中，甲国在参加该公约时提出了保留，乙国接受该保留，因此甲乙两国之间应适用保留修改后的原公约。选项 C 正确。丙国反对该保留，但丙国并未反对该条约在甲国与丙国之间生效，则除保留的范围外，条约其他部分在甲丙两国生效适用。选项 D 正确。

易混淆点解析

关于条约的冲突问题，考生应注意，先后就同一事项签订的两个条约的当事国部分相同，部分不同时，在同为两条约当事国之间，适用后约优于先约的原则。如果在先条约仍有当事国未成为后约的当事国，在先条约仍然在该当事国与其他当事国之间有效。先后就同一事项签订的两个条约的当事国完全相同时，不论是双边还是多边条约，一般适用后约取代前约的原则，即适用后约，先约失效。

3. ［答案］ACD　　［难度］中

［考点］条约的缔结程序和方式

［命题和解题思路］条约的缔结程序比较复杂，考生需要熟悉每一种情形和细节。命题人设计了四种情形，前三种的正误比较好判断。比较容易出错的是选项 D。因为同意接受多边条约和协定约束分为"批准""接受""加入"等不同情况，不同情况需要履行不同的程序。如果考生没有给予特别关注，就有可能出现错误选择。

［选项分析］国家元首、政府首脑、外交部长依其职权，通常被认为是国家的代表，参加谈判、签约无须出具全权证书。《缔结条约程序法》第 6 条规定，下列人员谈判、签署条约、协定，无须出具全权证书：（1）国务院总理、外交部长；（2）谈判、签署与驻在国缔结条约、协定的中华人民共和国驻该国使馆馆长，但是各方另有约定的除外；（3）谈判、签署以本部门名义缔结协定的中华人民共和国政府部门首长，但是各方另有约定的除外；（4）中华人民共和国派往国际会议或者派驻国际组织，并在该会议或者该组织内参加条约、协定谈判的代表，但是该会议另有约定或者该组织章程另有规定的除外。前述第三点列明有外交部长，因此，选项 A 正确。

条约法上的"签署"包括两种情形，一种是表示同意受条约约束的签署，一种是"须经批准"或"待核准"的签署，后一种情形应经其本国核准确认后才表示该国同意受条约约束。因此，选项 B 错误。

《缔结条约程序法》第 7 条规定，条约和重要协定的批准由全国人民代表大会常务委员会决定，批准书由中华人民共和国主席签署，外交部长副署。这些条约和重要协定包括：（1）友好合作条约、和平条约等政治性条约；（2）有关领土和划定边界的条约、协定；（3）有关司法协助、引渡的条约、协定；（4）同中华人民共和国法律有不同规定的条约、协定；（5）缔约各方议定须经批准的条约、协定；（6）其他须经批准的条约、协定。前述第三点列明有引渡条约，因此，选项 C 正确。

《缔结条约程序法》第 12 条规定，接受多边条约和协定，由国务院决定，接受书由外交部长签署。因此，选项 D 正确。

易混淆点解析

根据《缔结条约程序法》，关于多边条约和协定，一国同意接受约束的表示有四种情形：

（1）第 7 条规定的"重要的"条约协定的"批准"情形，由全国人民代表大会常务委员会决定批准，批准书由中华人民共和国主席签署，外交部长副署。

（2）第 8 条规定的须经核准的"一般的"协定和其他具有条约性质的文件的"核准"情形，报请国务院核准，核准书由国务院总理签署，也可以由外交部长签署。

（3）第 11 条规定的"加入"情形，按其重要程度分别由全国人民代表大会常务委员会或者国务院决定，加入书由外交部长签署。

（4）第 12 条规定的"接受"情形，没有提及"重要性"，均由国务院决定，接受书由外交部长签署。

除了表示的形式，考生还应从重要性、决定主体、签署主体等不同角度把握条约的不同缔结程序。

第八章　国际争端的法律解决方式

试　题

1. 甲国是新独立的国家，成立后加入了《联合国海洋法公约》，未加入联合国。乙国是甲国邻国，双方存在专属经济区划界争端。现乙国在争议海域对甲国船舶进行武装执法。甲国将此情况提请安理会审议，请求安理会关注这一事件可能带来的安全和平风险。后在解决该纠纷时，甲国进入《联合国海洋法公约》强制程序并选择国际法院，乙国选择《联合国海洋法公约》附件七的仲裁庭。根据现有国际法相关规则，下列哪一说法是正确的？（2023 年回忆版）

A. 如两国就争端解决方式不能达成一致，进入强制程序后由仲裁庭解决

B. 如两国就争议解决方式不能达成一致，进入强制程序后选择国际法院

C. 可依甲国一方请求，由海洋法法庭解决

D. 甲国不是联合国成员，不能提交安理会审议争端

2. 甲、乙两国边界发生局部武装冲突，甲国封锁了乙国边境，丙国邀请两国到丙国谈判。按照现有国际法规则，以下哪一说法是正确的？（2022 年回忆版）

A. 甲国可派军舰封锁乙国海岸，禁止乙国海军前往乙国海峡

B. 甲、乙两国元首到丙国谈判时，丙国元首可参加谈判

C. 甲、乙两国元首到丙国前，两国可以通过网络秘密谈判

D. 甲、乙两国元首到丙国谈判时，丙国元首可以主持谈判

3. 甲、乙、丙三国对某海域的划界存在争端，三国均为《联合国海洋法公约》缔约国。甲国在批准公约时书面声明海洋划界的争端不接受公约的强制争端解决程序，乙国在签署公约时口头声明选择国际海洋法法庭的管辖，丙国在加入公约时书面声明选择国际海洋法法庭的管辖。依相关国际法规则，下列哪一选项是正确的？（2017-1-34）

A. 甲国无权通过书面声明排除公约强制程序的适用

B. 国际海洋法法庭对该争端没有管辖权

C. 无论三国选择与否，国际法院均对该争端有管辖权

D. 国际海洋法法庭的设立排除了国际法院对海洋争端的管辖权

4. 关于国际法院，依《国际法院规约》，下列哪一选项是正确的？（2016-1-34）

A. 安理会常任理事国对法官选举拥有一票否决权

B. 国际法院是联合国的司法机关，有诉讼管辖和咨询管辖两项职权

C. 联合国秘书长可就执行其职务中的任何法律问题请求国际法院发表咨询意见

D. 国际法院做出判决后，如当事国不服，可向联合国大会上诉

5. 甲乙两国就海洋的划界一直存在争端，甲国在签署《联合国海洋法公约》时以书面声明选择了海洋法法庭的管辖权，乙国在加入公约时没有此项选择管辖的声明，但希望争端通过多种途径解决。根据相关国际法规则，下列选项正确的是：（2014-1-97）

A. 海洋法法庭的设立不排除国际法院对海洋活动争端的管辖

B. 海洋法法庭因甲国单方选择管辖的声明而对该争端具有管辖权

C. 如甲乙两国选择以协商解决争端，除特别约定，两国一般没有达成有拘束力的协议的义务

D. 如丙国成为双方争端的调停国，则应对调停的失败承担法律后果

6. 关于联合国国际法院的表述，下列哪一选项是正确的？（2013-1-34）

A. 联合国常任理事国对国际法院法官的选举不具有否决权

B. 国际法院法官对涉及其国籍国的案件，不适用回避制度，即使其就任法官前曾参与该案件

C. 国际法院判决对案件当事国具有法律拘束力，构成国际法的渊源

D. 国际法院作出的咨询意见具有法律拘束力

详 解

1. [答案] A　　[难度] 难

[考点] 国际争端的法律解决方法；国际海洋法法庭；联合国体系

[命题和解题思路] 国际海洋法法庭在国际海洋争端解决中的作用，是值得关注的热点话题。本题紧跟时事热点进行考查，中国于 2023 年 9 月 15 日在国际海洋法法庭涉气候变化咨询意见案口头程序中进行陈述，这是中国首次参与国际海洋法法庭口头程序。考生需要全面、准确掌握《联合国海洋法公约》的争端解决机制。

[选项分析] 根据《联合国海洋法公约》，进入强制程序以后，有 4 个处于平等并列地位的机构可供当事方选择，分别是国际法院、海洋法法庭、依附件七组成的仲裁庭和依附件八组成的特别仲裁法庭。其中，如果双方就选择的机构达成合意，由合意机构解决争端；如果双方无法达成一致，由依附件七组成的仲裁法庭审理。因此，如甲乙两国不能就争端方式解决达成一致，进入强制程序后由仲裁庭解决。选项 A 正确；选项 B 错误。

不可依甲国一方请求，由海洋法法庭解决。法庭管辖权的性质为任择强制管辖权性质。只有争端各方都选择了法庭程序，法庭才有管辖权。选项 C 错误。

依据《联合国宪章》第 35 条规定，非联合国会员国之国家如为任何争端之当事国时，经预先声明就该争端而言接受本宪章所规定和平解决之义务后，须得将该项争端，提请大会或安全理事会注意。选项 D 错误。

2. [答案] C　　[难度] 中

[考点] 谈判与协商；斡旋与调停；平时封锁

[命题和解题思路] 本题紧跟时事热点，考查和平解决国际争端的方法。需要考生熟练掌握各政治解决方法的区别。

（1）谈判与协商：谈判是指争端当事国就其争端进行直接交涉，交换意见以求解决的方式。谈判方式多样，可以公开也可以秘密，可以口头也可以书面。谈判一般仅限于当事国之间。

（2）斡旋与调停：斡旋与调停是指争端以外的第三方为促成当事国进行谈判或解决争端而采取和提供某些协助活动。

（3）平时封锁：依照《联合国宪章》第 42 条的规定，在安理会认为非武力办法不足以维持或恢复国际和平与安全时，可以决定采取必要的陆海空军示威封锁及其他军事举动。

[选项分析] 在和平时期，仅是甲、乙两国边界的局部武装冲突，未经安理会程序，甲国派军舰去封锁乙国海岸，构成对乙国主权的侵犯。选项 A 错误。

如题所述，丙国邀请两国进行谈判，因此应当表现为甲、乙两国直接交涉，丙国不应参与其中，故选项 B、D 均错误。

谈判方式多样，可以公开也可以秘密，可以口头也可以书面。选项 C 正确。

3. [答案] B　　[难度] 易

[考点] 国际海洋法法庭；国际法院的管辖权

[命题和解题思路] 本题考查两个方面的知识，一是海洋法争端解决各个强制程序及其关系，二是海洋法争端解决机制处理的争议类型。有些考生可能会选择 A，这是错误的。因为对选项 A 的理解要和题干表述相结合，也就是说，选项 A 实际意思是甲国在批准公约时“无权书面声明海洋划界的争端”不接受公约的强制争端解决程序，而不是一概地排除公约强制程序的适用。

[选项分析] 根据《联合国海洋法公约》规定，海洋法争端解决机制包括两个层次：第一，争端各方有权采取自行选择的和平解决方法；第二，在争端当事方共同选择的和平方法解决其争端失败后，经任意一方请求，争端方有义务将争端交付导致有拘束力裁判的强制解决程序。强制程序有 4 个，即国际海洋法法庭、国际法院、依附件七组成的仲裁法庭以及依附件八组成的特别仲裁法庭。这 4 种程序处于并列地位，启动哪一种程序，取决于争端当事方选择。因此，选项 C 错误。

由于国际海洋法法庭仅是《联合国海洋法公约》规定的导致有拘束力裁判的众多强制程序之一，海洋法法庭的设立没有排除国际法院对海洋活动争端的管辖，争端方可选择其一加以利用。故选项D错误。

选项A是重点干扰项。尽管有以上强制解决程序，《联合国海洋法公约》也对适用这些程序设定了一些限制或例外，例如，关于行使主权权利或管辖权的法律执行活动方面的争端；有关划定海洋边界的《公约》条款的解释或适用的争端；关于军事活动的争端；以及正由联合国安理会执行《联合国宪章》所赋予的职务的争端等。对于这些争端，缔约国可在任何时候作出书面声明，表示不接受《联合国海洋法公约》规定的强制解决程序。因此，甲国有权通过书面声明就海洋划界问题排除公约强制程序的适用，故选项A错误。由于甲国在批准公约时书面声明海洋划界的争端不接受公约的强制争端解决程序，国际海洋法法庭对该争端没有管辖权，故选项B正确。

4. [答案] B　　[难度] 易

[考点] 国际法院

[命题和解题思路] 本题题干未设置场景，因此主要考查考生对国际法院相关问题等基本知识的熟悉程度。本题选项中还涉及安理会常任理事国、联合国秘书长、联合国大会等的职权，本可成为一道中等难度的题，但是由于选项B的正确性太明显，而本题又是一道单选题，因此大大降低了难度。尽管如此，本题选项A和选项C还是提醒考生，要准确把握安理会常任理事国一票否决权的行使范围和联合国秘书长的职权范围，不要因为它们在某些方面的重要性而对其职责范围等作不当的扩张解读，否则解题时就会受到干扰。

[选项分析]

根据《国际法院规约》第8条和第10条，国际法院法官由联合国大会和安理会分别独立进行推选，只有在这两个机关的选举中都赢得绝对多数票者方能当选。在安理会选举时，不分常任理事国和非常任理事国之别，也就是说，安理会常任理事国对国际法院法官的选举没有一票否决权。因此，选项A不正确。

国际法院是联合国的司法机关，有诉讼管辖和咨询管辖两项职权。因此，选项B正确。

根据《联合国宪章》第96条和《国际法院规约》第65条，联合国大会或安理会可就任何法律问题请求国际法院发表咨询意见，联合国其他机关及各种专门机构可就执行其职务中的任何法律问题请求国际法院发表咨询意见，而其他任何国家、团体、个人包括联合国秘书长，均无权请求国际法院发表咨询意见。因此，选项C不正确。

国际法院的判决是终局性的，不得上诉。判决一经作出，即对案件及其当事国产生拘束力，当事国必须履行。因此，选项D不正确。

5. [答案] AC　　[难度] 难

[考点] 国际争端解决的政治方法；国际海洋法法庭

[命题和解题思路] 命题人以甲乙两国之间的海洋划界争端为例，一方面考查考生对《联合国海洋法公约》争端解决机制的熟悉程度，另一方面考查考生对国际争端政治解决方法基本知识的掌握程度。《联合国海洋法公约》争端解决机制比较复杂，需要考生下功夫梳理记忆，这是解答本题的难点所在。本题设置的考点是在受理海洋争端问题上海洋法法庭与国际法院的关系，以及海洋法法庭的管辖权基础。

[选项分析] 选项A和B是重点干扰项。《联合国海洋法公约》的海洋法争端解决机制包括两个层次：第一，争端各方有权采取自行选择的和平解决方法；第二，在采取自行选择的和平方法解决其争端失败后，经任意一方请求，争端方有义务将争端交付导致有拘束力裁判的强制解决程序。强制程序有4个，即国际海洋法法庭、国际法院、依附件七组成的仲裁法庭以及依附件八组成的特别仲裁法庭。这4种程序处于并列地位。因此，海洋法法庭的设立没有排除国际法院对海洋活动争端的管辖，争端方可选择其一加以利用。选项A正确。

与国际法院相似，海洋法法庭的管辖权也属于任择强制管辖性质。《联合国海洋法公约》规定，一国在签署、批准或加入本公约时，或在其后任何时间，可以自由用书面声明方式选择海洋法法庭的管辖。只有争端各方都选择了法庭程序，法庭才有管辖权。甲国在签署《联合国海洋法公约》时以书面声明选择了海洋法法庭的管辖权，乙国在加入公约时没有此项选择管辖的声明。仅有甲国单方选择管辖的声明，海洋法法庭不能对该争端行使管辖权。因此，选项 B 错误。

协商和调停都是国际争端的政治解决方法。谈判和协商密切联系，是争端当事国就其争端直接进行交涉，交换意见以求解决的方式。谈判一般仅限于当事国之间，协商有时也可以邀请中立国参加。除非特别约定，一般地，谈判或协商的当事国没有达成有拘束力协议的义务。因此，选项 C 正确。

调停是指第三方以调停人的身份，就争端的解决提出方案，并直接参加或主持谈判，以协助争端解决。调停国提出的方案本身没有拘束力，调停国对于进行调停或调停成败也不承担任何法律义务或后果。因此，如果丙国是甲乙两国争端的调停国，它无需对调停的失败承担法律后果。选项 D 错误。

6. [答案] A　　[难度] 中

[考点] 国际法院；国际法渊源

[命题和解题思路] 命题人在本题中将国际法院的法官制度、国际法院判决与咨询意见的拘束力问题以及对国际法渊源的认识问题杂糅在一起考查考生对这些知识点的掌握情况。选项 B 和选项 D 的正误相对容易辨识。选项 A 的设计，命题人目的在于考查考生对国际法院法官选任机制的了解程度，特别是是否会不当理解联合国安理会常任理事国的否决权。选项 D 的设计，命题人旨在考查考生对判决能否作为国际法渊源的认识。需要指出的是，本题选项 A 表述不够严谨，应为“联合国安理会常任理事国”。

[选项分析] 联合国国际法院由 15 名法官组成，15 人中不得有两人为同一国家的国民。法官不代表任何国家，不能担任任何政治或行政职务。法官在联合国大会和安理会中分别独立进行选举，只有在这两个机关同时都获得绝对多数票方可当选。安理会常任理事国对法官选举没有否决权。因此，选项 A 正确。

国际法院法官对于涉及其国籍国的案件的审理，不适用回避制度，除非其就任法官前曾参与该案件。在国际法院受理案件中，如果一个当事国有本国籍的法官，他方当事人也可以选派一人作为“专案法官”，参加本案的审理。选项 B 认为即使其就任法官前曾参与该案件也不用回避，显然是错误的。

国际法院的判决是终局性的。判决一经作出，即对本案及本案当事国产生拘束力，当事国必须履行。但是，国际法院的判决不是国际法的渊源。《国际法院规约》第 38 条规定，国际法的渊源包括国际条约、国际习惯和一般法律原则。司法判例、国际法学说被列为确定法律原则的辅助资料和证明，它们本身不是国际法的渊源。因此，选项 C 错误。

国际法院除具有诉讼管辖权外，还有咨询管辖权。联合国大会及大会临时委员会、安理会、经社理事会、托管理事会、要求复核行政法庭所作判决的申请委员会以及经大会授权的联合国专门机构或其他机构，可以就执行其职务中的任何法律问题请求国际法院发表咨询意见。法院作出的咨询意见没有法律拘束力，但对于有关问题的解决以及国际法的发展具有重要的影响。其他任何国家、团体、个人包括联合国秘书长，则无权请求法院提供咨询意见。因此，选项 D 错误。

第九章　战争与武装冲突法

试　题

1. 甲、乙两国边境相邻，甲国直接派兵发起武装冲突，乙国宣战但是没有和甲国接火，丙国和乙国是互助国，也对甲国宣战，还俘虏了甲国武装人员。根据国际法相关规则，下列哪一说法是正确的？（2023 年回忆版）

A. 根据国际法规则，甲国和乙国不构成战争

B. 如安理会对三个国家的状态作出决定，该决定对其他国家不具有拘束力

C. 经过甲国战俘同意，可禁止其参加宗教活动

D. 甲、乙两国已经进入战争状态

2. 甲乙两国宣战，丙国建议两国至丙国首都进行协商。经协商，甲乙丙三国共同发布了停战协议。后甲乙两个国家对停战协议内容有争议。对此，下列哪些选项是正确的?（2021 年回忆版）

A. 丙国的行为属于调停

B. 宣战后甲国 A 公司和乙国 B 公司签订并正在履行的商业合同自动废止

C. 宣战后甲国驻乙国大使馆的资料封存

D. 丙国对停战协议产生的争议承担法律责任

3. 甲乙两国是陆上邻国，因划界纠纷引发战争。根据国际法相关规则，下列哪些选项是正确的?（2020 年回忆版）

A. 甲乙两国互助条约立即废止

B. 两国边界条约自动废止

C. 甲国军舰在海上遇到乙国商船可以拿捕没收

D. 甲国有权对其境内的乙国居民进行敌侨登记，并进行强制集中居住

详 解

1. [答案] D [难度] 中

[考点] 战争的开始；联合国体系；对战时平民和战争受难者的保护

[命题和解题思路] 本题围绕战争与武装冲突法展开，虽然涉及多个考点，但各考点之间联系紧密，均为考生在学习战争与武装冲突法必然会涉及的知识点，难度不大。解答此类型命题，考生需要在了解一个国际法律现象的同时，能够全面了解现象的发生、过程与解决方法。

[选项分析] 确定国际法上战争状态的存在，交战双方是否存在“交战意思”是决定性因素。所谓“交战意思”是指敌对的双方或一方认定已经发生或将要发生的敌对或冲突为战争状态。

甲国派兵参与，乙国宣战，双方具有交战意思表示，构成国际法上的战争。选项 A 错误；选项 D 正确。

安理会为制止破坏和平、威胁和平和侵略行为而作出的决定，对当事国和所有的成员国都具有拘束力。选项 B 错误。

根据《日内瓦第三公约》，战俘自其被俘至其丧失战俘身份前应享受规定的合法待遇和相关权利。禁止战俘在任何情况下加以放弃公约规定的这些待遇和权利。其中包括，尊重战俘的风俗习惯和宗教信仰。因此，即使战俘同意，也不能禁止其参加宗教活动。选项 C 错误。

2. [答案] AC [难度] 中

[考点] 战争开始的法律后果；解决国际争端的政治方法

[命题和解题思路] 本题考查了考生对战争开始以后的法律后果以及政治解决国际争端的方法的掌握。战争开始的法律后果内容比较繁杂，考生容易忽略其中一些细节。比如本题中 B 项就是考查考生对禁止经贸往来的掌握，考生复习时应注意对行为性质的确认，尤其是对知识表述时的例外情况要着重注意。

[选项分析] 调停是指第三方以调停人的身份，就争端的解决提出方案并直接参加或主持谈判，以协助争端解决。本题中丙国的行为属于调停。选项 A 正确。

战争开始后，交战国间的政治、经济、军事等诸方面都处于敌对状态。断绝经贸往来是战争开始后敌国之间通常采取的措施。一般而言，交战国人民之间的贸易和商务往来是被禁止的，但对已履行的契约或已结算的债务则并不废除。因而选项 B 错误。

战争开始后，交战国间的外交关系和领事关系一般自动断绝。交战国关闭其在敌国的使、领馆。接受国有一般的义务尊重馆舍财产和档案安全。因而选项 C 正确。

调停国提出的方案本身没有拘束力，调停国对于进行调停或调停成败也不承担任何法律义务或后果。斡旋和调停一般是第三方出于善意主动进行的，也可以是应当事国一方或各方邀请进行的。争端当事方或第三方可以对有关的行动加以拒绝，但不应将这种行为视为不友好。斡旋或调停者可以是国家、组织或个人。选项 D 错误。

3. [答案] ACD [难度] 中

[考点] 战争开始的法律后果

[命题和解题思路] 本题考查了战争开始的法律后果，分别涉及条约关系的变化，对敌产和敌国公民的影响。知识点本身设计并不复杂，然而对于历年考查来说，属于较少考查的知识点，考生在复习中容易忽视。如果考生对该知识点不熟

悉，很容易为“强制集中居住”“立即废止”这样的绝对性措辞而迷惑。

[选项分析] 从国际实践上看，战争开始引起的条约关系的变化中，凡以维持共同政治行动或友好关系为前提的条约，如同盟条约、互助条约或和平友好条约立即废止。选项 A 正确。

关于规定缔约国间固定或永久状态的条约，如边界条约、割让条约等一般应继续维持，除非这类条约另有规定，或缔约方另有协议。题中没有说明存在另有规定的情形，因而两国边界条约应继续维持。选项 B 错误。

交战国对在海上遇到敌国公、私船舶及货物，可予以拿捕没收，但对从事探险、科学、宗教或慈善以及执行医院任务的船舶除外。选项 C 正确。另外应注意该规则中的除外情形，建议于本题中一并掌握。

交战国对其境内的敌国公民可实行各种限制，如进行敌侨登记、强制集中居住等。但就战争许可范围内，应尽可能地减免对敌国公民人身、财产和尊严上的限制和强制。选项 D 正确。本题中最大的迷惑选项即为本选项，考生因为考虑到人道主义保护，因而对该选项犹豫不决，此处需要注意的是，强制集中居住是一种对敌国公民的管理，是可以使用的。

第二部分　国际私法

第一章　国际私法的主体

试　题

1. 韩国公民金某在新加坡注册成立一家公司，主营业地设在香港地区。依中国法律规定，下列哪些选项是正确的？（2016-1-77）

A. 该公司为新加坡籍

B. 该公司拥有韩国与新加坡双重国籍

C. 该公司的股东权利义务适用中国内地法

D. 该公司的民事权利能力与行为能力可适用香港地区法或新加坡法

2. 德国甲公司与中国乙公司在中国共同设立了某合资有限责任公司，后甲公司以确认其在合资公司的股东权利为由向中国某法院提起诉讼。关于本案的法律适用，下列哪一选项是正确的？（2014-1-35）

A. 因合资公司登记地在中国，故应适用中国法

B. 因侵权行为地在中国，故应适用中国法

C. 因争议与中国的联系更密切，故应适用中国法

D. 当事人可协议选择纠纷应适用的法律

3. 张某居住在深圳，2008 年 3 月被深圳某公司劳务派遣到马来西亚工作，2010 年 6 月回深圳，转而受雇于香港某公司，其间每周一到周五在香港上班，周五晚上回深圳与家人团聚。2012 年 1 月，张某离职到北京治病，2013 年 6 月回深圳，现居该地。依《涉外民事关系法律适用法》（不考虑该法生效日期的因素）和司法解释，关于张某经常居所地的认定，下列哪一表述是正确的？（2013-1-37）

A. 2010 年 5 月，在马来西亚

B. 2011 年 12 月，在香港

C. 2013 年 4 月，在北京

D. 2008 年 3 月至今，一直在深圳

详　解

1. ［答案］AD　　［难度］易

［考点］中国关于法人国籍的规定；中国关于法人权利能力和行为能力法律适用的规定

［命题和解题思路］公司国籍的确定，需要运用公司法的相关知识。由于“股东国籍标准”采用较少，命题人设置的这一干扰项“强度”有限。关于法人权利能力和行为能力的法律适用，考生要注意，登记地法律和主营业地法律是“无条件”选择适用的关系，没有适用上的先后之分。

［选项分析］《公司法》第 2 条规定：“本法所称公司，是指依照本法在中华人民共和国境内设立的有限责任公司和股份有限公司。”第 243 条规定：“本法所称外国公司，是指依照外国法律在中华人民共和国境外设立的公司。”可见，关于公司国籍的确定，我国采用的设立地标准，没有采取股东国籍标准。本题中该公司在新加坡注册成立，依我国法应为新加坡公司。故选项 A 正确，选项 B 错误。

《涉外民事关系法律适用法》第 14 条规定：“法人及其分支机构的民事权利能力、民事行为能力、组织机构、股东权利义务等事项，适用登记地法律。法人的主营业地与登记地不一致的，可以适用主营业地法律。法人的经常居所地，为其主营业地。”《最高人民法院关于适用〈中华人民共和国涉外民事关系法律适用法〉若干问题的解释（一）》第 14 条规定：“人民法院应当将法人的设立登记地认定为涉外民事关系法律适用法规定的法人的登记地。”本题中，公司设立登记地是新加坡，主营业地是我国香港地区，两者不一致，因此，该公司的民事权利能力与行为能力、股东

权利义务等既可适用新加坡法，也可适用香港地区法。“适用中国内地法”之说则于法无据。故选项 C 错误，选项 D 正确。

2. [答案] A　　[难度] 中

[考点] 中国关于法人权利能力和行为能力法律适用的规定

[命题和解题思路] 在本题中，命题人“别有心机”地选择一个容易发生“定性”错误的纠纷类型考查其法律适用。甲公司在合资公司的股东权利问题属于股东确权问题，考生既不应将其混淆为“侵权”问题，也不应将其混淆为“中外合营企业合同”问题，否则就会发生“定性”错误，从而导致误判。

[选项分析]《涉外民事关系法律适用法》第 14 条第 1 款规定：“法人及其分支机构的民事权利能力、民事行为能力、组织机构、股东权利义务等事项，适用登记地法律。”《最高人民法院关于适用〈中华人民共和国涉外民事关系法律适用法〉若干问题的解释（一）》第 14 条规定：“人民法院应当将法人的设立登记地认定为涉外民事关系法律适用法规定的法人的登记地。”德国甲公司与中国乙公司合资设立的有限责任公司登记地在中国，甲公司以确认其在合资公司的股东权利为由向中国某法院提起诉讼，该案应适用中国法。因此，选项 A 正确。

选项 B 为重点干扰项。本案属于股东确权案件，不是侵权案件，因此，选项 B 错误。

《涉外民事关系法律适用法》第 2 条规定：“涉外民事关系适用的法律，依照本法确定。其他法律对涉外民事关系法律适用另有特别规定的，依照其规定。本法和其他法律对涉外民事关系法律适用没有规定的，适用与该涉外民事关系有最密切联系的法律。”如前所述，对于股东权利义务事项的法律适用，《涉外民事关系法律适用法》第 14 条已有规定，因此没有适用最密切联系原则的余地和必要，故选项 C 错误。

《最高人民法院关于适用〈中华人民共和国涉外民事关系法律适用法〉若干问题的解释（一）》第 4 条规定：“中华人民共和国法律没有明确规定当事人可以选择涉外民事关系适用的法律，当事人选择适用法律的，人民法院应认定该选择无效。”关于股东权利义务事项的法律适用，我国法律没有明确规定当事人可以选择法律，当事人就不能协议选择纠纷应适用的法律。因此，选项 D 错误。

易混淆点解析

考生既不要把本题案件归为“中外合资经营企业合同”纠纷，也不要凭借对“最密切联系原则”的模糊记忆错误选择 C 项。《民法典》第 467 条第 2 款规定：“在中华人民共和国境内履行的中外合资经营企业合同、中外合作经营企业合同、中外合作勘探开发自然资源合同，适用中华人民共和国法律。”这是一条根据“最密切联系原则”确定的单边冲突规范，但其本身不是以“最密切联系地”为连结点的冲突规范。

3. [答案] D　　[难度] 中

[考点] 自然人经常居所地的认定

[命题和解题思路] 命题人在本题中从不同侧面考查考生对“经常居所地”的理解。就医、劳务派遣、公务是法律列明的不构成经常居所地的除外情形，比较容易判断。一些考生对选项 B 张某“受雇于香港某公司”期间的情形可能会有犹疑。对该选项进行判断的关键在于，经常居所地的认定应当考虑当事人“定居”的意思，即该地应当是当事人“作为其生活中心的地方”。

[选项分析]《最高人民法院关于适用〈中华人民共和国涉外民事关系法律适用法〉若干问题的解释（一）》第 13 条规定：“自然人在涉外民事关系产生或者变更、终止时已经连续居住一年以上且作为其生活中心的地方，人民法院可以认定为涉外民事关系法律适用法规定的自然人的经常居所地，但就医、劳务派遣、公务等情形除外。”2010 年 5 月，尽管张某已在马来西亚居住工作 1 年以上，但因其属于劳务派遣性质，因此，马来西亚不能认定为张某在该时点的经常居所地。故选项 A 错误。

选项 B 为重点干扰项。2011 年 12 月，张某已转而受雇于香港某公司并长达 1 年以上，但是张某每周一到周五在香港上班，周五晚上回深圳与家人团聚，香港仅是其工作之地，而不是其生活中心所在地。因此，不能认定香港为张某在该时点的经常居所地。故选项 B 错误。

2013 年 4 月，张某离职到北京治病也已达 1

年以上，但就医也属于前述司法解释第 13 条规定的除外情形，因此，北京也不能认定为张某在该时点的经常居所地。故选项 C 错误。

其实，2008 年 3 月至今，张某有意定居并选择的居住地一直在深圳，深圳是张某在这一期间的经常居所地。其他三地或仅为工作地，或属于劳务派遣、就医等特殊情形，均不能认定为经常居所地。因此，选项 D 正确。

第二章 适用冲突规范的制度

试 题

1. 中英两公司签订买卖合同，约定适用英国法，由北京仲裁委员会仲裁，仲裁地是英国，现诉至中国法院。对此，下列哪一选项是正确的？（2020 年回忆版）

A. 因为合同约定适用英国法，所以应用英国法确定仲裁效力

B. 如果适用中国法无效，适用英国法有效，则应认定仲裁协议有效

C. 适用英国法后发现需要适用其他国法，应从其规定

D. 如果英国法规定适用中国法，应适用反致

2. 沙特某公司在华招聘一名中国籍雇员张某。为规避中国法律关于劳动者权益保护的强制性规定，劳动合同约定排他性地适用菲律宾法。后因劳动合同产生纠纷，张某向中国法院提起诉讼。关于该劳动合同的法律适用，下列哪一选项是正确的？（2015-1-35）

A. 适用沙特法

B. 因涉及劳动者权益保护，直接适用中国的强制性规定

C. 在沙特法、中国法与菲律宾法中选择适用对张某最有利的法律

D. 适用菲律宾法

3. 在某合同纠纷中，中国当事方与甲国当事方协议选择适用乙国法，并诉至中国法院。关于该合同纠纷，下列哪些选项是正确的？（2015-1-77）

A. 当事人选择的乙国法，仅指该国的实体法，既不包括其冲突法，也不包括其程序法

B. 如乙国不同州实施不同的法律，人民法院应适用该国首都所在地的法律

C. 在庭审中，中国当事方以乙国与该纠纷无实际联系为由主张法律选择无效，人民法院不应支持

D. 当事人在一审法庭辩论即将结束时决定将选择的法律变更为甲国法，人民法院不应支持

4. 中国甲公司与巴西乙公司因合同争议在中国法院提起诉讼。关于该案的法律适用，下列哪些选项是正确的？（2014-1-77）

A. 双方可协议选择合同争议适用的法律

B. 双方应在一审开庭前通过协商一致，选择合同争议适用的法律

C. 因法院地在中国，本案的时效问题应适用中国法

D. 如案件涉及中国环境安全问题，该问题应适用中国法

5. 根据我国法律和司法解释，关于涉外民事关系适用的外国法律，下列说法正确的是：（2014-1-98）

A. 不能查明外国法律，适用中国法律

B. 如果中国法有强制性规定，直接适用该强制性规定

C. 外国法律的适用将损害中方当事人利益的，适用中国法

D. 外国法包括该国法律适用法

6. 中国甲公司与德国乙公司进行一项商事交易，约定适用英国法律。后双方发生争议，甲公司在中国法院提起诉讼。关于该案的法律适用问题，下列哪一选项是错误的？（2013-1-35）

A. 如案件涉及食品安全问题，该问题应适用中国法

B. 如案件涉及外汇管制问题，该问题应适用中国法

C. 应直接适用的法律限于民事性质的实体法

D. 法院在确定应当直接适用的中国法律时，无需再通过冲突规范的指引

7. 根据《涉外民事关系法律适用法》和司法解释，关于外国法律的查明问题，下列哪一表述是正确的？（2013-1-36）

A. 行政机关无查明外国法律的义务

B. 查明过程中，法院应当听取各方当事人对应当适用的外国法律的内容及其理解与适用的意见

C. 无法通过中外法律专家提供的方式获得外国法律的，法院应认定为不能查明

D. 不能查明的，应视为相关当事人的诉讼请求无法律依据

详　解

1. [答案] B　　[难度] 易

[考点] 认定国际商事仲裁协议效力的法律适用；中国对反致和转致的态度

[命题和解题思路] 本题一是考查仲裁协议的法律适用，特别是在当事人没有选择法律的情况下如何确定其准据法，二是考查适用冲突规范的制度，尤其是中国关于反致的规定。本题考查的内容基本属于重点知识点，对考生来说应该不难。

[选项分析] 根据《涉外民事关系法律适用法》第 18 条，当事人可以协议选择仲裁协议适用的法律。当事人没有选择的，适用仲裁机构所在地法律或者仲裁地法律。同时，根据《最高人民法院关于审理仲裁司法审查案件若干问题的规定》第 13 条，当事人协议选择确认涉外仲裁协议效力适用的法律，应当作出明确的意思表示，仅约定合同适用的法律，不能作为确认合同中仲裁条款效力适用的法律。中英两公司的约定仅构成对买卖合同中适用法律的约定，不能作为确认合同中仲裁条款效力适用的法律，不能适用英国法确定合同中仲裁条款效力。因此，A 选项错误。

根据《最高人民法院关于审理仲裁司法审查案件若干问题的规定》第 14 条，人民法院根据《涉外民事关系法律适用法》第 18 条的规定，确定确认涉外仲裁协议效力适用的法律时，当事人没有选择适用的法律，适用仲裁机构所在地的法律与适用仲裁地的法律将对仲裁协议的效力作出不同认定的，人民法院应当适用确认仲裁协议有效的法律。本题中，中英两公司没有选择确定确认涉外仲裁协议效力适用的法律，仲裁机构所在地为中国，仲裁地为英国，如果适用中国法无效，适用英国法有效，人民法院应当适用英国法。因此，B 选项正确。

转致是指对于某一涉外民商事案件，依法院地国冲突规范应当适用某外国法，而依该外国冲突规范的规定应适用第三国法，法院地国最终适用了该第三国的实体法。适用英国法后发现需要适用其他国法，最终适用了该第三国的实体法，即为转致。但《涉外民事关系法律适用法》第 9 条规定："涉外民事关系适用的外国法律，不包括该国的法律适用法。"可见，我国司法实践中不接受转致，当我国法院受理涉外民商事案件时，根据我国冲突规范应适用某一外国法时，应直接适用该外国的相关实体法。因此，C 选项错误。

反致是指对于某一涉外民商事案件，依法院地国冲突规范应当适用某外国法，而该外国法中的冲突规范却规定应适用法院地国的实体法。但《涉外民事关系法律适用法》第 9 条规定，涉外民事关系适用的外国法律，不包括该国的法律适用法。可见，我国司法实践中不接受反致，当我国法院受理涉外民商事案件时，根据我国冲突规范应适用某一外国法时，应直接适用该外国的相关实体法。因此，D 选项错误。

2. [答案] B　　[难度] 易

[考点] 中国关于合同法律适用的规定；直接适用的法

[命题和解题思路] 命题人在本题中把劳动合同法律适用问题与直接适用的法放在一起考查，试图对考生造成困扰。但对于熟悉直接适用的法的考生而言，这种结合反而降低了试题难度，因为选项 B 的正确性比较明显。就劳动合同的法律适用而言，题干也未"提供"相关冲突规范连结点所指的地点，因此考生也就无从选择。当然，如果考生对劳动合同法律适用规范记忆或理解模糊，也可能在选择上出错。

[选项分析] 选项 A 是重点干扰项。《涉外民事关系法律适用法》第 43 条规定："劳动合同，适用劳动者工作地法律；难以确定劳动者工作地的，适用用人单位主营业地法律。劳务派遣，可以适用劳务派出地法律。"本题题干既没有明确给

出劳动者张某的工作地，也没有说明用人单位沙特某公司的主营业地，因此，就劳动合同的法律适用而言，本题没有设置确定的正确答案。在劳动合同法律适用方面，我国法律也没有规定“对劳动者最有利法律”这种系属。故选项 A、C、D 均错误。

《涉外民事关系法律适用法》第 4 条规定：“中华人民共和国法律对涉外民事关系有强制性规定的，直接适用该强制性规定。”《最高人民法院关于适用〈中华人民共和国涉外民事关系法律适用法〉若干问题的解释（一）》第 8 条规定，涉及中华人民共和国社会公共利益、当事人不能通过约定排除适用、无需通过冲突规范指引而直接适用于涉外民事关系的法律、行政法规的规定，人民法院应当认定为《涉外民事关系法律适用法》第 4 条规定的强制性规定。这些情形包括：（1）涉及劳动者权益保护的；（2）涉及食品或公共卫生安全的；（3）涉及环境安全的；（4）涉及外汇管制等金融安全的；（5）涉及反垄断、反倾销的；（6）应当认定为强制性规定的其他情形。本题案件如果涉及劳动者权益保护，就属于前述第 1 种情形，就应当直接适用中国的强制性规定。因此，选项 B 正确。

3. [答案] AC　　[难度] 易

[考点] 中国对反致的态度；外国法的查明；当事人意思自治原则

[命题和解题思路] 本题相对比较容易，选项考查的内容基本属于重点知识点。选项 B 涉及多法域国家准据法的确定，考生应注意我国的相关规定。在这个问题上，我国采用最密切联系原则解决，而不是适用所谓“首都所在地的法律”。

[选项分析]《涉外民事关系法律适用法》第 9 条规定：“涉外民事关系适用的外国法律，不包括该国的法律适用法。”可见，我国不接受反致制度。另外，法院只有义务适用本国程序法，法律选择一般不涉及适用外国程序法。因此，选项 A 正确。

选项 B 是重点干扰项。《涉外民事关系法律适用法》第 6 条规定，涉外民事关系适用外国法律，该国不同区域实施不同法律的，适用与该涉外民事关系有最密切联系区域的法律。因此，如果乙国不同州实施不同的法律，人民法院应适用与该涉外民事关系有最密切联系区域的法律，该法律不一定就是该国首都所在地的法律。故选项 B 错误。

《最高人民法院关于适用〈中华人民共和国涉外民事关系法律适用法〉若干问题的解释（一）》第 5 条规定：“一方当事人以双方协议选择的法律与系争的涉外民事关系没有实际联系为由主张选择无效的，人民法院不予支持。”可见，我国法律不要求当事人协议选择的法律必须与案件有实际联系，中国当事方以乙国与该纠纷无实际联系为由主张法律选择无效，人民法院不应支持。因此，选项 C 正确。

关于当事人协议选择法律的时间，《最高人民法院关于适用〈中华人民共和国涉外民事关系法律适用法〉若干问题的解释（一）》第 6 条第 1 款规定：“当事人在一审法庭辩论终结前协议选择或者变更选择适用的法律的，人民法院应予准许。”因此，当事人在一审法庭辩论即将结束时决定将选择的法律变更为甲国法，人民法院应当准许。故选项 D 错误。

4. [答案] AD　　[难度] 易

[考点] 中国关于合同法律适用的规定；时效的法律适用；直接适用的法

[命题和解题思路] 一般而言，考生对于合同的法律适用、直接适用的法等问题通常关注较多，对时效的法律适用可能关注较少，可能会“想当然地”把时效问题当作程序性问题，从而错误地认为时效问题应当适用法院地法。命题人在选项 C 中强调“法院地在中国”，意在强化误导作用。

[选项分析] 中国甲公司与巴西乙公司因合同争议在中国法院提起诉讼，有关法律适用问题应根据我国相关的冲突规范。《涉外民事关系法律适用法》第 41 条规定：“当事人可以协议选择合同适用的法律。当事人没有选择的，适用履行义务最能体现该合同特征的一方当事人经常居所地法律或者其他与该合同有最密切联系的法律。”因此，中国甲公司与巴西乙公司可协议选择合同争议适用的法律，故选项 A 正确。

《最高人民法院关于适用〈中华人民共和国涉外民事关系法律适用法〉若干问题的解释（一）》第 6 条规定：“当事人在一审法庭辩论终结前协议选择或者变更选择适用的法律的，人民法院应予准许。各方当事人援引相同国家的法律且未提出法律适用异议的，人民法院可以认定当事人已经就涉外民事关系适用的法律做出了选择。”可见，双方选择合同争议适用法律的时限应在一审法庭辩论终结前，而不是一审开庭前。因此，选项 B 错误。

选项 C 为重点干扰项。关于时效问题的法律适用，我国未采取“法院地法”。《涉外民事关系法律适用法》第 7 条规定：“诉讼时效，适用相关涉外民事关系应当适用的法律。”因此，选项 C 错误。

选项 D 涉及“直接适用的法”。《涉外民事关系法律适用法》第 4 条规定：“中华人民共和国法律对涉外民事关系有强制性规定的，直接适用该强制性规定。”《最高人民法院关于适用〈中华人民共和国涉外民事关系法律适用法〉若干问题的解释（一）》第 8 条规定，涉及中华人民共和国社会公共利益、当事人不能通过约定排除适用、无需通过冲突规范指引而直接适用于涉外民事关系的法律、行政法规的规定，人民法院应当认定为《涉外民事关系法律适用法》第 4 条规定的强制性规定。这些情形包括：（1）涉及劳动者权益保护的；（2）涉及食品或公共卫生安全的；（3）涉及环境安全的；（4）涉及外汇管制等金融安全的；（5）涉及反垄断、反倾销的；（6）应当认定为强制性规定的其他情形。本题中如果案件涉及中国环境安全问题，就属于前述第 3 种情形，该问题应适用中国法。因此，选项 D 正确。

5. [答案] AB　　[难度] 易

[考点] 中国关于外国法的查明的规定；直接适用的法；中国关于公共秩序保留的规定；中国对反致的态度

[命题和解题思路] 本题考查的是法律适用的基本制度，对考生来说应该不难。命题人在选项 C 中采用了“移花接木”的命题技巧，把“社会公共利益”换成“当事人利益”，考生如出现失误应当属于粗心所致。

[选项分析] 本题涉及对适用外国法的一般限制。选项 A 涉及外国法的查明。《涉外民事关系法律适用法》第 10 条第 2 款规定：“不能查明外国法律或者该国法律没有规定的，适用中华人民共和国法律。”因此，选项 A 正确。

选项 B 涉及“直接使用的法”。《涉外民事关系法律适用法》第 4 条规定：“中华人民共和国法律对涉外民事关系有强制性规定的，直接适用该强制性规定。”因此，选项 B 正确。

选项 C 为重点干扰项。选项 C 涉及公共秩序保留制度。《涉外民事关系法律适用法》第 5 条规定：“外国法律的适用将损害中华人民共和国社会公共利益的，适用中华人民共和国法律。”选项 C 所说的是外国法律的适用损害“中方当事人利益”，而不是“中华人民共和国社会公共利益”，不适用公共秩序保留制度。因此，选项 C 错误。

选项 D 涉及反致制度。《涉外民事关系法律适用法》第 9 条规定：“涉外民事关系适用的外国法律，不包括该国的法律适用法。”可见，我国不接受反致制度。因此，选项 D 错误。

6. [答案] C　　[难度] 易

[考点] 直接适用的法

[命题和解题思路] 命题人通过本题考查了考生对“直接适用的法”概念的把握。考生如熟悉《最高人民法院关于适用〈中华人民共和国涉外民事关系法律适用法〉若干问题的解释（一）》第 8 条内容，应当很容易对选项 A、B、D 的正误作出准确判断。命题人设置的“陷阱”是选项 C。基于冲突法目的在于解决涉外“民事”法律关系的法律适用问题，有些考生可能会错误地以为直接适用的法只能是民事性质的实体法。直接适用的法的目的在于保障我国的社会公共利益，很多属于行政法或经济法规范。

[选项分析] 《涉外民事关系法律适用法》第 4 条规定：“中华人民共和国法律对涉外民事关系有强制性规定的，直接适用该强制性规定。”《最高人民法院关于适用〈中华人民共和国涉外民事关系法律适用法〉若干问题的解释（一）》第 8 条规定，涉及中华人民共和国社会公共利益、当事人不能通过约定排除适用、无需通过冲突规范指引而直接适用于涉外民事关系的法律、行政法规的规定，人民法院应当认定为《涉外民事关系法律适用法》第 4 条规定的强制性规定。这些情形包括：（1）涉及劳动者权益保护的；（2）涉及食品或公共卫生安全的；（3）涉及环境安全的；（4）涉及外汇管制等金融安全的；（5）涉及反垄断、反倾销的；（6）应当认定为强制性规定的其他情形。

选项 A 和选项 B 是该司法解释明确列举的情形，应该适用中国法。因此，选项 A 和选项 B 表述正确，不当选。

选项 C 为重点干扰项。前述司法解释列举的强制性规定，基本属于行政法范畴，不是民事性质的实体法，因此，“应直接适用的法律限于民事性质的实体法”这一表述是错误的，选项 C 当选。

前述司法解释第 8 条在界定“直接适用的法”或“强制性规定”时明确指出，此类规定“无需通过冲突规范指引而直接适用于涉外民事关系”，因此，选项 D 表述正确，不当选。

7. [答案] B　　[难度] 中

[考点] 中国关于外国法的查明的规定

[命题和解题思路] 外国法查明的义务和途径是实践中很重要的问题，也是考试经常考查的内容。本题命题人考查的两个“枝节”问题可能会对考生造成干扰。一是国际私法学习中法律适用的主体通常多提及人民法院或仲裁机构，比较少提及行政机关，有些考生可能会忽略行政机关也是查明和适用外国法的主体。二是在查明外国法的过程中，人民是否需要听取以及如何对待当事方意见。

[选项分析] 选项 A 为重点干扰项。《涉外民事关系法律适用法》第 10 条第 1 款规定：“涉外民事关系适用的外国法律，由人民法院、仲裁机构或者行政机关查明。当事人选择适用外国法律的，应当提供该国法律。”适用外国法，不仅仅是人民法院、仲裁机构的职权，在一些情形下，行政机关也会涉及外国法的适用问题，比如婚姻登记机关在处理涉外婚姻登记事务时。因此，行政机关也可能承担查明外国法律的义务，故选项 A 错误。

《最高人民法院关于适用〈中华人民共和国涉外民事关系法律适用法〉若干问题的解释（一）》第 16 条规定：“人民法院应当听取各方当事人对应当适用的外国法律的内容及其理解与适用的意见，当事人对该外国法律的内容及其理解与适用均无异议的，人民法院可以予以确认；当事人有异议的，由人民法院审查认定。”因此，选项 B 正确。

《最高人民法院关于适用〈中华人民共和国涉外民事关系法律适用法〉若干问题的解释（一）》第 15 条规定：“人民法院通过由当事人提供、已对中华人民共和国生效的国际条约规定的途径、中外法律专家提供等合理途径仍不能获得外国法律的，可以认定为不能查明外国法律。根据涉外民事关系法律适用法第十条第一款的规定，当事人应当提供外国法律，其在人民法院指定的合理期限内无正当理由未提供该外国法律的，可以认定为不能查明外国法律。”可见，通过中外法律专家提供仅是查明外国法的若干途径之一；无法通过中外法律专家提供的方式获得外国法律的，法院还应当尝试其他途径，而不应就此认定为不能查明。因此，选项 C 错误。

《涉外民事关系法律适用法》第 10 条第 2 款规定：“不能查明外国法律或者该国法律没有规定的，适用中华人民共和国法律。”也就是说，外国法不能查明的，不应当视为相关当事人的诉讼请求无法律依据，而是应当适用中国法律处理案件。因此，选项 D 错误。

第三章　国际民商事关系的法律适用

试　题

第一节　权利能力和行为能力

1. 中国人甲和新加坡人乙在开曼群岛注册公司，主营业地在上海，后某个股东提起诉讼主张，股东会决议侵犯了自己的股东权利，请求法院撤销决议。关于本案的法律适用，下列哪一说法是正确的？（2023 年回忆版）

A. 可以适用开曼群岛法和中国法

B. 可以协议选择适用法律

C. 应当适用中国法

D. 开曼群岛是英国海外领地，适用英国法

2. 经常居所地都在广州的越南籍公民陈某和莱索托籍公民姆扎曼尼，在中国西部登山途中失

踪。数年后，两人亲属在广州某法院提出宣告死亡的申请。关于本案的法律适用，下列哪一选项是正确的？（2021 年回忆版）

A. 如果莱索托法律无法查明，则应适用中国法

B. 关于二人的宣告死亡，均适用中国法

C. 应适用各自的国籍国法，外国法的内容由两人亲属提供

D. 应适用各自的国籍国法，外国法的内容由法院负责查明

3. 经常居所同在上海的越南公民阮某与中国公民李某结伴乘新加坡籍客轮从新加坡到印度游玩。客轮在公海遇风暴沉没，两人失踪。现两人亲属在上海某法院起诉，请求宣告两人失踪。依中国法律规定，下列哪一选项是正确的？（2016-1-35）

A. 宣告两人失踪，均应适用中国法

B. 宣告阮某失踪，可适用中国法或越南法

C. 宣告李某失踪，可适用中国法或新加坡法

D. 宣告阮某与李某失踪，应分别适用越南法与中国法

4. 经常居住于中国的英国公民迈克，乘坐甲国某航空公司航班从甲国出发，前往中国，途经乙国领空时，飞机失去联系。若干年后，迈克的亲属向中国法院申请宣告其死亡。关于该案件应适用的法律，下列哪一选项是正确的？（2014-1-36）

A. 中国法　　B. 英国法

C. 甲国法　　D. 乙国法

第二节　物　权

1. 中国公民李某家里的花瓶被小偷偷走，玛丽在广州黑市买到该花瓶并带到欧洲，法国人汉斯在德国柏林二手市场买了这只花瓶。李某获悉后，在中国某法院起诉汉斯。关于本案，下列哪些说法是正确的？（2022 年回忆版）

A. 若汉斯在中国有财产，中国法院具有管辖权

B. 双方可协议适用法国法

C. 关于花瓶物权问题，若双方无法协议选择法律，法院应适用中国法

D. 关于花瓶物权问题，若双方均援引中国法，法院应适用中国法

2. 荷兰甲公司将一批货物卖给中国乙公司，买卖合同订立时，该批货物载于由荷兰鹿特丹开往大连的韩国晋远号远洋货船上。后乙公司就该批货物的所有权纠纷诉至某法院。根据我国法律规定，下列哪些选项是正确的？（2021 年回忆版）

A. 应适用中国法或者荷兰法

B. 若双方协议约定适用瑞士法，应从其约定

C. 若双方没有约定，适用韩国法

D. 若双方没有约定，适用中国法

第三节　债　权

1. 南非居民约翰与中国上海甲公司签订劳动合同，甲公司与莫桑比克乙公司签订劳务派遣合同，将约翰从上海派遣到莫桑比克做非全日制工，后产生劳动合同纠纷在中国法院起诉。关于本案，下列哪些说法是正确的？（2022 年回忆版）

A. 因劳务地在莫桑比克，可适用莫桑比克法律

B. 约翰有权请求南非驻沪领事馆以领事身份担任诉讼代理人，但在诉讼中该领事不享有领事官员的特权与豁免

C. 因中国上海的甲公司是派出地，可适用中国法

D. 约翰是南非公民，应适用南非法

2. 中国公民张某在法国巴黎留学，中国明星李某经常居所地在德国柏林。张某偷拍李某很多照片并上传到中国某网站，李某在中国某法院起诉张某侵犯其隐私权。关于该纠纷的法律适用，下列哪些说法是正确的？（2022 年回忆版）

A. 张某和李某可在一审法庭辩论终结前合意选择法国法

B. 若依德国国际私法规则指引，该案件应适用被侵权人国籍国法，法院应适用中国法

C. 诉讼时效应适用德国法

D. 本案应适用的法律应由法院查明

3. 中英两国公司因合同纠纷，诉至中国法院，合同中双方约定准据法为英国法。关于本案，下列哪些选项是正确的？（2021 年回忆版）

A. 若英国存在多个法域，该合同纠纷应适用

伦敦所在的英格兰法

B. 若双方在一审法庭辩论时约定该纠纷的诉讼时效适用中国法，应从其约定

C. 若双方在一审法庭辩论时将合同适用的法律变更为苏格兰法，法院应予支持

D. 关于诉讼时效规定应适用英国法

4. 经常居住地在巴黎的法国人玛丽到广州进行公务活动，圣诞前夕玛丽外出旅行数日，其猫跳入隔壁邻居李某家，李某细心喂养。玛丽返回后，李某归还其猫并要求玛丽支付喂养费用，玛丽不愿支付。后李某向中国法院起诉。关于本案的法律适用，下列哪些选项是正确的？（2021 年回忆版）

A. 如果玛丽和李某未选择法律，法院应在中国法和法国法中择一适用

B. 两人可以协议选择适用德国法

C. 如两人没有协议选择法律，应适用中国法

D. 李某和玛丽只能在中国法和法国法中择一适用

5. 主营业地在广州的法国某公司雇佣了韩国人金某，其工作内容为巡回于东亚从事产品售后服务工作。后金某提出辞职，公司不同意并向广州法院起诉了金某。对此，下列哪一说法是正确的？（2018 年回忆版）

A. 如金某是韩国来华留学生，则公安机关应对法国公司进行罚款处理

B. 关于该劳动合同的纠纷，双方可以在一审庭审辩论终结前协商一致选择韩国法为准据法

C. 该劳动合同纠纷应适用法国法

D. 我国法院对该案件无管辖权，应裁定驳回法国公司的起诉

6. 经常居所在广州的西班牙公民贝克，在服务器位于西班牙的某网络论坛上发帖诽谤经常居所在新加坡的中国公民王某。现王某将贝克诉至广州某法院，要求其承担侵害名誉权的责任。关于该纠纷的法律适用，下列哪一选项是正确的？（2017-1-35）

A. 侵权人是西班牙公民，应适用西班牙法

B. 被侵权人的经常居所在新加坡，应适用新加坡法

C. 被侵权人是中国公民，应适用中国法

D. 论坛服务器在西班牙，应适用西班牙法

7. 中国甲公司与英国乙公司签订一份商事合同，约定合同纠纷适用英国法。合同纠纷发生 4 年后，乙公司将甲公司诉至某人民法院。英国关于合同纠纷的诉讼时效为 6 年。关于本案的法律适用，下列哪些选项是正确的？（2017-1-79）

A. 本案的诉讼时效应适用中国法

B. 本案的实体问题应适用英国法

C. 本案的诉讼时效与实体问题均应适用英国法

D. 本案的诉讼时效应适用中国法，实体问题应适用英国法

8. 英国公民苏珊来华短期旅游，因疏忽多付房费 1000 元，苏珊要求旅店返还遭拒后，将其诉至中国某法院。关于该纠纷的法律适用，下列哪一选项是正确的？（2016-1-36）

A. 因与苏珊发生争议的旅店位于中国，因此只能适用中国法

B. 当事人可协议选择适用瑞士法

C. 应适用中国法和英国法

D. 应在英国法与中国法中选择适用对苏珊有利的法律

9. 甲国游客杰克于 2015 年 6 月在北京旅游时因过失导致北京居民孙某受重伤。现孙某在北京以杰克为被告提起侵权之诉。关于该侵权纠纷的法律适用，下列哪一选项是正确的？（2015-1-37）

A. 因侵权行为发生在中国，应直接适用中国法

B. 如当事人在开庭前协议选择适用乙国法，应予支持，但当事人应向法院提供乙国法的内容

C. 因本案仅与中国、甲国有实际联系，当事人只能在中国法与甲国法中进行选择

D. 应在中国法与甲国法中选择适用更有利于孙某的法律

10. 甲国公民大卫被乙国某公司雇佣，该公司主营业地在丙国，大卫工作内容为巡回于东亚地区进行产品售后服务，后双方因劳动合同纠纷诉诸中国某法院。关于该纠纷应适用的法律，下列哪一选项是正确的？（2014-1-38）

A. 中国法　　B. 甲国法

C. 乙国法　　D. 丙国法

第四节 商事关系

1. 德国甲公司在上海向越南乙公司出具汇票，汇票付款人为德国甲公司在上海的分支机构。越南乙公司在河内将汇票背书转让给了越南丙公司，丙公司不慎丢失汇票。该汇票被经常居所地在广州的李先生拾得。后中国某法院受理有关该汇票的纠纷。关于本案，下列哪一说法是正确的？（2022 年回忆版）

A. 乙公司对该汇票的背书行为，应适用中国法

B. 丙公司对乙公司行使汇票追索权的期限，应适用中国法

C. 丙公司请求保全汇票权利的程序，应适用越南法

D. 李先生拾得汇票是否构成不当得利的问题，应适用越南法

2. 中国公民李某在柏林签发一张转账支票给德国甲公司用于支付货款，付款人为中国乙银行北京分行；甲公司在柏林将支票背书转让给中国丙公司，丙公司在北京向乙银行请求付款时被拒。关于该支票的法律适用，依中国法律规定，下列哪一选项是正确的？（2017－1－36）

A. 如李某依中国法为限制民事行为能力人，依德国法为完全民事行为能力人，应适用德国法

B. 甲公司对该支票的背书行为，应适用中国法

C. 丙公司向甲公司行使票据追索权的期限，应适用中国法

D. 如丙公司不慎将该支票丢失，其请求保全票据权利的程序，应适用德国法

3. 中国甲公司将其旗下的东方号货轮光船租赁给韩国乙公司，为便于使用，东方号的登记国由中国变更为巴拿马。现东方号与另一艘巴拿马籍货轮在某海域相撞，并被诉至中国某海事法院。关于本案的法律适用，下列哪一选项是正确的？（2017－1－37）

A. 两船碰撞的损害赔偿应适用中国法

B. 如两船在公海碰撞，损害赔偿应适用《联合国海洋法公约》

C. 如两船在中国领海碰撞，损害赔偿应适用中国法

D. 如经乙公司同意，甲公司在租赁期间将东方号抵押给韩国丙公司，该抵押权应适用中国法

4. 新加坡公民王颖与顺捷国际信托公司在北京签订协议，将其在中国的财产交由该公司管理，并指定受益人为其幼子李力。在管理信托财产的过程中，王颖与顺捷公司发生纠纷，并诉至某人民法院。关于该信托纠纷的法律适用，下列哪些选项是正确的？（2017－1－77）

A. 双方可协议选择适用瑞士法

B. 双方可协议选择适用新加坡法

C. 如双方未选择法律，法院应适用中国法

D. 如双方未选择法律，法院应在中国法与新加坡法中选择适用有利于保护李力利益的法律

第五节 婚姻与家庭

1. 经常居住地在上海的中国人孙倩和同在中国生活的德国人汉森结婚，两人在越南旅行时，收养了越南当地女童阮某，并将其带回中国共同生活。三年后汉森因病去世，留下 100 万存款，未留遗嘱，孙倩因遗产继承纠纷诉至法院。对此，下列哪些说法是正确的？（2023 年回忆版）

A. 如孙倩想解除收养，要适用中国法、德国法、越南法中最有利于阮某的

B. 汉森的遗产适用中国法

C. 收养效力适用中国法

D. 收养的手续适用中国法

2. 德国籍公民凯尔和中国籍公民刘丽因感情破裂离婚，向经常居住地浙江省某市法院提起诉讼，请求分割价值 1000 万元人民币的财产。关于本案管辖权和法律适用问题，下列哪些说法是正确的？（2023 年回忆版）

A. 由于本案是涉外离婚诉讼，应当由某市中级人民法院管辖

B. 双方可以约定财产分割问题适用德国法

C. 双方可以分别约定中国法和德国法解决离婚和财产分割问题

D. 如果双方达成离婚调解协议，可以请求法院按照调解协议制作并发给判决书

3. 经常居所地在深圳的甲（女）和经常居所地在香港的乙（男）结婚。双方签订的婚前协议

约定，离婚适用中国香港特别行政区法律，乙将其持有的香港股票分一半给甲。现甲向深圳法院提起离婚诉讼，请求分割夫妻共同财产，法院判决离婚且分割乙在香港的50%股权给甲。根据中国相关法律规定，下列哪些说法是正确的？（2022年回忆版）

A. 香港高等法院可根据深圳法院的判决命令乙向甲转让其50%的香港股权

B. 甲可向香港法院申请认可与执行深圳法院判决的全部或部分判项

C. 因诉讼离婚适用法院地法，故夫妻财产分割应适用中国内地法

D. 因诉讼离婚适用法院地法，故离婚财产处理应适用香港特别行政区法

4. 经常居住地在上海的德国夫妇去云南收养了一个孩子，后因收养纠纷涉诉。根据中国相关法律规定，关于本案的法律适用，下列哪一选项是正确的？（2021年回忆版）

A. 收养的手续适用中国法或德国法

B. 收养效力应适用德国法

C. 解除收养关系应适用中国法

D. 本案的所有法律关系应同时适用中国法和德国法

5. 埃及公民甲和印度公民乙的主要财产和经常居住地都在上海，现向中国法院起诉离婚并要求分割财产。关于本案的法律适用，下列哪些选项是错误的？（2021年回忆版）

A. 若二人在上海生下一子，其子出生时不具有中国国籍

B. 二者可就财产分割问题协议适用新加坡法

C. 离婚和财产分割事项都应适用中国法

D. 该诉讼终结前二人均不可离境

6. 定居在上海的法国人甲和中国人乙结婚，由于乙一直不孕，遂让乙的堂妹丙（中国人，定居上海）代孕，生下一子丁交给甲和乙抚养，丁取得了法国国籍。后乙死亡，甲与新加坡女子戊再婚，并一起带丁回法国定居。一年多后，丙请求确认和丁的母子关系，甲和戊不许，引发争议诉至人民法院。根据相关法律和司法解释，下列哪些选项是正确的？（2018年回忆版）

A. 丙与丁的人身关系适用法国法

B. 丙与丁的人身关系适用中国法或法国法中有利于保护弱方利益的法律

C. 戊与丁的母子关系适用法国法

D. 戊与丁的母子关系适用中国法、新加坡法或法国法中有利于保护弱方利益的法律

7. 中国公民王某将甲国公民米勒诉至某人民法院，请求判决两人离婚、分割夫妻财产并将幼子的监护权判决给她。王某与米勒的经常居所及主要财产均在上海，其幼子为甲国国籍。关于本案的法律适用，下列哪些选项是正确的？（2017-1-78）

A. 离婚事项，应适用中国法

B. 夫妻财产的分割，王某与米勒可选择适用中国法或甲国法

C. 监护权事项，在甲国法与中国法中选择适用有利于保护幼子利益的法律

D. 夫妻财产的分割与监护权事项均应适用中国法

8. 经常居所在汉堡的德国公民贝克与经常居所在上海的中国公民李某打算在中国结婚。关于贝克与李某结婚，依《涉外民事关系法律适用法》，下列哪一选项是正确的？（2016-1-37）

A. 两人的婚龄适用中国法

B. 结婚的手续适用中国法

C. 结婚的所有事项均适用中国法

D. 结婚的条件同时适用中国法与德国法

9. 韩国公民金某与德国公民汉森自2013年1月起一直居住于上海，并于该年6月在上海结婚。2015年8月，二人欲在上海解除婚姻关系。关于二人财产关系与离婚的法律适用，下列哪些选项是正确的？（2015-1-78）

A. 二人可约定其财产关系适用韩国法

B. 如诉讼离婚，应适用中国法

C. 如协议离婚，二人没有选择法律的，应适用中国法

D. 如协议离婚，二人可以在中国法、韩国法及德国法中进行选择

10. 经常居住于英国的法国籍夫妇甲和乙，想来华共同收养某儿童。对此，下列哪一说法是正确的？（2014-1-37）

A. 甲、乙必须共同来华办理收养手续

B. 甲、乙应与送养人订立书面收养协议

C. 收养的条件应重叠适用中国法和法国法

D. 若发生收养效力纠纷，应适用中国法

11. 中国人李某（女）与甲国人金某（男）2011 年在乙国依照乙国法律登记结婚，婚后二人定居在北京。依《涉外民事关系法律适用法》，关于其夫妻关系的法律适用，下列哪些表述是正确的？（2013-1-77）

A. 婚后李某是否应改从其丈夫姓氏的问题，适用甲国法

B. 双方是否应当同居的问题，适用中国法

C. 婚姻对他们婚前财产的效力问题，适用乙国法

D. 婚姻存续期间双方取得的财产的处分问题，双方可选择适用甲国法

第六节　继　承

经常居所在上海的瑞士公民怀特未留遗嘱死亡，怀特在上海银行存有 100 万元人民币，在苏黎世银行存有 10 万欧元，且在上海与巴黎各有一套房产。现其继承人因遗产分割纠纷诉至上海某法院。依中国法律规定，下列哪些选项是正确的？（2016-1-78）

A. 100 万元人民币存款应适用中国法

B. 10 万欧元存款应适用中国法

C. 上海的房产应适用中国法

D. 巴黎的房产应适用法国法

第七节　知识产权的法律适用

1. 日本甲公司与中国三叶公司签订许可协议（协议约定适用日本法），授权中国乙公司在中国范围内销售的手机上安装日本甲公司拥有专利的某款 APP。中国乙公司在其销往越南的手机上也安装了该款 APP。现日本甲公司在中国法院起诉三叶公司违约并侵犯了其在越南获得的专利。对此，下列哪些说法是正确的？（2019 年回忆版）

A. 三叶公司主营业地在中国，违约和侵权纠纷都应适用中国法

B. 违约纠纷应适用日本法

C. 侵权纠纷双方在开庭前可约定适用中国法

D. 侵权纠纷应适用日本法

2. 韩国甲公司为其产品在中韩两国注册了商标。中国乙公司擅自使用该商标生产了大量仿冒产品并销售至中韩两国。现甲公司将乙公司诉至中国某法院，要求其承担商标侵权责任。关于乙公司在中韩两国侵权责任的法律适用，依中国法律规定，下列哪些选项是正确的？（2016-1-79）

A. 双方可协议选择适用中国法

B. 均应适用中国法

C. 双方可协议选择适用韩国法

D. 如双方无法达成一致，则应分别适用中国法与韩国法

3. 德国甲公司与中国乙公司签订许可使用合同，授权乙公司在英国使用甲公司在英国获批的某项专利。后因相关纠纷诉诸中国法院。关于该案的法律适用，下列哪些选项是正确的？（2014-1-78）

A. 关于本案的定性，应适用中国法

B. 关于专利权归属的争议，应适用德国法

C. 关于专利权内容的争议，应适用英国法

D. 关于专利权侵权的争议，双方可以协议选择法律，不能达成协议，应适用与纠纷有最密切联系的法律

详　解

第一节　权利能力和行为能力

1. ［答案］A　　［难度］中

［考点］中国关于法人权利能力和行为能力法律适用的规定

［命题和解题思路］本考点是反复考查过多次的考点，考生应熟练掌握法条规定。需要特别注意该冲突规范的例外情形，法人的主营业地与登记地不一致的，可以适用主营业地法律。解题时应注意准确定位涉外民事关系，应判断调整对象为法人权利能力和行为能力，通过回顾法条解题。

［选项分析］《涉外民事关系法律适用法》第 14 条规定，法人及其分支机构的民事权利能力、民事行为能力、组织机构、股东权利义务等事项，适用登记地法律。法人的主营业地与登记地不一致的，可以适用主营业地法律。法人的经常居住地，为其主营业地。本题中，因股东权利义务事项发生纠纷，该公司的主营业地和登记地不一致，

可以适用主营业地法律，即中国法，也可以适用登记地法即开曼群岛法。选项 A 正确，选项 D 错误。

《涉外民事关系法律适用法》第 14 条没有当事人协议选择法律的规定。选项 B 错误。

法人的主营业地与登记地不一致的，“可以”适用主营业地法律，而非“应当”适用。选项 C 错误。

2. [答案] B　　[难度] 易

[考点] 中国关于自然人权利能力法律适用的规定

[命题和解题思路] 我国法律规定，宣告失踪或者宣告死亡，适用自然人经常居所地法律。本题在交代陈某与姆扎曼尼经常居所地的同时，又强调两人的国籍，在选项中试图以外国法的查明知识点和管辖权多方面对考生形成干扰。宣告失踪或者宣告死亡属于自然人权利能力问题，《涉外民事关系法律适用法》在“属人法”问题上采用了“经常居所地法”，自然人宣告失踪或者宣告死亡也是如此。

[选项分析]《涉外民事关系法律适用法》第 13 条规定：“宣告失踪或者宣告死亡，适用自然人经常居所地法律。”莱索托籍公民姆扎曼尼经常居所地为中国，其亲属向中国法院申请宣告其死亡，中国法院应适用中国法。选项 A 错误。

尽管陈某是越南公民，但其经常居所地为中国，陈某的亲属向中国法院申请宣告其死亡，中国法院应适用中国法。莱索托籍公民姆扎曼尼经常居所地为中国，亲属向中国法院申请宣告其死亡，中国法院应适用中国法。因此，选项 B 正确，选项 C、D 错误。

3. [答案] A　　[难度] 易

[考点] 中国关于自然人权利能力法律适用的规定

[命题和解题思路] 我国法律规定，宣告失踪或者宣告死亡，适用自然人经常居所地法律。命题人在交代阮某与李某经常居所地的同时，又提及两人的国籍、客轮国籍、出事地点以及两人旅游的出发地和目的地等地点，试图从多方面对考生形成干扰。宣告失踪或者宣告死亡属于自然人权利能力问题，如前所述，《涉外民事关系法律适用法》的一大特色就是在“属人法”问题上采用了“经常居所地法”，自然人宣告失踪或者宣告死亡也是如此。

[选项分析] 本题考查自然人宣告失踪的法律适用。《涉外民事关系法律适用法》第 13 条规定：“宣告失踪或者宣告死亡，适用自然人经常居所地法律。”可见，两人的国籍、客轮国籍、出事地点以及两人旅游的出发地和目的地等地点对案件的法律适用没有影响。本题中越南公民阮某与中国公民经常居所地均在上海，因此，上海法院受理宣告两人失踪的案件，均应适用我国法律，故选项 A 正确，选项 B、C、D 均为错误。其中，选项 B 为重点干扰项。

4. [答案] A　　[难度] 易

[考点] 中国关于自然人权利能力法律适用的规定

[命题和解题思路] 命题人强调迈克为英国公民，意图以“国籍国法”对考生形成干扰。考生应注意到，《涉外民事关系法律适用法》的一大特色就是在“属人法”问题上采用了“经常居所地法”，自然人宣告失踪或者宣告死亡也是如此。

[选项分析]《涉外民事关系法律适用法》第 13 条规定：“宣告失踪或者宣告死亡，适用自然人经常居所地法律。”迈克尽管是英国公民，但其经常居住于中国，经常居所地为中国，迈克的亲属向中国法院申请宣告其死亡，中国法院应适用中国法。因此，选项 A 正确，选项 B、C、D 均为错误。

第二节　物　权

1. [答案] AB　　[难度] 易

[考点] 物权的法律适用

[命题和解题思路] 本题综合考查了物权的法律适用和国际民事诉讼管辖权，总体难度适中，需要考生对《涉外民事关系法律适用法》动产物权的法律适用规定比较熟悉。《涉外民事关系法律适用法》第 37 条规定，当事人可以协议选择动产物权适用的法律。当事人没有选择的，适用法律事实发生时动产所在地法律。

[选项分析]《民事诉讼法》第 276 条的规定，因涉外民事纠纷，对在中华人民共和国领域内没有住所的被告提起除身份关系以外的诉讼，如果合同签订地、合同履行地、诉讼标的物所在地、

可供扣押财产所在地、侵权行为地、代表机构住所地位于中华人民共和国领域内的，可以由合同签订地、合同履行地、诉讼标的物所在地、可供扣押财产所在地、侵权行为地、代表机构住所地人民法院管辖。A 选项正确。

《涉外民事关系法律适用法》第 37 条规定，当事人可以协议选择动产物权适用的法律。可以协议选择法国法。B 选项正确。

《涉外民事关系法律适用法》第 37 条规定，当事人没有选择的，适用法律事实发生时动产所在地法律。汉斯在德国柏林二手市场买了这只花瓶，应当适用法律事实发生时动产所在地法律，即德国法。C 选项错误。

《最高人民法院关于适用〈中华人民共和国涉外民事关系法律适用法〉若干问题的解释（一）》第 6 条规定，各方当事人援引相同国家的法律且未提出法律适用异议的，人民法院可以认定当事人已经就涉外民事关系适用的法律做出了选择。D 选项没有说明当事人没有提出法律适用异议，故错误。

2. ［答案］BD　　［难度］中

［考点］中国关于运输中的动产物权法律适用的规定

［命题和解题思路］本题考查了运输中动产物权的法律适用，但围绕着法律事实发生时动产所在地设置了迷惑选项，意图造成对本题考查范围判断的混淆。考生应明确动产物权的法律适用和运输中的动产物权的法律适用的区别。因为运输中的动产有其特殊性，所以如果双方当事人没有选择法律适用，应适用运输目的地法律。

［选项分析］《涉外民事关系法律适用法》第 38 条规定，当事人可以协议选择运输中动产物权发生变更适用的法律。当事人没有选择的，适用运输目的地法律。选项 A 没有包含当事人协议选择的情况，因此错误。

第 38 条的规定是一条有条件选择型冲突规范，当事人选择的法律，应予适用。当事人没有选择的，方适用下一个顺位，即运输目的地法律。考生应注意此类冲突规范的逻辑关系。因而选项 B 正确。

如双方没有约定选择适用法律，按照题意，运输目的地为中国大连，运输目的地法应为中国法，因而选项 C 错误，选项 D 正确。

第三节　债　权

1. ［答案］AC　　［难度］中

［考点］涉外劳动合同法律适用；外国人在中国的民事诉讼地位

［命题和解题思路］本题将《涉外民事关系法律适用法》和外国人在中国的民事诉讼地位综合考查，考生需要对这两个考点都比较熟悉才能选出正确选项。《涉外民事关系法律适用法》第 43 条规定，劳动合同，适用劳动者工作地法律；难以确定劳动者工作地的，适用用人单位主营业地法律。劳务派遣，可以适用劳务派出地法律。考生需要正确理解该法条中指向的连接点。

［选项分析］《涉外民事关系法律适用法》第 43 条规定，劳动合同适用劳动者工作地法律。本案因劳务地在莫桑比克，可适用莫桑比克法律。A 选项正确。

约翰可以请求南非领事担任诉讼代理人，但只能以个人名义，并且在诉讼活动中不享有相关特权和豁免。B 选项错误。

《涉外民事关系法律适用法》第 43 条规定，劳务派遣可以适用劳务派出地法律。因中国上海的甲公司是派出地，可适用中国法。C 选项正确。

D 选项不符合《涉外民事关系法律适用法》第 43 条的法律规定，因此错误。

2. ［答案］CD　　［难度］中

［考点］人格权的法律适用；诉讼时效法律适用

［命题和解题思路］该题目考查的是特殊侵权和通过网络方式侵犯人格权，同时综合考查了诉讼时效、外国法的查明等考点，总体难度适中，考生熟悉《涉外民事关系法律适用法》以及司法解释的相关规定即可正确解答。

［选项分析］《涉外民事关系法律适用法》第 46 条规定，通过网络或者采用其他方式侵害姓名权、肖像权、名誉权、隐私权等人格权的，适用被侵权人经常居所地法律。中国明星李某经常居所地在德国柏林，应适用德国法。此法条中并没有当事人选择适用法律的规定。A 选项错误。

《涉外民事关系法律适用法》第 9 条规定，涉外民事关系适用的外国法律，不包括该国的法律适用法。B 选项错误。

《涉外民事关系法律适用法》第 7 条规定，诉讼时效适用相关涉外民事关系应当适用的法律。在本案中即被侵权人经常居所地法律——德国法。C 选项正确。

《涉外民事关系法律适用法》第 10 条规定，涉外民事关系适用的外国法律，由人民法院、仲裁机构或者行政机关查明。当事人选择适用外国法律的，应当提供该国法律。本题中并非当事人选择适用法律，则由人民法院查明外国法的内容。D 选项正确。

3. [答案] CD [难度] 中

[考点] 中国关于诉讼时效法律适用的规定；意思自治的规定；区际法律冲突

[命题和解题思路] 本题考查内容中，合同的法律适用相对比较常见，因而难度相对不大。而对于诉讼时效的法律适用，有些考生可能会错误地把诉讼时效识别为程序问题，从而错误地认为应当适用法院地法。在此，考生要特别注意我国《涉外民事关系法律适用法》对诉讼时效的法律适用的规定。题中还涉及区际法律冲突，增加了迷惑性。

[选项分析] 当国际私法中的冲突规范指定应适用某一外国的法律作准据法，而该外国的法制不统一，具有多个法域，存在区际法律冲突时，就会提出究竟是适用该外国的哪一法域的法律作为准据法的问题。《涉外民事关系法律适用法》第 6 条规定，涉外民事关系适用外国法律，该国不同区域实施不同法律的，适用与该涉外民事关系有最密切联系区域的法律。选项 A 表述过于绝对，是错误的。

《涉外民事关系法律适用法》第 7 条规定，诉讼时效，适用相关涉外民事关系应当适用的法律。因而选项 B 错误，选项 D 正确。

《最高人民法院关于适用〈中华人民共和国涉外民事关系法律适用法〉若干问题的解释（一）》第 6 条规定，选择适用法律的时间，应在一审法庭辩论终结前。选项 C 正确。

4. [答案] BC [难度] 中

[考点] 中国关于无因管理法律适用的规定

[命题和解题思路] 我国关于无因管理法律适用的规范属于有条件选择性冲突规范，连接点较多，包括当事人意思自治原则、共同经常居所地、无因管理发生地，这些连结点适用的先后顺序也有要求。除此之外，本题还设置意思自治的范围的混淆知识点，试图对考生形成更多干扰。因此，考生要熟知该规范的连结点类型及其适用顺位。

[选项分析]《涉外民事关系法律适用法》第 47 条规定，不当得利、无因管理，适用当事人协议选择适用的法律。当事人没有选择的，适用当事人共同经常居所地法律；没有共同经常居所地的，适用不当得利、无因管理发生地法律。因此，玛丽和李某如果没有选择法律，应适用他们的共同经常居所地法律。本题中玛丽经常居所地在法国，李某经常居所地在中国，双方没有共同经常居所地。那么顺次选择，没有共同经常居所地的，适用无因管理发生地，本题中发生地在中国，应适用中国法。因而选项 A 错误，选项 C 正确。

《涉外民事关系法律适用法》第 41 条规定，当事人可以协议选择合同适用的法律。在没有特殊规定的情况下，并未对法律选择的范围作出限定。因此双方可以选择德国法也可以选择其他国家法律。因此选项 B 正确，选项 D 错误。

难点解析

本题中的一个暗藏的混淆项是自然人经常居所地的判定。关于自然人经常居所地的确定，《最高人民法院关于适用〈中华人民共和国涉外民事关系法律适用法〉若干问题的解释（一）》第 13 条规定："自然人在涉外民事关系产生或者变更、终止时已经连续居住一年以上且作为其生活中心的地方，人民法院可以认定为涉外民事关系法律适用法规定的自然人的经常居所地，但就医、劳务派遣、公务等情形除外。"本题中玛丽的公务行为没有改变她的经常居所地，所以玛丽的经常居所地是法国。

5. [答案] A [难度] 中

[考点] 入境、居留和出境；中国关于合同法律适用的规定；中国关于国际民事案件管辖权的规定

[命题和解题思路] 本题考查的知识点较多，涉及国际公法和国际私法两个领域。但其中最易

迷惑的是劳动合同的法律适用。选项 B 表达的是当事方意思自治原则，选项 C 则提及“用人单位所在地”这个连结点，如果考生不熟悉《涉外民事关系法律适用法》第 43 条，则会陷入犹疑而难以取舍。

［选项分析］ 选项 A 考查我国对外国人居留的有关规定。《出境入境管理法》第 43 条规定：“外国人有下列行为之一的，属于非法就业：（一）未按照规定取得工作许可和工作类居留证件在中国境内工作的；（二）超出工作许可限定范围在中国境内工作的；（三）外国留学生违反勤工助学管理规定，超出规定的岗位范围或者时限在中国境内工作的。”第 80 条第 3 款规定：“非法聘用外国人的，处每非法聘用一人一万元，总额不超过十万元的罚款；有违法所得的，没收违法所得。”如果金某是韩国来中国的留学生，而法国公司非法雇佣金某巡回于东亚从事产品售后服务工作，则公安机关应对法国公司进行罚款处理。因此，选项 A 说法正确。

选项 B 和选项 C 考查合同纠纷的法律适用，其中选项 B 是重点干扰项。《涉外民事关系法律适用法》第 43 条规定：“劳动合同，适用劳动者工作地法律；难以确定劳动者工作地的，适用用人单位主营业地法律。劳务派遣，可以适用劳务派出地法律。”《最高人民法院关于适用〈中华人民共和国涉外民事关系法律适用法〉若干问题的解释（一）》第 4 条规定：“中华人民共和国法律没有明确规定当事人可以选择涉外民事关系适用的法律，当事人选择适用法律的，人民法院应认定该选择无效。”既然《涉外民事关系法律适用法》第 43 条已就劳动合同纠纷的法律适用作了特别规定，并且该规定没有明确规定当事人可以选择涉外劳动合同适用的法律，那么，选项 B 说法错误。此外，金某的工作内容为巡回于东亚从事产品售后服务工作，属于“难以确定劳动者工作地”的情形，根据《涉外民事关系法律适用法》第 43 条，本案纠纷应适用用人单位主营业地法律，既然本案中法国公司主营业地在广州，就应适用中国法。因此，选项 C 说法错误。

选项 D 考查涉外民事案件的管辖权。《民事诉讼法》第 276 条规定：“因涉外民事纠纷，对在中华人民共和国领域内没有住所的被告提起除身份关系以外的诉讼，如果合同签订地、合同履行地、诉讼标的物所在地、可供扣押财产所在地、侵权行为地、代表机构住所地位于中华人民共和国领域内的，可以由合同签订地、合同履行地、诉讼标的物所在地、可供扣押财产所在地、侵权行为地、代表机构住所地人民法院管辖。除前款规定外，涉外民事纠纷与中华人民共和国存在其他适当联系的，可以由人民法院管辖。”本题中，合同在中国履行，因此，我国相关法院具有管辖权，因此，选项 D 说法错误。

6. ［答案］ B　　［难度］ 易

［考点］ 中国关于侵权行为法律适用的规定

［命题和解题思路］ 我国法律对网络侵权的法律适用作了专门规定。命题人详细描述“在服务器位于西班牙的某网络论坛上发帖诽谤”，强化“侵权行为发生地”因素，试图“误导”考生。考生不要受一般侵权行为法律适用的影响，尤其注意不要想当然地依“侵权行为适用侵权行为地法”选择 D 选项。

［选项分析］ 本题考查网络侵权的法律适用。《涉外民事关系法律适用法》第 46 条规定：“通过网络或者采用其他方式侵害姓名权、肖像权、名誉权、隐私权等人格权的，适用被侵权人经常居所地法律。”本题中，被侵权人中国公民王某的经常居所地位于新加坡，案件应当适用新加坡法律。因此，选项 B 正确。第 46 条未提及侵权人国籍、被侵权人国籍、服务器所在地等连结点，因此，选项 A、C、D 均系错误选项。

7. ［答案］ BC　　［难度］ 易

［考点］ 中国关于合同法律适用的规定；中国关于诉讼时效法律适用的规定

［命题和解题思路］ 本题考查内容中，合同的法律适用相对比较常见，因而难度相对不大。而对于诉讼时效的法律适用，有些考生可能会错误地把诉讼时效识别为程序问题，从而错误地认为应当适用法院地法。在此，考生要特别注意，在我国法律制度中，诉讼时效没有规定在民事诉讼法中，而是规定在民事实体法中。况且，《涉外民事关系法律适用法》也设专条对诉讼时效的法律适用作出明确规定。

［选项分析］ 本题案件的实体争议是合同争

议。《涉外民事关系法律适用法》第 41 条规定："当事人可以协议选择合同适用的法律。当事人没有选择的，适用履行义务最能体现该合同特征的一方当事人经常居所地法律或者其他与该合同有最密切联系的法律。"甲公司与乙公司约定合同纠纷适用英国法，因此，本案的实体问题应适用英国法。故选项 B 正确。

选项 A 为重点干扰项。关于诉讼时效的法律适用，《涉外民事关系法律适用法》第 7 条规定："诉讼时效，适用相关涉外民事关系应当适用的法律。"如上所述，本案相关涉外民事关系（实体问题）适用英国法，因此，本案的诉讼时效也应适用英国法。故选项 A 错误。

基于以上两个选项分析，可以看出选项 C 正确，选项 D 错误。

8. [答案] B　　[难度] 中

[考点] 中国关于不当得利法律适用的规定

[命题和解题思路] 我国关于不当得利法律适用的规范属于有条件选择性冲突规范，连接点较多，包括当事人意思自治原则、共同经常居所地、不当得利发生地，这些连结点适用的先后顺序也有要求。除此之外，命题人还设置了国籍、有利于当事人等连结因素，试图对考生形成更多干扰。因此，考生要熟知该规范的连结点类型及其适用顺位。

[选项分析] 选项 A 为重点干扰项。旅店因房客疏忽多得 1000 元属于不当得利。《涉外民事关系法律适用法》第 47 条规定："不当得利、无因管理，适用当事人协议选择适用的法律。当事人没有选择的，适用当事人共同经常居所地法律；没有共同经常居所地的，适用不当得利、无因管理发生地法律。"因此，本案应首先考虑适用当事人协议选择适用的法律。《最高人民法院关于适用〈中华人民共和国涉外民事关系法律适用法〉若干问题的解释（一）》第 5 条规定："一方当事人以双方协议选择的法律与系争的涉外民事关系没有实际联系为由主张选择无效的，人民法院不予支持。"这表明，我国法律对当事人依意思自治选择的法律没有限制。因此，B 项表述"当事人可协议选择适用瑞士法"正确。其他三个选项都没有考虑在不当得利法律适用问题上首先要适用当事人意思自治原则，因此均不正确。

当然，关于不当得利法律适用的规范是有条件选择性冲突规范，如果当事人没有选择法律，还可依次考虑适用共同经常居所地法律、不当得利发生地法律。因此，旅店所在地作为不当得利发生地，该地法律（中国法）在前面两种情形（当事人选择的法律和共同经常居所地法律）不存在时，可以得以适用。而依当事人国籍考虑的中国法和英国法以及对某方当事人有利的法律，适用的依据都不存在。

9. [答案] B　　[难度] 易

[考点] 中国关于侵权行为法律适用的规定；当事人意思自治原则；中国关于外国法的查明的规定

[命题和解题思路] 侵权行为地法是一个"著名"且"经常耳闻"的系属公式，但在我国立法中，这一系属公式在适用顺序上处于第三位次。因此，考生不能"不假思索"地选择 A 选项。另外，在侵权行为法律适用方面，我国法律也没有规定采用"对受害人最有利"的法律。

[选项分析] 选项 A 是重点干扰项。《涉外民事关系法律适用法》第 44 条规定："侵权责任，适用侵权行为地法律，但当事人有共同经常居所地的，适用共同经常居所地法律。侵权行为发生后，当事人协议选择适用法律的，按照其协议。"该条属于有条件选择性冲突规范，适用先后顺序依次为当事人协议选择的法律、共同经常居所地法律、适用侵权行为地法律。因此，法院首先应当确定当事人双方是否有选择法律的协议，而不能因侵权行为发生在中国，就直接适用中国法。故选项 A 错误。

关于当事人协议选择法律的时间，《最高人民法院关于适用〈中华人民共和国涉外民事关系法律适用法〉若干问题的解释（一）》第 6 条第 1 款规定："当事人在一审法庭辩论终结前协议选择或者变更选择适用的法律的，人民法院应予准许。"因此，如果当事人在开庭前协议选择适用乙国法，人民法院应予支持。关于外国法的查明，《涉外民事关系法律适用法》第 10 条第 1 款规定："涉外民事关系适用的外国法律，由人民法院、仲裁机构或者行政机关查明。当事人选择适用外国法律的，应当提供该国法律。"因此，当事人应向法院提供乙国法的内容。故选项 B 正确。

《最高人民法院关于适用〈中华人民共和国涉

外民事关系法律适用法〉若干问题的解释（一）》第 5 条规定："一方当事人以双方协议选择的法律与系争的涉外民事关系没有实际联系为由主张选择无效的，人民法院不予支持。"可见，我国法律不要求当事人协议选择的法律必须与案件有实际联系，因此，选项 C 错误；也没有要求必须选择"对受害人最有利"的法律，因此，选项 D 也错误。

10. ［答案］D　［难度］易

［考点］中国关于合同法律适用的规定

［命题和解题思路］本题考查考生对劳动合同法律适用规范是否熟悉。命题人设置了劳动者国籍国、用人单位国籍国、用人单位主营业地、法院地等多个连结点，以图对考生形成干扰。在劳动者工作地无法确定时，考生要注意应予适用的是用人单位主营业地法律，而不是用人单位国籍国法律。

［选项分析］《涉外民事关系法律适用法》第 43 条规定："劳动合同，适用劳动者工作地法律；难以确定劳动者工作地的，适用用人单位主营业地法律。劳务派遣，可以适用劳务派出地法律。"本题中，大卫工作内容为巡回于东亚地区进行产品售后服务，难以确定其工作地；用人单位乙国某公司的主营业地在丙国，因此，有关劳动合同应适用丙国法。故选项 D 正确，其他三个选项错误。

第四节　商事关系

1. ［答案］B　［难度］中

［考点］涉外票据关系的法律适用；不当得利的法律适用

［命题和解题思路］本题目综合考查了票据关系的法律适用，包括票据的行为方式、票据追索权行使期限、票据丧失时权利保全程序的法律适用。考生应全面掌握票据的法律适用规定。

［选项分析］《票据法》第 98 条规定，票据的背书、承兑、付款和保证行为，适用行为地法律。本题中，越南乙公司在河内将汇票背书转让给了越南丙公司，应适用越南法。A 选项错误。

《票据法》第 99 条规定，票据追索权的行使期限，适用出票地法律。本题中，出票地为中国上海，适用中国法。B 选项正确。

《票据法》第 101 条规定，票据丧失时，失票人请求保全票据权利的程序，适用付款地法律。本题中，付款地为上海，应适用中国法。C 选项错误。

《涉外民事关系法律适用法》第 47 条规定，不当得利、无因管理，适用当事人协议选择适用的法律。当事人没有选择的，适用当事人共同经常居所地法律；没有共同经常居所地的，适用不当得利、无因管理发生地法律。并非应当适用某法律，而是首先适用当事人选择的法律。D 选项错误。

2. ［答案］A　［难度］中

［考点］票据当事人能力的法律适用；票据行为方式的法律适用；票据追索权行使期限的法律适用；票据丧失时权利保全程序的法律适用

［命题和解题思路］本题考查票据的法律适用。不同票据法律问题的法律适用规范不同，考生若不熟悉就可能出错。本题各选项中应特别注意票据追索权的行使期限应适用出票地法律，而不是付款地法律。此外，考生还应注意，《票据法》在票据当事人能力法律适用问题上采用的是"本国法主义"，不同于《涉外民事关系法律适用法》在自然人能力法律适用问题上采用的"经常居所地"。《最高人民法院关于适用〈中华人民共和国涉外民事关系法律适用法〉若干问题的解释（一）》第 3 条第 1 款规定："涉外民事关系法律适用法与其他法律对同一涉外民事关系法律适用规定不一致的，适用涉外民事关系法律适用法的规定，但《中华人民共和国票据法》《中华人民共和国海商法》《中华人民共和国民用航空法》等商事领域法律的特别规定以及知识产权领域法律的特别规定除外。"因此，解析本题的法律依据就是《票据法》。

［选项分析］选项 A 考查票据债务人民事行为能力的法律适用。《票据法》第 96 条规定："票据债务人的民事行为能力，适用其本国法律。票据债务人的民事行为能力，依照其本国法律为无民事行为能力或者为限制民事行为能力而依照行为地法律为完全民事行为能力的，适用行为地法律。"本题中李某为中国公民，出票行为发生在德国柏林，如果李某依中国法为限制民事行为能力人，而依作为行为地法的德国法为完全民事行为能

力人，则其票据行为能力应适用德国法。因此，选项 A 正确。

选项 B 考查票据行为的法律适用。《票据法》第 98 条规定：“票据的背书、承兑、付款和保证行为，适用行为地法律。”甲公司对该支票的背书行为发生在德国柏林，该背书行为应适用德国法。因此，选项 B 错误。

选项 C 为重点干扰项。选项 C 考查票据追索权行使期限的法律适用。《票据法》第 99 条规定：“票据追索权的行使期限，适用出票地法律。”本题中出票地为德国柏林，因此，丙公司向甲公司行使票据追索权的期限应适用德国法。故选项 C 错误。

选项 D 考查票据权利保全程序的法律适用。《票据法》第 101 条规定：“票据丧失时，失票人请求保全票据权利的程序，适用付款地法律。”本题中，付款人为中国乙银行北京分行，丙公司在北京向乙银行请求付款时被拒。如果丙公司不慎将该支票丢失，其请求保全票据权利的程序，应适用作为付款地法律的中国法。因此，选项 D 错误。

3. [答案] D　　[难度] 中

[考点] 海事关系的法律适用

[命题和解题思路] 关于船舶碰撞损害赔偿的法律适用，本题命题人一方面“明修栈道”，设置了原登记国法、侵权行为地法、法院地法甚至公法性质的《联合国海洋法公约》作为干扰因素；另一方面又“暗度陈仓”，对船舶的登记国“轻描淡写”地加以“更换”。如果考生没有注意到相互碰撞的船舶属于同一国籍，就会作出错误的选择。关于船舶抵押权的法律适用，考生要注意光船租赁这一特殊情形要适用原船舶登记国的法律。

[选项分析] 本题中，东方号的登记国已由中国变更为巴拿马，因此，东方号与另一艘巴拿马籍货轮的相撞属于“同一国籍的船舶”相撞。我国《海商法》第 273 条规定：“船舶碰撞的损害赔偿，适用侵权行为地法律。船舶在公海上发生碰撞的损害赔偿，适用受理案件的法院所在地法律。同一国籍的船舶，不论碰撞发生于何地，碰撞船舶之间的损害赔偿适用船旗国法律。”可见，这两艘货轮无论在何地相撞，碰撞的损害赔偿问题都应适用其国籍国法，即巴拿马法律。此外，《联合国海洋法公约》也不涉及船舶碰撞的损害赔偿问题。因此，选项 A、B、C 均错误。

《海商法》第 271 条规定：“船舶抵押权适用船旗国法律。船舶在光船租赁以前或者光船租赁期间，设立船舶抵押权的，适用原船舶登记国的法律。”因此，如果经乙公司同意，甲公司在租赁期间将东方号抵押给韩国丙公司，该抵押权应适用作为原船舶登记国法律的中国法。故选项 D 正确。

4. [答案] ABC　　[难度] 易

[考点] 中国关于信托法律适用的规定

[命题和解题思路] 我国法律对于信托的法律适用，首先采用了意思自治原则。对于双方当事人没有协议选择法律的情况，命题人设置了“在相关国家法律中选择对受益人有利的法律”这一虚假系属干扰考生的判断。对此，考生一方面应理解并牢记相关的冲突规范，另一方面也应从系属公式的角度梳理一下每一系属公式适用的“范围”（即涉外民事关系），做到“双管齐下”或者建立“双保险”。

[选项分析]《涉外民事关系法律适用法》第 17 条规定：“当事人可以协议选择信托适用的法律。当事人没有选择的，适用信托财产所在地法律或者信托关系发生地法律。”因此，王颖与顺捷国际信托公司可以协议选择他们案件适用的法律。《最高人民法院关于适用〈中华人民共和国涉外民事关系法律适用法〉若干问题的解释（一）》第 5 条规定：“一方当事人以双方协议选择的法律与系争的涉外民事关系没有实际联系为由主张选择无效的，人民法院不予支持。”可见，双方协议选择的法律既可以与系争的涉外民事关系有实际联系，也可以没有实际联系。故选项 A、B 均正确。

本题中，信托协议在北京签订，信托财产位于中国，因此，如果王颖与顺捷国际信托公司双方未选择法律，法院应适用作为信托财产所在地法律或者信托关系发生地法律的中国法。故选项 C 正确。

我国法律在信托的法律适用方面没有采用“保护受益人利益”这一连结点，因此，选项 D 错误。选项 D 为重点干扰项。

第五节　婚姻与家庭

1. [答案] BC　　[难度] 中

[考点] 收养的法律适用；法定继承

[命题和解题思路] 虽然本题只是围绕涉外收养的法律适用这一法律规定命题，但由于本条规定包含三款内容，连接点又容易混淆，因此考生需准确记忆该规定。

[选项分析] 根据《涉外民事关系法律适用法》第28条规定，收养关系的解除，适用收养时被收养人经常居所地法律或者法院地法律。本案中，解除收养关系适用收养时被收养人经常居所地法律，即越南法，或者法院地法法律，即中国法。此规定没有用"有利于保护"的表述，因而不当选。选项A错误。

根据《涉外民事关系法律适用法》第31条规定，法定继承，适用被继承人死亡时经常居所地法律，但不动产法定继承，适用不动产所在地法律。未留遗嘱，应适用法定继承的相关规定，动产适用被继承人死亡时经常居所地法律，即中国法。选项B正确。

根据《涉外民事关系法律适用法》第28条规定，收养的效力，适用收养时收养人经常居所地法律，即中国法。选项C正确。

根据《涉外民事关系法律适用法》第28条规定，收养的条件和手续，适用收养人和被收养人经常居所地法律。此为重叠型冲突规范，要求同时符合收养人和被收养人经常居所地法律，即中国法和越南法。选项D错误。

2. [答案] BD [难度] 难

[考点] 国际民事案件管辖权；离婚的法律适用；夫妻财产关系的法律适用

[命题和解题思路] 本题综合考查了多个知识点，既有管辖权规则，也有法律适用规则，还有民事诉讼法司法解释中关于当事人请求发给判决书的规定，涉及面广，考查细致，有一定综合性。这样的题目要求考生不仅熟悉具体规则，更要建立国际民事诉讼审判过程的思路，遇到案例时，从管辖权起始到法律适用全面分析。本题最后一个选项直接考查民事诉讼法司法解释规定，考生稍不熟悉就容易错选。

[选项分析] 根据《最高人民法院关于涉外民商事案件管辖若干问题的规定》第2条第1项，价值1000万元人民币的财产标的，应由基层人民法院管辖。选项A错误。

《涉外民事关系法律适用法》第24条规定，夫妻财产关系，当事人可以协议选择适用一方当事人经常居所地法律、国籍国法律或者主要财产所在地法律。当事人没有选择的，适用共同经常居所地法律；没有共同经常居所地的，适用共同国籍国法律。选项B正确。

《涉外民事关系法律适用法》第27条规定，诉讼离婚，适用法院地法律。当事人不能约定诉讼离婚适用的法律。选项C错误。

《最高人民法院关于适用〈中华人民共和国民事诉讼法〉的解释》第528条规定，涉外民事诉讼中，经调解双方达成协议，应当制发调解书。当事人要求发给判决书的，可以依协议的内容制作判决书送达当事人。选项D正确。

3. [答案] AB [难度] 难

[考点] 区际法院判决的承认与执行；涉外婚姻的法律适用

[命题和解题思路] 本题综合性较强，考查了《涉外民事关系法律适用法》及内地与香港之间的判决认可和执行，需要考生对相关规则熟练掌握。

[选项分析] 《最高人民法院关于内地与香港特别行政区法院相互认可和执行婚姻家庭民事案件判决的安排》第12条的规定，内地法院作出的有关财产归一方所有的判项，在香港特别行政区将被视为命令一方向另一方转让该财产。A选项正确。

《最高人民法院关于内地与香港特别行政区法院相互认可和执行婚姻家庭民事案件判决的安排》第10条规定，被请求方法院不能对判决的全部判项予以认可和执行时，可以认可和执行其中的部分判项。B选项正确。

《涉外民事关系法律适用法》第24条规定，夫妻财产关系，当事人可以协议选择适用一方当事人经常居所地法律、国籍国法律或者主要财产所在地法律。当事人没有选择的，适用共同经常居所地法律；没有共同经常居所地的，适用共同国籍国法律。夫妻财产分割适用的法律可以由当事人协议选择，本案当事人选择了香港特别行政区法律，因而本案中夫妻财产分割适用香港特别行政区法律，而非中国内地法。C选项错误。

《涉外民事关系法律适用法》第27条规定，诉讼离婚适用法院地法，即内地法，故按照此逻辑，离婚财产处理应适用中国内地法。D选项错误。

4. ［答案］C ［难度］中

［考点］中国关于收养法律适用的规定

［命题和解题思路］本题考查考生对收养法律适用规范的理解。收养的法律适用在同一个法条里规定了收养的手续、收养的效力、收养的解除三个法律关系，法律适用又各不相同。该法条较难记忆，容易互相混淆。考生对此类法条应在了解立法用意的基础上理解并熟练掌握。

［选项分析］《涉外民事关系法律适用法》第28条规定，收养的条件和手续，适用收养人和被收养人经常居所地法律。收养的效力，适用收养时收养人经常居所地法律。收养关系的解除，适用收养时被收养人经常居所地法律或者法院地法律。

本题中收养人和被收养人经常居所地都是中国，因而收养的手续应适用中国法。选项A错误。

收养的效力，适用收养时收养人经常居所地法律。德国夫妇经常居住地在上海，收养效力应适用中国法。选项B错误。

收养关系的解除，适用收养时被收养人经常居所地法律或者法院地法律，本题中收养时被收养人经常居所地是中国云南，法院地是中国。收养关系的解除应适用中国法。选项C正确。

选项D把各种法律关系混为一谈，不符合法律规定，因此是错误的。

5. ［答案］BCD ［难度］难

［考点］中国关于离婚、夫妻财产关系的法律适用规定；国籍；外国人出境入境管理

［命题和解题思路］本题考查的知识点较为综合，难度较大。四个选项分别指向了不同的法律关系，不仅涉及法律适用问题，还涉及中国国籍的取得和外国人出境入境的管理，考生容易混淆。解答本题首先要判断正确选项所指的法律依据，这是第一步，如果第一步判断准确，具体法律规定都是历年强调的常考查的内容，并不生僻，容易得出正确答案；第二步才是各依法律规定逐项判断。

［选项分析］根据《国籍法》的规定，父母双方或一方为中国公民，本人出生在中国，具有中国国籍。父母双方或一方为中国公民，本人出生在外国，具有中国国籍；但父母双方或一方为中国公民并定居在外国，本人出生时即具有外国国籍的，不具有中国国籍。由此可判断，中国的出生取得国籍以血统主义原则为主。题中父母均为外国公民，其在中国生下一子并不当然地具有中国国籍。选项A表述正确，不当选。

《涉外民事关系法律适用法》第24条规定，夫妻财产关系，当事人可以协议选择适用一方当事人经常居所地法律、国籍国法律或者主要财产所在地法律。当事人没有选择的，适用共同经常居所地法律；没有共同经常居所地的，适用共同国籍国法律。本题所有连接点均未指向新加坡法律，因而当事人不能选择新加坡法。选项B错误，当选。

《涉外民事关系法律适用法》第27条规定，诉讼离婚，适用法院地法律。二人在上海起诉离婚，因为是诉讼离婚，所以就应适用中国法。但选项C中财产分割应适用中国法表述错误，财产分割当事人可以协议选择适用一方当事人经常居所地法律、国籍国法律或者主要财产所在地法律，本案中可以选择埃及法律、印度法律、中国法律，并非当然地适用中国法律。因而选项C错误，当选。

《出境入境管理法》第28条规定，外国人有下列情形之一的，不准出境：（1）被判处刑罚尚未执行完毕或者属于刑事案件被告人、犯罪嫌疑人的，但是按照中国与外国签订的有关协议，移管被判刑人的除外；（2）有未了结的民事案件，人民法院决定不准出境的；（3）拖欠劳动者的劳动报酬，经国务院有关部门或者省、自治区、直辖市人民政府决定不准出境的；（4）法律、行政法规规定不准出境的其他情形。其中，有未了结的民事案件，并非一概不准出境，而是人民法院决定不准出境的，方不准出境。选项D表述过于绝对，因此错误，当选。

6. ［答案］BC ［难度］易

［考点］父母子女关系的法律适用

［命题和解题思路］本题题干设计体现了"两多"，一是主体多，二是连结点多。此外，根据《涉外民事关系法律适用法》第25条，父母子女关系的法律适用规范是一条有条件选择性冲突规范，选择要"依序"进行。三者叠加，增加了本题判断的难度。

［选项分析］《涉外民事关系法律适用法》第25条规定："父母子女人身、财产关系，适用共

同经常居所地法律；没有共同经常居所地的，适用一方当事人经常居所地法律或者国籍国法律中有利于保护弱者权益的法律。”丁为法国人，经常居所地也是法国；丙为中国人，经常居所地为中国；戊为新加坡人，经常居所地也是法国。关于丙与丁的人身关系的法律适用，由于二人没有共同经常居所地，因此，应当适用丙或丁一方当事人经常居所地法律或者国籍国法律中有利于保护弱者权益的法律，也就是中国法或法国法中有利于保护弱方利益的法律。故选项 A 错误，选项 B 正确。

关于戊与丁的人身关系的法律适用，由于二人有共同经常居所地，即法国，因此，戊与丁的母子关系应适用法国法。故选项 C 正确，选项 D 错误。

7. [答案] ABC　　[难度] 中

[考点] 中国关于涉外离婚的规定

[命题和解题思路] 命题人通过本题考查了我国关于涉外离婚的规定。考生需要从两个层面剖析解答本题，第一个层面是案件所涉问题的“识别”，即民事关系的定性。将夫妻财产的分割、监护权事项是否归于“离婚问题”，决定着适用不同的冲突规范。另一层面的考虑就是本题所涉各问题的法律适用规范的具体内容。前者可能是一个会引发歧见的问题。

[选项分析]《涉外民事关系法律适用法》第 27 条规定：“诉讼离婚，适用法院地法律。”王某和米勒在中国法院诉讼离婚，就应适用中国法，故选项 A 正确。

选项 B 为重点干扰项。夫妻财产的分割属于夫妻财产关系问题。《涉外民事关系法律适用法》第 24 条规定：“夫妻财产关系，当事人可以协议选择适用一方当事人经常居所地法律、国籍国法律或者主要财产所在地法律。当事人没有选择的，适用共同经常居所地法律；没有共同经常居所地的，适用共同国籍国法律。”中国是王某的国籍国和涉案主要财产所在地，甲国是米勒的国籍国，因此，对于他们之间的财产关系，王某与米勒可选择适用中国法或甲国法。故选项 B 正确。

《涉外民事关系法律适用法》第 30 条规定：“监护，适用一方当事人经常居所地法律或者国籍国法律中有利于保护被监护人权益的法律。”王某与米勒的经常居所在中国，两人的国籍分别是中国和甲国，因此，监护权事项应在甲国法与中国法中选择适用有利于保护幼子利益的法律，故选项 C 正确，选项 D 错误。

难点解析

本题解析是根据官方给出的标准答案所作的。需要注意的是，选项 B 和选项 C 的正确性也可能受到一些合理的置疑。理由有二：（1）大多数国际私法学者在界定“夫妻财产关系”时都未提及离婚引起的财产分割问题。（2）由最高人民法院民四庭编写的《中华人民共和国涉外民事关系法律适用法条文理解与适用》（中国法制出版社 2011 年版）明确写道，《涉外民事关系法律适用法》第 27 条“适用于离婚所产生的夫妻人身关系、财产分割、子女扶养关系等”。该书还特别区分了第 27 条与第 24 条等条款各自适用的领域，即“前者是因离婚这个法律事实的发生而产生，解决的是离婚后的法律关系”，而“后者则是指婚姻关系存续期间所产生的权利义务”。（参见该书第 205 页）因此，本题的答案尚需进一步的权威解释或司法实践的支持。

8. [答案] A　　[难度] 易

[考点] 中国关于结婚法律适用的规定

[命题和解题思路] 我国法律关于结婚条件的法律适用较为严格，关于结婚手续的法律适用较为宽松，这也符合国际上关于法律行为形式要件的简式主义潮流。关于结婚条件的法律适用，我国法律首先规定了“共同经常居所地”和“共同国籍国”的连结点，但这不同于重叠适用的冲突规范。选项 D 表达的是一种重叠适用的冲突规范，是命题人设置的一个干扰项，考生应注意甄别。

[选项分析] 婚龄属于结婚条件问题。《涉外民事关系法律适用法》第 21 条规定：“结婚条件，适用当事人共同经常居所地法律；没有共同经常居所地的，适用共同国籍国法律；没有共同国籍，在一方当事人经常居所地或者国籍国缔结婚姻的，适用婚姻缔结地法律。”本题中，贝克是德国国籍，经常居所在汉堡；李某是中国国籍，经常居所在上海，因此，两人既没有共同经常居所地，也没有共同国籍。由于双方婚姻缔结地是中国，中国又是其中一方李某的经常居所地国和国籍国，

所以两人的婚龄适用中国法，故选项 A 正确。第 21 条规定没有要求结婚条件重叠适用双方当事人的国籍国法，故选项 D 错误。

关于结婚的手续，《涉外民事关系法律适用法》第 22 条规定："结婚手续，符合婚姻缔结地法律、一方当事人经常居所地法律或者国籍国法律的，均为有效。"因此，本题中贝克与李某结婚的手续符合中国法或德国法都有效。选项 B 只提及中国法，因此错误。选项 C 称"所有事项均适用中国法"，没有考虑结婚手续还可以适用德国法，当然也不正确。

9. [答案] ABCD [难度] 中

[考点] 中国关于夫妻关系法律适用的规定；中国关于涉外离婚的规定

[命题和解题思路] 本题涉及夫妻财产关系、诉讼离婚、协议离婚等问题的法律适用，命题人通过小案例考查考生对这些问题法律适用的熟悉程度。协议离婚的法律适用规范是有条件选择型冲突规范。如果双方当事人协议选择离婚适用的法律，只能在一方当事人经常居所地法律或者国籍国法律两者中进行选择。

[选项分析]《涉外民事关系法律适用法》第 24 条规定："夫妻财产关系，当事人可以协议选择适用一方当事人经常居所地法律、国籍国法律或者主要财产所在地法律。当事人没有选择的，适用共同经常居所地法律；没有共同经常居所地的，适用共同国籍国法律。"韩国法为金某的国籍国法，因此，二人可约定其财产关系适用韩国法。故选项 A 正确。

《涉外民事关系法律适用法》第 27 条规定："诉讼离婚，适用法院地法律。"二人在上海离婚，如果是诉讼离婚，就应适用中国法。因此，选项 B 正确。

选项 D 是重点干扰项。《涉外民事关系法律适用法》第 26 条规定："协议离婚，当事人可以协议选择适用一方当事人经常居所地法律或者国籍国法律。当事人没有选择的，适用共同经常居所地法律；没有共同经常居所地的，适用共同国籍国法律；没有共同国籍的，适用办理离婚手续机构所在地法律。"金某与汉森自 2013 年 1 月起一直居住于上海，至 2015 年 8 月已超过 1 年，因此中国已构成二人的（共同）经常居所地。韩国、德国是二人各自的国籍国。如果协议离婚，二人可以在中国法、韩国法及德国法中进行选择。故选项 D 正确。二人没有选择法律的，应适用二人共同经常居所地法律，即中国法。故选项 C 正确。

10. [答案] B [难度] 中

[考点] 中国关于收养法律适用的规定

[命题和解题思路] 命题人通过本题一是考查考生对《外国人在中华人民共和国收养子女登记办法》的掌握程度，二是考查考生对收养法律适用规范的理解把握。有些考生可能受"保护弱者"原则的干扰，错误认为发生收养效力纠纷应适用被收养人的属人法。收养是否成立，一般受制于收养人的属人法，"保护弱者"原则不适用这一问题。

[选项分析]《外国人在中华人民共和国收养子女登记办法》第 8 条规定："外国人来华收养子女，应当亲自来华办理登记手续。夫妻共同收养的，应当共同来华办理收养手续；一方因故不能来华的，应当书面委托另一方。委托书应当经所在国公证和认证。"可见，甲和乙夫妇在中国共同收养儿童，一方因故不能来华的，应当委托书面另一方，不必都来华办理收养手续，因此，选项 A 错误。

该登记办法第 9 条规定，外国人来华收养子女，应当与送养人订立书面收养协议。协议一式三份，收养人、送养人各执一份，办理收养登记手续时收养登记机关收存一份。因此，选项 B 正确。

《涉外民事关系法律适用法》第 28 条规定："收养的条件和手续，适用收养人和被收养人经常居所地法律。收养的效力，适用收养时收养人经常居所地法律。收养关系的解除，适用收养时被收养人经常居所地法律或者法院地法律。"本题中，收养人经常居所地为英国，被收养人经常居所地为中国，因此，收养的条件应重叠适用中国法和英国法，故选项 C 错误。若发生收养效力纠纷，应适用收养时收养人经常居所地法律，即应适用英国法，因此，选项 D 错误。

11. [答案] BD [难度] 易

[考点] 中国关于夫妻关系法律适用的规定

[命题和解题思路] 本题考查夫妻人身关系和

夫妻财产关系的法律适用问题。本题四个选项设置并不复杂，解答难度在于这两种涉外民事关系法律适用规范都是有条件选择性冲突规范，连结点较多，考生容易混淆。本题不涉及结婚条件和手续问题，因此婚姻缔结地乙国法律没有适用可能性。

［选项分析］婚后中国人李某（女）是否应改从其丈夫甲国人金某（男）姓氏的问题以及双方是否应当同居的问题，都属于夫妻人身关系问题。《涉外民事关系法律适用法》第 23 条规定："夫妻人身关系，适用共同经常居所地法律；没有共同经常居所地的，适用共同国籍国法律。"本条为有条件选择性冲突规范。李某与金某 2011 年结婚后定居北京，迄今已超过一年，可以认定两人的共同经常居所地为北京。因此，这两个问题都应适用我国法律加以处理。故选项 A 错误，选项 B 正确。

选项 D 为重点干扰项。李某与金某的婚姻对他们婚前财产的效力问题以及他们婚姻存续期间双方取得的财产的处分问题，都属于夫妻财产关系问题。《涉外民事关系法律适用法》第 24 条规定："夫妻财产关系，当事人可以协议选择适用一方当事人经常居所地法律、国籍国法律或者主要财产所在地法律。当事人没有选择的，适用共同经常居所地法律；没有共同经常居所地的，适用共同国籍国法律。"本条也是有条件选择性冲突规范。双方当事人没有选择适用乙国法律，乙国也不是双方的共同经常居所地和共同国籍国，就没有适用乙国法的可能，因此，选项 C 错误。甲国是金某的国籍国，因此双方当事人可以协议选择适用，故选项 D 正确。

第六节 继 承

［答案］ABCD　　［难度］中

［考点］中国关于法定继承法律适用的规定

［命题和解题思路］法定继承的法律适用并不复杂，但也要注意区分动产和不动产两种情形的法定继承的法律适用。此外，**动产的法定继承，我国法律也采用了"经常居所地法"，没有采用"国籍国法"**。选项 B 中，动产所在地同时又是被继承人的国籍国，但命题人仍然放弃使用"国籍国法"进行干扰，实质是另一种形式的干扰。

［选项分析］怀特未留遗嘱死亡，有关继承问题按法定继承办理。《涉外民事关系法律适用法》第 31 条规定："法定继承，适用被继承人死亡时经常居所地法律，但不动产法定继承，适用不动产所在地法律。"因此，100 万元人民币存款和 10 万欧元存款的继承应适用被继承人怀特死亡时经常居所地法律。怀特死亡时经常居所在上海，因此应适用中国法。故选项 A、B 正确。

房产属于不动产，不动产法定继承，适用不动产所在地法律。因此，怀特在上海的房产应适用中国法，在巴黎的房产应适用法国法。故选项 C、D 也正确。

第七节 知识产权的法律适用

1.［答案］BC　　［难度］易

［考点］中国关于合同法律适用的规定；知识产权侵权的法律适用

［命题和解题思路］本题涉及两个不同的涉外法律关系，需要分别考虑。合同的法律适用相对容易判断。对于知识产权侵权的法律适用，考生要清楚什么是"被请求保护地"。**本题中，原告在越南有专利权，且争议产品也销往越南，因此，越南是"被请求保护地"**。原告是日本公司且在日本拥有专利，是迷惑考生的"烟幕弹"，考生应避免被误导。

［选项分析］《涉外民事关系法律适用法》第 41 条规定："当事人可以协议选择合同适用的法律。当事人没有选择的，适用履行义务最能体现该合同特征的一方当事人经常居所地法律或者其他与该合同有最密切联系的法律。"日本甲公司与中国三叶公司签订许可协议，授权中国乙公司在中国范围内销售的手机上安装日本甲公司拥有专利的 APP，协议已约定适用日本法，违约纠纷就应适用日本法。因此，选项 A 错误，选项 B 正确。

选项 D 是重点干扰项。《涉外民事关系法律适用法》第 50 条规定："**知识产权的侵权责任，适用被请求保护地法律，当事人也可以在侵权行为发生后协议选择适用法院地法律**。"本案中，乙公司产品销往越南，而甲公司在越南也申请获得了专利权，"被请求保护地"即为越南。也就是说，当事人也可以在侵权行为发生后协议选择适用法院地法律，即中国法律；如果没有选择，则应适用越南法律。因此，选项 C 正确，选项 D 错误。

2. ［答案］AD　［难度］中

［考点］中国关于知识产权侵权责任法律适用的规定

［命题和解题思路］我国法律对知识产权侵权责任的法律适用规定了意思自治原则，但这一意思自治原则是“有限制的”，即当事人双方如果协议选择法律，只能选择法院地法，不能协议选择其他法律。选项 C“双方可协议选择适用韩国法”，即是考查考生对这种特殊限制是否掌握。

［选项分析］《涉外民事关系法律适用法》第 50 条规定：“知识产权的侵权责任，适用被请求保护地法律，当事人也可以在侵权行为发生后协议选择适用法院地法律。”可见，涉外知识产权侵权责任案件，如果当事人双方协议选择适用法院地法律，则适用法院地法律。如果没有做此选择，则适用被请求保护地法律。本题中，法院地在中国，因此，双方可协议选择适用中国法。故选项 A 正确。就选项 B 而言，如果双方没有选择作为法院地法的中国法，那么，发生在韩国的侵权行为就应适用韩国法而不是中国法，因此，选项 B 错误。

选项 C 为重点干扰项。如前所示，我国法律对知识产权侵权责任的法律适用采用“有限的”意思自治原则，即当事人双方协议选择的法律只能是法院地法，不能协议选择其他法律，因此，选项 C 错误。

本题中，中国乙公司擅自使用韩国公司商标生产仿冒产品并销售至中韩两国，因此，被请求保护地分别为中韩两国。在双方无法达成适用法院地法一致意见的情况下，就应分别适用作为被请求保护地法律的中国法与韩国法。故选项 D 正确。

3. ［答案］AC　［难度］易

［考点］中国关于定性的规定；知识产权归属的法律适用；知识产权侵权的法律适用

［命题和解题思路］本题主要考查知识产权的法律适用。命题人意图通过选项 B 知识产权所有人国籍国法对专利权归属争议的法律适用问题形成干扰。此外，考生也要注意，尽管我国《涉外民事关系法律适用法》扩展了“当事人意思自治原则”和“最密切联系原则”的适用领域，但在合同之外的其他领域，这两个原则的适用也有各种各样的限定。

［选项分析］《涉外民事关系法律适用法》第 8 条规定：“涉外民事关系的定性，适用法院地法律。”本案由中国法院受理，关于本案的定性就应适用中国法。因此，选项 A 正确。

选项 B 为重点干扰项。《涉外民事关系法律适用法》第 48 条规定：“知识产权的归属和内容，适用被请求保护地法律。”本题中乙公司在英国使用甲公司在英国获批的某项专利，可见被请求保护地为英国，因此，关于专利权归属和内容的争议应适用英国法。故选项 B 错误，选项 C 正确。

《涉外民事关系法律适用法》第 50 条规定：“知识产权的侵权责任，适用被请求保护地法律，当事人也可以在侵权行为发生后协议选择适用法院地法律。”可见，对于包括专利权在内的知识产权侵权争议，我国法律没有规定意思自治原则和最密切联系原则，因此，选项 D 错误。

第四章　国际民商事争议的解决

试　题

1. 德国人甲通过网络向中国乙公司购物，后发生纠纷。甲在德国法院提起诉讼，要求撤销合同，德国法院通过合法途径向中国乙公司送达了起诉书副本。中国乙公司又向国内法院起诉，要求继续履行合同。根据中国相关法律规定和司法实践，下列哪一说法是正确的？（2023 年回忆版）

A. 国内法院可以受理案件

B. 国内法院不应当受理案件

C. 两国应中止司法协助

D. 两国应终结外交关系

2. 中国籍男子 A 在国内与中国籍女子 B 结婚后去德国工作，在德国又与德国籍女子 C 结婚，婚后取得德国国籍。后该男子在德国因交通事故死亡，C 将获赔的交通肇事赔偿款存入了中国某银行，B 得知后，认为自己是遗产继承人并提起诉讼。根据中国法律规定和司法实践，下列哪一说法是正确的？（2023 年回忆版）

A. 法院应适用中国法确定继承关系以及 A 和 C 的婚姻关系

B. B 与 C 存在法律规避，法院不应受理

C. 中国法院可以受理本案

D. 该案件只能在德国受理

3. 中国 A 公司和新加坡 B 公司达成一份商事合同，合同以中文文本订立，约定管辖法院为中国公司所在地的基层法院。根据中国相关法律和司法实践，下列哪些说法是正确的？（2023 年回忆版）

A. 双方争议标的额会影响选择法院的效力

B. 如该合同选择适用新加坡《合同法》为准据法，则应当适用新加坡国内法，即便该国是《联合国国际货物销售合同公约》的缔约国

C. 如未选择合同适用的法律，应根据最密切联系原则确定

D. 如双方未约定合同法律适用，直接约定了中国法院管辖，且合同文本是中文，应适用中国法

4. 中国甲公司和美国乙公司签订 1 亿美元标的额的买卖合同，合同约定纠纷由国际商事法庭管辖。对此，下列哪一说法是正确的？（2019 年回忆版）

A. 国际商事法庭不能以调解书结案

B. 国际商事法庭作出的判决，败诉方不能上诉

C. 若双方达成合意，国际商事法庭可以用英文进行案件的审理

D. 因为违反级别管辖，合同中选择国际商事法庭的约定无效

5. 中国甲公司与日本乙公司的商事纠纷在日本境内通过仲裁解决。因甲公司未履行裁决，乙公司向某人民法院申请承认与执行该裁决。中日均为《纽约公约》缔约国，关于该裁决在中国的承认与执行，下列哪一选项是正确的？（2017-1-38）

A. 该人民法院应组成合议庭审查

B. 如该裁决是由临时仲裁庭作出的，该人民法院应拒绝承认与执行

C. 如该人民法院认为该裁决不符合《纽约公约》的规定，即可直接裁定拒绝承认和执行

D. 乙公司申请执行该裁决的期间应适用日本法的规定

6. 俄罗斯公民萨沙来华与中国公民韩某签订一份设备买卖合同。后因履约纠纷韩某将萨沙诉至中国某法院。经查，萨沙在中国境内没有可供扣押的财产，亦无居所；该套设备位于中国境内。关于本案的管辖权与法律适用，依中国法律规定，下列哪一选项是正确的？（2016-1-38）

A. 中国法院没有管辖权

B. 韩某可在该套设备所在地或合同签订地法院起诉

C. 韩某只能在其住所地法院起诉

D. 萨沙与韩某只能选择适用中国法或俄罗斯法

7. 蒙古公民高娃因民事纠纷在蒙古某法院涉诉。因高娃在北京居住，该蒙古法院欲通过蒙古驻华使馆将传票送达高娃，并向其调查取证。依中国法律规定，下列哪一选项是正确的？（2016-1-39）

A. 蒙古驻华使馆可向高娃送达传票

B. 蒙古驻华使馆不得向高娃调查取证

C. 只有经中国外交部同意后，蒙古驻华使馆才能向高娃送达传票

D. 蒙古驻华使馆可向高娃调查取证并在必要时采取强制措施

8. 2015 年 3 月，甲国公民杰夫欲向中国法院申请承认并执行一项在甲国境内作出的仲裁裁决。中国与甲国均为《承认及执行外国仲裁裁决公约》成员国。关于该裁决的承认和执行，下列哪一选项是正确的？（2015-1-38）

A. 杰夫应通过甲国法院向被执行人住所地或其财产所在地的中级人民法院申请

B. 如该裁决系临时仲裁庭作出的裁决，人民法院不应承认与执行

C. 如承认和执行申请被裁定驳回，杰夫可向人民法院起诉

D. 如杰夫仅申请承认而未同时申请执行该裁决，人民法院可以对是否执行一并作出裁定

9. 英国人施密特因合同纠纷在中国法院涉诉。

关于该民事诉讼，下列哪一选项是正确的？（2015-1-39）

A. 施密特可以向人民法院提交英文书面材料，无需提供中文翻译件

B. 施密特可以委托任意一位英国出庭律师以公民代理的形式代理诉讼

C. 如施密特不在中国境内，英国驻华大使馆可以授权本馆官员为施密特聘请中国律师代理诉讼

D. 如经调解双方当事人达成协议，人民法院已制发调解书，但施密特要求发给判决书，应予拒绝

10. 中国与甲国均为《关于从国外调取民事或商事证据的公约》的缔约国，现甲国法院因审理一民商事案件，需向中国请求调取证据。根据该公约及我国相关规定，下列哪一说法是正确的？（2014-1-39）

A. 甲国法院可将请求书交中国司法部，请求代为取证

B. 中国不能以该请求书不属于司法机关职权范围为由拒绝执行

C. 甲国驻中国领事代表可在其执行职务范围内，向中国公民取证，必要时可采取强制措施

D. 甲国当事人可直接在中国向有关证人获取证人证言

11. 中国甲公司与外国乙公司在合同中约定，合同争议提交中国国际经济贸易仲裁委员会仲裁，仲裁地在北京。双方未约定仲裁规则及仲裁协议适用的法律。对此，下列哪些选项是正确的？（2014-1-79）

A. 如当事人对仲裁协议效力有争议，提请所选仲裁机构解决的，应在首次开庭前书面提出

B. 如当事人将仲裁协议效力的争议诉至中国法院，应适用中国法

C. 如仲裁协议有效，应适用中国国际经济贸易仲裁委员会的仲裁规则仲裁

D. 如仲裁协议有效，仲裁中申请人可申请更改仲裁请求，仲裁庭不能拒绝

12. 法国某公司依1958年联合国《承认及执行外国仲裁裁决公约》，请求中国法院承认与执行一项国际商会国际仲裁院的裁决。依据该公约及中国相关司法解释，下列哪一表述是正确的？（2013-1-38）

A. 法院应依职权主动审查该仲裁过程中是否存在仲裁程序与仲裁协议不符的情况

B. 该公约第5条规定的拒绝承认及执行外国仲裁裁决的理由是穷尽性的

C. 如该裁决内含有对仲裁协议范围以外事项的决定，法院应拒绝承认执行该裁决

D. 如该裁决所解决的争议属于侵权性质，法院应拒绝承认执行该裁决

13. 某法院审理一起涉外民事纠纷，需要向作为被告的外国某公司进行送达。根据《关于向国外送达民事或商事司法文书和司法外文书公约》（海牙《送达公约》）、中国法律和司法解释，关于该案件的涉外送达，法院的下列哪一做法是正确的？（2013-1-39）

A. 应首先按照海牙《送达公约》规定的方式进行送达

B. 不得对被告采用邮寄送达方式

C. 可通过中国驻被告所在国使领馆向被告进行送达

D. 可通过电子邮件方式向被告送达

14. 甲国某航空公司在中国设有代表处，其一架飞机从中国境内出发，经停甲国后前往乙国，在乙国发生空难。关于乘客向航空公司索赔的诉讼管辖和法律适用，根据中国相关法律，下列哪些表述是正确的？（2013-1-78）

A. 中国法院对该纠纷具有管辖权

B. 中国法律并不限制乙国法院对该纠纷行使管辖

C. 即使甲国法院受理了该纠纷，中国法院仍有权就同一诉讼行使管辖权

D. 如中国法院受理该纠纷，应适用受害人本国法确定损害赔偿数额

详 解

1. ［答案］A　　［难度］中

［考点］国际民事案件管辖权

［命题和解题思路］国际民事案件管辖权是几乎每年必考的知识点。考生一般比较关注管辖权连接点，本题却改变角度命题，考查国际民事诉讼与国内民事诉讼的不同之处。区别于国内案件

“一事不再理”原则，国际民事诉讼管辖原则包括“平行管辖”原则。考生需掌握此原则和其表现的几种情形，对于拒绝管辖、平行诉讼、集中管辖、国际商事法庭的管辖权等特殊规定也应熟练掌握。

［选项分析］根据《最高人民法院关于适用〈中华人民共和国民事诉讼法〉的解释》第531条第1款规定，中华人民共和国法院和外国法院都有管辖权的案件，一方当事人向外国法院起诉，而另一方当事人向中华人民共和国法院起诉的，人民法院可予受理。选项A正确。

根据平行诉讼的原则，选项B错误。

本题所指是涉外民商事案件管辖权规则，与两国之间司法协助或者外交关系无关，两选项均无法律依据。选项C、D错误。

2.［答案］C　［难度］中

［考点］国际民事案件管辖权

［命题和解题思路］本题考查的是中国关于国际民事案件管辖权规则，以及当案件涉及两个或者两个以上的涉外民事关系时的法律适用问题。这两个问题都有一定难度，特别是后者，考生不容易联想到此规定。本题为单选，考生用排除法作答正确的概率较大，因此难度不大。需要提示考生的是，应关注《涉外民事关系法律适用法》司法解释。

［选项分析］根据《最高人民法院关于适用〈中华人民共和国涉外民事关系法律适用法〉若干问题的解释（一）》第11条规定，案件涉及两个或者两个以上的涉外民事关系时，人民法院应当分别确定应当适用的法律。选项A表述为法院应适用中国法确定继承关系以及A和C的婚姻关系过于绝对。选项A错误。

法律规避不是法院不受理的理由，是否受理应根据管辖权规则确定。选项B错误。

C将获赔的交通肇事赔偿款存入了中国某银行，作为可供扣押财产地具有管辖权，中国法院可以受理。选项C正确。

根据中国特别地域管辖的规定，中国法院具有管辖权。选项D错误。

3.［答案］AB　［难度］难

［考点］国际民事案件管辖权；中国关于合同法律适用的规定；《联合国国际货物销售合同公约》的适用范围

［命题和解题思路］本题命题考查比较综合，同时涉及多个考点，有一定难度。考生不仅要熟悉中国关于国际民事案件管辖权规则，还要对合同的法律适用熟练掌握，区分“最密切联系”作为规则时的表述和作为兜底性原则的适用条件。本题结合了国际经济法考点，《联合国国际货物销售合同公约》的适用范围，考生需要准确判断。

［选项分析］根据《最高人民法院关于涉外民商事案件管辖若干问题的规定》第2条规定，中级人民法院管辖下列第一审涉外民商事案件：（1）争议标的额大的涉外民商事案件。（2）案情复杂或者一方当事人人数众多的涉外民商事案件。（3）其他在本辖区有重大影响的涉外民商事案件。因此，如果争议标的额达到中级人民法院的管辖范围，应由中级人民法院管辖。双方约定管辖不能违反级别管辖。选项A正确。

当事人可以通过明确选择其他法律而排除《联合国国际货物销售合同公约》的适用。选项B正确。

根据《涉外民事关系法律适用法》第2条规定，本法和其他法律对涉外民事关系法律适用没有规定的，适用与该涉外民事关系有最密切联系的法律。因此，最密切联系原则为兜底条款。而根据《涉外民事关系法律适用法》第41条规定，当事人可以协议选择合同适用的法律。当事人没有选择的，适用履行义务最能体现该合同特征的一方当事人经常居所地法律或者其他与该合同有最密切联系的法律。选项C错误。

选项D混淆了管辖权规则和法律适用的概念，没有法律依据。选项D错误。

4.［答案］B　［难度］易

［考点］国际商事法庭

［命题和解题思路］国际商事法庭是一个“新事物”，与原来的司法制度相比，它在管辖权、审级、工作语言等方面都有一些特殊之处。这些特殊之处，往往也是命题人关注的考查点。考生应通过这种比较，精准掌握这一新的制度。就选项C而言，尽管国际商事法庭法官由最高人民法院在能够同时熟练运用中文和英文作为工作语言的资深法官中选任，而且有关文件提及当事人提交的证据材料系英文且经对方当事人同意的，可以

不提交中文翻译件，但是，并没有规定国际商事法庭可以用英文进行案件的审理。考生如果想当然地认为国际商事法庭是用英文进行审理，就会作出错误的判断。

[选项分析] 根据《最高人民法院关于设立国际商事法庭若干问题的规定》第12、13、15条，国际商事法庭在受理案件后7日内，经当事人同意，可以委托国际商事专家委员会成员或者国际商事调解机构调解。经国际商事专家委员会成员或者国际商事调解机构主持调解，当事人达成调解协议的，国际商事法庭可以依照法律规定制发调解书。国际商事法庭作出的调解书，经双方当事人签收后，即具有与判决同等的法律效力。可见，经当事人同意，国际商事法庭可以以调解书结案。因此，选项A错误。

《最高人民法院关于设立国际商事法庭若干问题的规定》第16条规定，当事人对国际商事法庭作出的已经发生法律效力的判决、裁定和调解书，可以依照《民事诉讼法》的规定向最高人民法院本部申请再审。国际商事法庭作出的判决是终审判决，败诉方不能上诉，只能依法申请再审。因此，选项B正确。

选项C是重点干扰项。我国国际商事法庭制度没有规定可以用英文进行案件的审理，《最高人民法院关于设立国际商事法庭若干问题的规定》第9条只提及当事人提交的证据材料系英文且经对方当事人同意的，可以不提交中文翻译件。因此，选项C错误。

根据《最高人民法院关于设立国际商事法庭若干问题的规定》第2条，当事人依照《民事诉讼法》第277条的规定协议选择最高人民法院管辖且标的额为人民币3亿元以上的第一审国际商事案件，国际商事法庭有权受理。可见，本案标的额为1亿美元，超过3亿元人民币，没有违反级别管辖，而且合同选择还是国际商事法庭受理的要件之一。因此，选项D错误。

5. [答案] A　　[难度] 易

[考点] 外国仲裁裁决在我国的承认与执行

[命题和解题思路] 本题考点较为分散，需要特别注意的有两点。一是对待外国临时裁决不受国内对临时仲裁接受程度的影响。以前我国不承认国内临时仲裁，但对于外国临时仲裁裁决，仍可适用《承认及执行外国仲裁裁决公约》在我国申请承认和执行。当然，国内临时仲裁的情形也在发生改变。2016年《最高人民法院关于为自由贸易试验区建设提供司法保障的意见》第9条第3款提出："在自贸试验区内注册的企业相互之间约定在内地特定地点、按照特定仲裁规则、由特定人员对有关争议进行仲裁的，可以认定该仲裁协议有效。人民法院认为该仲裁协议无效的，应报请上一级法院进行审查。上级法院同意下级法院意见的，应将其审查意见层报最高人民法院，待最高人民法院答复后作出裁定。"这一意见被认为是承认我国国内特定地区（自由贸易试验区）内作出的临时仲裁裁决。第二点需要注意的是，我国对承认与执行外国仲裁裁决持非常慎重的态度，如果拒绝承认和执行，需要逐级上报审查。

[选项分析]《最高人民法院关于审理仲裁司法审查案件若干问题的规定》2017年12月26日发布，2018年1月1日起施行。此前与之不一致的司法解释不再适用。该《规定》第11条规定："人民法院审查仲裁司法审查案件，应当组成合议庭并询问当事人。"因此，选项A正确。

根据《承认及执行外国仲裁裁决公约》第1条，"仲裁裁决"不仅包括由为每一案件选定的仲裁员所作出的裁决，而且也包括由常设仲裁机构经当事人的提请而作出的裁决。因此，即使该裁决系临时仲裁庭作出的裁决，人民法院也应承认与执行。《最高人民法院关于适用〈中华人民共和国民事诉讼法〉的解释》第543条规定："对临时仲裁庭在中华人民共和国领域外作出的仲裁裁决，一方当事人向人民法院申请承认和执行的，人民法院应当依照民事诉讼法第二百九十条①规定处理。"因此，选项B错误。

选项C为重点干扰项。《最高人民法院关于人民法院处理与涉外仲裁及外国仲裁事项有关问题的通知》要求："凡一方当事人向人民法院申请执行我国涉外仲裁机构裁决，或者向人民法院申请承认和执行外国仲裁机构的裁决，如果人民法院认为我国涉外仲裁机构裁决具有民事诉讼法第二百五十八条②情形之一的，或者申请承认和执行的

① 即2023年《民事诉讼法》第304条。
② 即2023年《民事诉讼法》第291条。

外国仲裁裁决不符合我国参加的国际公约的规定或者不符合互惠原则的，在裁定不予执行或者拒绝承认和执行之前，必须报请本辖区所属高级人民法院进行审查；如果高级人民法院同意不予执行或者拒绝承认和执行，应将其审查意见报最高人民法院。待最高人民法院答复后，方可裁定不予执行或者拒绝承认和执行。”因此，**如果该人民法院认为该裁决不符合《纽约公约》的规定，必须上报所属高级人民法院乃至最高人民法院审查**，不能直接裁定拒绝承认和执行。故选项 C 错误。

申请执行仲裁裁决的期间属于程序问题。程序问题适用法院地法。《民事诉讼法》第 250 条第 1 款明确规定：“申请执行的期间为二年。申请执行时效的中止、中断，适用法律有关诉讼时效中止、中断的规定。”因此，乙公司向某人民法院申请执行该裁决的期间应适用中国法的规定。故选项 D 错误。

6. [答案] B　　[难度] 易

[考点] 中国关于国际民事案件管辖权的规定；中国关于合同法律适用的规定

[命题和解题思路] 本题把涉外合同案件管辖权的确定与法律适用问题“混”在一起进行考查。考生应当区分清楚作为管辖权确定依据的因素和法律适用规范的连结因素（连结点）。特别需要注意的是，尽管涉外民商事案件被告住所地可能不在中国境内，但是我国法律也没有将原告住所地作为涉外合同案件的管辖权确定依据。

[选项分析] 本题涉及合同纠纷。关于涉外合同纠纷案件管辖权，《民事诉讼法》第 276 条规定：“因涉外民事纠纷，对在中华人民共和国领域内没有住所的被告提起除身份关系以外的诉讼，如果合同签订地、合同履行地、诉讼标的物所在地、可供扣押财产所在地、侵权行为地、代表机构住所地位于中华人民共和国领域内的，可以由合同签订地、合同履行地、诉讼标的物所在地、可供扣押财产所在地、侵权行为地、代表机构住所地人民法院管辖。除前款规定外，涉外民事纠纷与中华人民共和国存在其他适当联系的，可以由人民法院管辖。”本题中，**尽管被告俄罗斯公民萨沙在中国没有住所，但是设备买卖合同在中国签订，作为诉讼标的物的该套设备也位于中国境内，因此，中国法院可以行使管辖权**，韩某可在该套设备所在地或合同签订地法院起诉。故选项 A 错误，选项 B 正确。**《民事诉讼法》相关规定未提及依原告住所地确定管辖权**，故选项 C 错误。

关于涉外合同的法律适用，《涉外民事关系法律适用法》第 41 条规定：“当事人可以协议选择合同适用的法律。当事人没有选择的，适用履行义务最能体现该合同特征的一方当事人经常居所地法律或者其他与该合同有最密切联系的法律。”《最高人民法院关于适用〈中华人民共和国涉外民事关系法律适用法〉若干问题的解释（一）》第 5 条规定：“一方当事人以双方协议选择的法律与系争的涉外民事关系没有实际联系为由主张选择无效的，人民法院不予支持。”这表明，我国法律对当事人依意思自治选择的法律没有限制。因此，**如果萨沙与韩某选择本案适用的法律，应不限于中国法或俄罗斯法**。故选项 D 错误。

7. [答案] A　　[难度] 中

[考点] 中国关于司法协助的规定

[命题和解题思路] 我国法律规定，外国驻我国的使领馆可以向该国公民送达文书和调查取证，此项司法协助活动不需要经过我国外交部同意。本题命题人在选项中加入必须“经中国外交部同意”的条件限制，可能会给一些考生的判断带来干扰。

[选项分析] 本题考查国际民事诉讼中的域外文书送达与调查取证。《民事诉讼法》第 294 条第 2 款规定，外国驻我国的使领馆可以向该国公民送达文书和调查取证，但不得违反我国的法律，并不得采取强制措施。**高娃是蒙古国公民，蒙古国驻华使馆可向高娃送达传票和调查取证，且不需要再经中国外交部同意**，因此，选项 A 正确，选项 B、C 错误。尽管蒙古国驻华使馆可向高娃调查取证，但不得采取强制措施，因此，选项 D 错误。

8. [答案] C　　[难度] 中

[考点] 外国仲裁裁决在我国的承认与执行

[命题和解题思路] 命题人通过本题考查了考生对外国仲裁裁决在我国的承认与执行制度的熟悉程度。考生容易发生误判的有两处：一是有些考生错误认为外国主体到我国申请承认和执行仲裁裁决，应通过其本国法院向我国相关中级人民

法院提出；二是对临时仲裁裁决认识不清。尽管当时我国不承认国内临时仲裁，但对于外国临时仲裁裁决，仍可适用《承认及执行外国仲裁裁决公约》在我国申请承认和执行。2016年《最高人民法院关于为自由贸易试验区建设提供司法保障的意见》第9条第3款提出："在自贸试验区内注册的企业相互之间约定在内地特定地点、按照特定仲裁规则、由特定人员对有关争议进行仲裁的，可以认定该仲裁协议有效。人民法院认为该仲裁协议无效的，应报请上一级法院进行审查。上级法院同意下级法院意见的，应将其审查意见层报最高人民法院，待最高人民法院答复后作出裁定。"这一意见被认为是承认我国国内特定地区（自由贸易试验区）内作出的临时仲裁裁决。

［选项分析］本题涉及外国仲裁裁决在我国的承认与执行。《民事诉讼法》第304条规定："在中华人民共和国领域外作出的发生法律效力的仲裁裁决，需要人民法院承认和执行的，当事人可以直接向被执行人住所地或者其财产所在地的中级人民法院申请。被执行人住所地或者其财产不在中华人民共和国领域内的，当事人可以向申请人住所地或者与裁决的纠纷有适当联系的地点的中级人民法院申请。人民法院应当依照中华人民共和国缔结或者参加的国际条约，或者按照互惠原则办理。"中国与甲国均为《承认及执行外国仲裁裁决公约》成员国。因此，杰夫可直接向被执行人住所地或其财产所在地的中级人民法院申请承认与执行该裁决，不必通过甲国法院。故选项A错误。

选项B是重点干扰项。《承认及执行外国仲裁裁决公约》第1条规定，"仲裁裁决"不仅包括由为每一案件选定的仲裁员所作出的裁决，而且也包括由常设仲裁机构经当事人的提请而作出的裁决。因此，即使该裁决系临时仲裁庭作出的裁决，人民法院也应承认与执行。《最高人民法院关于适用〈中华人民共和国民事诉讼法〉的解释》第543条规定："对临时仲裁庭在中华人民共和国领域外作出的仲裁裁决，一方当事人向人民法院申请承认和执行的，人民法院应当依照民事诉讼法第二百九十条①规定处理。"故选项B错误。

《最高人民法院关于适用〈中华人民共和国民事诉讼法〉的解释》第542条第2款规定："承认和执行申请被裁定驳回的，当事人可以向人民法院起诉。"因此，选项C正确。

《最高人民法院关于适用〈中华人民共和国民事诉讼法〉的解释》第544条第2款规定："当事人仅申请承认而未同时申请执行的，人民法院仅对应否承认进行审查并作出裁定。"因此，选项D错误。

9. ［答案］C　　［难度］易

［考点］外国人在中国的民事诉讼地位

［命题和解题思路］命题人通过本题考查了外国人在中国的民事诉讼地位。选项B具有一定的迷惑性。我国法律允许民事诉讼中的外籍当事人委托本国律师以非律师身份担任诉讼代理人，但这种情形不能称作"公民代理"。对此有些考生可能没有注意到这个细微差别而作出错误选择。选项A涉及司法语言方面的主权，正误容易判断。其他两个选项也基本可从常理加以辨析。

［选项分析］《最高人民法院关于适用〈中华人民共和国民事诉讼法〉的解释》第525条第1款规定："当事人向人民法院提交的书面材料是外文的，应当同时向人民法院提交中文翻译件。"因此，施密特可以向人民法院提交英文书面材料，但同时应提供中文翻译件。选项A错误。

选项B是重点干扰项。《最高人民法院关于适用〈中华人民共和国民事诉讼法〉的解释》第526条规定："涉外民事诉讼中的外籍当事人，可以委托本国人为诉讼代理人，也可以委托本国律师以非律师身份担任诉讼代理人；外国驻华使领馆官员，受本国公民的委托，可以以个人名义担任诉讼代理人，但在诉讼中不享有外交或者领事特权和豁免。"可见，英国人施密特可以委托任意一位英国出庭律师以非律师身份担任诉讼代理人，但这不能称之为"公民代理"。公民代理仅指我国公民代理参加民事诉讼活动。因此，选项B错误。

《最高人民法院关于适用〈中华人民共和国民事诉讼法〉的解释》第527条规定："涉外民事诉讼中，外国驻华使领馆授权其本馆官员，在作为当事人的本国国民不在中华人民共和国领域内的情况下，可以以外交代表身份为其本国国民在中

① 即2023年《民事诉讼法》第304条。

华人民共和国聘请中华人民共和国律师或者中华人民共和国公民代理民事诉讼。”因此，如果施密特不在中国境内，英国驻华大使馆可以授权本馆官员为施密特聘请中国律师代理诉讼，故选项 C 正确。

《最高人民法院关于适用〈中华人民共和国民事诉讼法〉的解释》第 528 条规定：“涉外民事诉讼中，经调解双方达成协议，应当制发调解书。当事人要求发给判决书的，可以依协议的内容制作判决书送达当事人。”因此，施密特要求发给判决书，不应予以拒绝。选项 D 错误。

10. [答案] A　　[难度] 中

[考点] 域外取证

[命题和解题思路] 本题选项涉及域外取证的中央机关、可以拒绝司法协助的理由以及域外取证的方式途径等，是对域外取证制度多方面的考查。在外国驻我国的使领馆调查取证情形中，要注意调查取证的对象只能是该外国的公民，不能向中国公民取证，也不得违反我国法律，并且不得采取强制措施。

[选项分析]《关于从国外调取民事或商事证据的公约》第 2 条规定：“每一缔约国应指定一个中央机关负责接收来自另一缔约国司法机关的请求书，并将其转交给执行请求的主管机关。各缔约国应依其本国法律组建该中央机关。请求书应直接送交执行国中央机关，无需通过该国任何其他机关转交。”我国指定的中央机关为司法部，因此，甲国法院可将请求书交中国司法部，请求代为取证。故选项 A 正确。

该公约第 12 条第 1 款规定，只有在下列情况下，才能拒绝执行请求书：（1）在执行国，该请求书的执行不属于司法机关的职权范围；或（2）被请求国认为，请求书的执行将会损害其主权和安全。可见，中国可以以该请求书不属于司法机关职权范围为由拒绝执行。因此，选项 B 错误。

选项 C 为重点干扰项。我国《民事诉讼法》第 294 条规定：“请求和提供司法协助，应当依照中华人民共和国缔结或者参加的国际条约所规定的途径进行；没有条约关系的，通过外交途径进行。外国驻中华人民共和国的使领馆可以向该国公民送达文书和调查取证，但不得违反中华人民共和国的法律，并不得采取强制措施。除前款规定的情况外，未经中华人民共和国主管机关准许，任何外国机关或者个人不得在中华人民共和国领域内送达文书、调查取证。”因此，甲国驻中国领事代表不可以向中国公民取证，也不可以采取强制措施；甲国当事人不能直接在中国向有关证人获取证人证言。故选项 C、D 错误。

11. [答案] ABC　　[难度] 中

[考点] 中国的常设涉外仲裁机构；仲裁协议

[命题和解题思路] 命题人通过本题一是考查仲裁协议的法律适用，特别是在当事人没有选择法律的情况下如何确定其准据法。二是考查《中国国际经济贸易仲裁委员会仲裁规则》（本题以下简称《贸仲规则》）。依该规则，当事人约定将争议提交贸仲仲裁的，视为同意按照该规则进行仲裁。

[选项分析] 本题中争议提交中国国际经济贸易仲裁委员会仲裁。《贸仲规则》第 6 条第 4 项规定：“当事人对仲裁协议及/或仲裁案件管辖权的异议，应当在仲裁庭首次开庭前书面提出；书面审理的案件，应当在第一次实体答辩前提出。”因此，选项 A 正确。

选项 B 为重点干扰项。我国《涉外民事关系法律适用法》第 18 条规定：“当事人可以协议选择仲裁协议适用的法律。当事人没有选择的，适用仲裁机构所在地法律或者仲裁地法律。”因此，如果当事人将仲裁协议效力的争议诉至中国法院，法院应当首先确定当事人是否协议选择了仲裁协议适用的法律。如果当事人没有协议选择，则应适用仲裁机构所在地法律或者仲裁地法律，即中国法。本题中当事人没有协议选择，故选项 B 正确。

《贸仲规则》第 4 条第 2 项规定：“当事人约定将争议提交仲裁委员会仲裁的，视为同意按照本规则进行仲裁。”中国甲公司与外国乙公司约定争议提交中国国际经济贸易仲裁委员会仲裁，应适用中国国际经济贸易仲裁委员会的仲裁规则仲裁。因此，选项 C 正确。

《贸仲规则》第 17 条规定：“申请人可以申请对其仲裁请求进行变更，被申请人也可以申请对其反请求进行变更；但是仲裁庭认为其提出变更的时间过迟而影响仲裁程序正常进行的，可以拒绝其变更请求。”可见，仲裁庭并不是一概不能拒绝申请人更改仲裁请求的申请。因此，选项 D 错误。

12. [答案] C [难度] 中

[考点] 承认与执行外国仲裁裁决的国际公约

[命题和解题思路] 命题人通过本题考查了考生对《承认及执行外国仲裁裁决公约》理解的细致程度。考生通常都会熟记可以据以拒绝承认与执行外国仲裁裁决的诸项理由，但是对这些理由所述情形的审查如何启动、《纽约公约》所列理由是否穷尽以及中国对公约的保留等问题，考生可能会有所忽略。命题人正是试图在这些方面对考生"攻其不备"。

[选项分析] 选项A为重点干扰项。根据1958年联合国《承认及执行外国仲裁裁决公约》（即《纽约公约》）第5条，被请求承认或执行裁决的主管当局只有在作为裁决执行对象的当事人提出本款列举的5种情况的证明时，才可以根据该当事人的要求，拒绝承认和执行该裁决。5种情况第4种为"仲裁庭的组成或仲裁程序同当事人间的协议不符，或者当事人间没有这种协议时，同进行仲裁的国家的法律不符"，因此，法院不能依职权主动审查该仲裁过程中是否存在仲裁程序与仲裁协议不符的情况，故选项A错误。

《纽约公约》第5条共有两款，第1款规定了"根据该当事人的要求"拒绝承认和执行裁决的5种情形，第2款规定了法院主动依职权可以拒绝承认和执行裁决的两种情形。该条没有采取概括式或者"概括式+列举式"规定的方式，而是穷尽性的列举式规定，因此，选项B正确。

《纽约公约》第5条第1款规定，"裁决涉及仲裁协议所没有提到的，或者不包括仲裁协议规定之内的争执；或者裁决内含有对仲裁协议范围以外事项的决定"，属于该款规定的第三种可以据以拒绝承认和执行裁决的理由。同时，该款接着规定："对于仲裁协议范围以内的事项的决定，如果可以和对于仲裁协议范围以外的事项的决定分开，那么，这一部分的决定仍然可予以承认和执行。"因此，如果该裁决内含有对仲裁协议范围以外事项的决定，法院应区别不同情况加以处理：仲裁协议范围以内的事项的决定如果可以和对于仲裁协议范围以外的事项的决定分开，那么，这一部分的决定仍然可予以承认和执行；如果不能分开，则整体拒绝承认执行该裁决。故选项C错误。

中国加入《纽约公约》时作了"互惠保留"和"商事保留"两项保留。其中"商事保留"申明："中华人民共和国只对根据中华人民共和国法律认定为属于契约性和非契约性商事法律关系所引起的争议适用该公约。"因此，如果该裁决所解决的争议属于侵权性质，法院就不应适用《纽约公约》承认执行该裁决。故选项D错误。

13. [答案] D [难度] 中

[考点] 域外送达与中国关于域外送达文书的规定

[命题和解题思路] 命题人通过本题主要考查两个方面问题，一是有关送达的国际公约的适用，二是各种送达方式的具体运用。有些考生机械或片面地理解国际法的"优先"适用，错误地认为应当首先按照海牙《送达公约》规定的方式进行送达。对于第二方面问题，考生一定要准确掌握各种送达方式在运用上的限制条件。

[选项分析] 选项A为重点干扰项。《民事诉讼法》第283条规定："人民法院对在中华人民共和国领域内没有住所的当事人送达诉讼文书，可以采用下列方式：（一）依照受送达人所在国与中华人民共和国缔结或者共同参加的国际条约中规定的方式送达；（二）通过外交途径送达；（三）对具有中华人民共和国国籍的受送达人，可以委托中华人民共和国驻受送达人所在国的使领馆代为送达；（四）向受送达人在本案中委托的诉讼代理人送达；（五）向受送达人在中华人民共和国领域内设立的独资企业、代表机构、分支机构或者有权接受送达的业务代办人送达；（六）受送达人为外国人、无国籍人，其在中华人民共和国领域内设立的法人或者其他组织担任法定代表人或者主要负责人，且与该法人或者其他组织为共同被告的，向该法人或者其他组织送达；（七）受送达人为外国法人或者其他组织，其法定代表人或者主要负责人在中华人民共和国领域内的，向其法定代表人或者主要负责人送达；（八）受送达人所在国的法律允许邮寄送达的，可以邮寄送达，自邮寄之日起满三个月，送达回证没有退回，但根据各种情况足以认定已经送达的，期间届满之日视为送达；（九）采用能够确认受送达人收悉的电子方式送达，但是受送达人所在国法律禁止的除外；（十）以受送达人同意的其他方式送达，但是受送达人所在国法律禁止的除外。

不能用上述方式送达的，公告送达，自发出公告之日起，经过六十日，即视为送达。”从条文措辞来看，公告方式送达是“兜底的”，而其他诸种送达方式则无先后顺序之分。《最高人民法院关于依据国际公约和双边司法协助条约办理民商事案件司法文书送达和调查取证司法协助请求的规定》第1条规定：“人民法院应当根据便捷、高效的原则确定依据海牙送达公约、海牙取证公约，或者双边民事司法协助条约，对外提出民商事案件司法文书送达和调查取证请求。”可见，在海牙送达公约和双边民事司法协助条约的适用顺序上，也未必是海牙送达公约优先。因此，选项 A 错误。

《民事诉讼法》第 283 条规定的送达方式包含邮寄送达方式，因此，选项 B 错误。

《民事诉讼法》第 283 条规定的送达方式也包含通过中国驻受送达人所在国使领馆进行送达的方式，但是这种方式的受送达人仅限于具有中国国籍的人，而本题中的受送达人系外国公司，因此，不能适用这种方式。故选项 C 错误。

电子邮件是民事诉讼法以及相关司法解释认可的送达方式，因此，选项 D 正确。

14. ［答案］ ABC　　［难度］ 中

［考点］ 中国关于国际民事案件管辖权的规定；中国关于侵权行为法律适用的规定

［命题和解题思路］ 本题考查涉外侵权纠纷的管辖权与法律适用。目前国际上还没有一般性的协调国际民事案件管辖权的公约，因此，对同一案件多个国家依其法律均有管辖权是一个普遍的现象。各国一般无权限制别国法院对某一纠纷行使管辖权，只能在“间接管辖权”问题上采取一些应对举措，比如在承认与执行外国法院判决时审查外国法院是否“过度”行使管辖权。关于选项 D，“受害人本国法”这一系属具有一定迷惑性。考生应注意，我国法律对于产品责任以及通过网络或者采用其他方式侵害人格权的，规定了“被侵权人经常居所地法律”这一系属，但没有采用“受害人本国法”这一系属。而对于一般侵权的法律适用，既没有采用“受害人本国法”，也没有采用“被侵权人经常居所地法律”。

［选项分析］ 《民事诉讼法》第 276 条规定：“因涉外民事纠纷，对在中华人民共和国领域内没有住所的被告提起除身份关系以外的诉讼，如果合同签订地、合同履行地、诉讼标的物所在地、可供扣押财产所在地、侵权行为地、代表机构住所地位于中华人民共和国领域内的，可以由合同签订地、合同履行地、诉讼标的物所在地、可供扣押财产所在地、侵权行为地、代表机构住所地人民法院管辖。除前款规定外，涉外民事纠纷与中华人民共和国存在其他适当联系的，可以由人民法院管辖。”被告甲国某航空公司在中国设有代表处，中国法院就对该纠纷具有管辖权，因此，选项 A 正确。

一国法律可以限制当事人选择别国法院管辖其案件，比如《最高人民法院关于适用〈中华人民共和国民事诉讼法〉的解释》第 529 条第 2 款规定：“根据民事诉讼法第三十四条和第二百七十三条①规定，属于中华人民共和国法院专属管辖的案件，当事人不得协议选择外国法院管辖，但协议选择仲裁的除外。”但是，一国法律无权限制别国法院对某一纠纷行使管辖权。《最高人民法院关于适用〈中华人民共和国民事诉讼法〉的解释》第 531 条第 1 款规定：“中华人民共和国法院和外国法院都有管辖权的案件，一方当事人向外国法院起诉，而另一方当事人向中华人民共和国法院起诉的，人民法院可予受理。判决后，外国法院申请或者当事人请求人民法院承认和执行外国法院对本案作出的判决、裁定的，不予准许；但双方共同缔结或者参加的国际条约另有规定的除外。”因此，中国法律可以在承认和执行乙国法院对本案作出的判决、裁定时采取一些措施，但是，并不能限制乙国法院对该纠纷行使管辖。当然，乙国法院对该纠纷行使管辖也不影响我国应当行使的管辖权。因此，选项 B、C 正确。

选项 D 为重点干扰项。本案属于侵权纠纷，如中国法院受理该纠纷，关于损害赔偿数额的处理应根据中国关于涉外侵权纠纷的法律适用规范指引确定应予适用的准据法。《涉外民事关系法律适用法》第 44 条规定：“侵权责任，适用侵权行为地法律，但当事人有共同经常居所地的，适用共同经常居所地法律。侵权行为发生后，当事人协议选择适用法律的，按照其协议。”本条没有提及适用受害人本国法，因此，选项 D 错误。

① 即 2023 年《民事诉讼法》第 279 条。

第五章　区际法律问题

试　题

1. 澳门甲公司和内地乙公司的合同争议由内地一仲裁机构审理，甲公司最终胜诉。乙公司在澳门有财产，甲公司在澳门申请认可和执行该仲裁裁决。对此，下列哪些说法是正确的？（2022年回忆版）

A. 仲裁裁决应由澳门初级法院执行

B. 当事人应向澳门中级法院提出认可仲裁裁决和执行的请求

C. 如果裁决被人民法院依法裁定撤销或者不予执行，澳门法院应立即停止执行

D. 申请人只能向内地和澳门两地法院之一申请认可

2. 秦某与洪某在台北因合同纠纷涉诉，被告洪某败诉。现秦某向洪某财产所在地的大陆某中级人民法院申请认可该台湾地区的民事判决。关于该判决的认可，下列哪些选项是正确的？（2015-1-79）

A. 人民法院受理秦某申请后，应当在6个月内审结

B. 受理秦某的认可申请后，作出裁定前，秦某要求撤回申请的，人民法院应当允许

C. 如人民法院裁定不予认可该判决，秦某可以在裁定作出1年后再次提出申请

D. 人民法院受理申请后，如对该判决是否生效不能确定，应告知秦某提交作出判决的法院出具的证明文件

3. 内地某中级法院审理一起涉及澳门特别行政区企业的商事案件，需委托澳门特别行政区法院进行司法协助。关于该司法协助事项，下列哪些表述是正确的？（2013-1-79）

A. 该案件司法文书送达的委托，应通过该中级法院所属高级法院转交澳门特别行政区终审法院

B. 澳门特别行政区终审法院有权要求该中级法院就其中文委托书提供葡萄牙语译本

C. 该中级法院可以请求澳门特别行政区法院协助调取与该案件有关的证据

D. 在受委托方法院执行委托调取证据时，该中级法院司法人员经过受委托方允许可以出席并直接向证人提问

详　解

1. ［答案］ABC　　［难度］易

［考点］内地与澳门特别行政区相互认可和执行仲裁裁决的安排

［命题和解题思路］本题考查了《最高人民法院关于内地与澳门特别行政区相互认可和执行仲裁裁决的安排》的条文规定。考生对该条文熟悉掌握即可正确解答本题。

［选项分析］《最高人民法院关于内地与澳门特别行政区相互认可和执行仲裁裁决的安排》第2条第3款规定，澳门特别行政区有权受理认可仲裁裁决申请的法院为中级法院，有权执行的法院为初级法院。A选项正确。

澳门特别行政区有权受理认可仲裁裁决申请的法院为中级法院。B选项正确。

《最高人民法院关于内地与澳门特别行政区相互认可和执行仲裁裁决的安排》第7条第1款第5项规定，裁决业经仲裁地法院撤销或拒绝执行的，澳门法院可裁定不予认可和执行。故如果已经执行，澳门法院应立即停止执行。C选项正确。

《最高人民法院关于内地与澳门特别行政区相互认可和执行仲裁裁决的安排》第3条规定，申请人可以向一地法院提出认可和执行申请，也可以分别向两地法院提出申请。D选项错误。

2. ［答案］D（原答案为ABD）　　［难度］中

［考点］中国大陆对台湾地区法院判决的认可与执行

［命题和解题思路］本题主要考查考生对大陆认可和执行台湾地区法院民事判决相关规定的熟悉程度，选项多属于需要记忆的内容，考生应付出足够时间学习掌握。认可和执行台湾地区法院民事判决的程序和制度一直在发展，考生应注意对比分析其历史变化。

［选项分析］《最高人民法院关于认可和执行台湾地区法院民事判决的规定》发布施行，此前的《最高人民法院关于人民法院认可台湾地区有关法院民事判决的规定》（法释〔1998〕11号）、《最高人民法院关于当事人持台湾地区有关法院民事调解书或者有关机构出具或确认的调解协议书向人民法院申请认可人民法院应否受理的批复》（法释〔1999〕10号）、《最高人民法院关于当事人持台湾地区有关法院支付命令向人民法院申请认可人民法院应否受理的批复》（法释〔2001〕13号）和《最高人民法院关于人民法院认可台湾地区有关法院民事判决的补充规定》（法释〔2009〕4号）同时废止。本题即依《最高人民法院关于认可和执行台湾地区法院民事判决的规定》进行解析，请考生注意。

选项A为重点干扰项。《最高人民法院关于认可和执行台湾地区法院民事判决的规定》第14条第1款规定："人民法院受理认可台湾地区法院民事判决的申请后，应当在立案之日起六个月内审结。有特殊情况需要延长的，报请上一级人民法院批准。"选项A未提及"特殊情况需要延长"的情形，过于绝对，因此错误。

《最高人民法院关于认可和执行台湾地区法院民事判决的规定》第13条规定："人民法院受理认可台湾地区法院民事判决的申请后，作出裁定前，申请人请求撤回申请的，可以裁定准许。"选项B表述的是"应当允许"，而不是"可以裁定准许"，因此错误。

《最高人民法院关于认可和执行台湾地区法院民事判决的规定》第19条规定："对人民法院裁定不予认可的台湾地区法院民事判决，申请人再次提出申请的，人民法院不予受理，但申请人可以就同一争议向人民法院起诉。"选项C"秦某可以在裁定作出1年后再次提出申请"的说法于法无据，因此错误。

《最高人民法院关于认可和执行台湾地区法院民事判决的规定》第9条规定："申请人申请认可台湾地区法院民事判决，应当提供相关证明文件，以证明该判决真实并且已经生效。申请人可以申请人民法院通过海峡两岸调查取证司法互助途径查明台湾地区法院民事判决的真实性和是否生效以及当事人得到合法传唤的证明文件；人民法院认为必要时，也可以就有关事项依职权通过海峡两岸司法互助途径向台湾地区请求调查取证。"选项D表述勉强正确。

易混淆点解析

《最高人民法院关于认可和执行台湾地区法院民事判决的规定》除了"不予认可判决"情形，还增加规定了"裁定驳回申请人的申请"情形。前者的后果是"申请人不得再提出申请，但可以就同一案件事实向人民法院提起诉讼"；后者的后果是"申请人再次申请并符合受理条件的，人民法院应予受理"。这些情形及其后果的区别，考生应予注意。

3. ［答案］CD（原答案为ACD） ［难度］中

［考点］域外送达与中国关于域外送达文书的规定；域外取证

［命题和解题思路］由于历史的原因我国存在不同法域，区际司法协助问题十分重要。本题考查内地与澳门法院之间民商事案件相互委托送达司法文书和调取证据的具体安排。考生要注意司法协助中请求机关与转送机关的区别，否则容易对选项C产生误判。

［选项分析］《最高人民法院关于内地与澳门特别行政区法院就民商事案件相互委托送达司法文书和调取证据的安排》第2条规定："双方相互委托送达司法文书和调取证据，通过各高级人民法院和澳门特别行政区终审法院进行。最高人民法院与澳门特别行政区终审法院可以直接相互委托送达和调取证据。经与澳门特别行政区终审法院协商，最高人民法院可以授权部分中级人民法院、基层人民法院与澳门特别行政区终审法院相互委托送达和调取证据。"本题中，经与澳门特别行政区终审法院协商，最高人民法院可以授权某中级人民法院与澳门特别行政区终审法院相互委托送达和调取证据，不必通过高级人民法院来转交。选项A的说法过于绝对，故错误。

关于司法协助使用的语言，《最高人民法院关于内地与澳门特别行政区法院就民商事案件相互委托送达司法文书和调取证据的安排》第5条规定："委托书应当以中文文本提出。所附司法文书及其他相关文件没有中文文本的，应当提供中文译本。"可见，澳门特别行政区终审法院无权要求该中级法院就其中文委托书提供葡萄牙语译本。因此，选项 B 错误。

选项 C 为重点干扰项。内地人民法院与澳门特别行政区法院就民商事案件（在内地包括劳动争议案件，在澳门特别行政区包括民事劳工案件）相互委托送达司法文书和调取证据，均适用《最高人民法院关于内地与澳门特别行政区法院就民商事案件相互委托送达司法文书和调取证据的安排》。内地某中级法院作为委托方法院，也可以请求澳门特别行政区法院协助调取与该案件有关的证据，因此，选项 C 正确。

《最高人民法院关于内地与澳门特别行政区法院就民商事案件相互委托送达司法文书和调取证据的安排》第 20 条规定："受委托方法院在执行委托调取证据时，根据委托方法院的请求，可以允许委托方法院派司法人员出席。必要时，经受委托方允许，委托方法院的司法人员可以向证人、鉴定人等发问。"因此，选项 D 正确。

第三部分 国际经济法

第一章 国际货物买卖

试 题

1. 某中国公司和某法国公司签订了国际货物买卖合同，中国公司是卖方，选择的贸易术语是FCA（Incoterms 2020）。后在运输过程中发生自然灾害，货物推定全损。对此，下列哪一说法是正确的？（2023年回忆版）

A. 风险发生后，保险公司可以接受委付也可以不接受

B. FCA术语项下，买方有义务办理保险

C. 由于货物已经推定全损，法国公司可以免于支付货物的款项

D. FCA不可用于多式联运

2. 中国伟业公司与甲国利德公司签订了采取铁路运输方式由中国出口一批货物的合同。后甲国法律发生变化，利德公司在收货后又自行将该批货物转卖到乙国，现乙国一公司声称该批货物侵犯了其知识产权。中国和甲国均为《联合国国际货物销售合同公约》和《国际铁路货物联运协定》缔约国。依相关规则，下列哪一选项是正确的？（2017-1-40）

A. 伟业公司不承担该批货物在乙国的知识产权担保义务

B. 该批货物的风险应于订立合同时由伟业公司转移给利德公司

C. 铁路运输承运人的责任期间是从货物装上火车时起至卸下时止

D. 不同铁路运输区段的承运人应分别对在该区段发生的货损承担责任

3. 中国甲公司与德国乙公司签订了进口设备合同，分三批运输。两批顺利履约后乙公司得知甲公司履约能力出现严重问题，便中止了第三批的发运。依《联合国国际货物销售合同公约》，下列哪一选项是正确的？（2016-1-40）

A. 如已履约的进口设备在使用中引起人身伤亡，则应依公约的规定进行处理

B. 乙公司中止发运第三批设备必须通知甲公司

C. 乙公司在任何情况下均不应中止发运第三批设备

D. 如甲公司向乙公司提供了充分的履约担保，乙公司可依情况决定是否继续发运第三批设备

4. 中国甲公司与法国乙公司签订了向中国进口服装的合同，价格条件CIF。货到目的港时，甲公司发现有两箱货物因包装不当途中受损，因此拒收，该货物在目的港码头又被雨淋受损。依1980年《联合国国际货物销售合同公约》及相关规则，下列哪一选项是正确的？（2015-1-40）

A. 因本合同已选择了CIF贸易术语，则不再适用《公约》

B. 在CIF条件下应由法国乙公司办理投保，故乙公司也应承担运输途中的风险

C. 因甲公司拒收货物，乙公司应承担货物在目的港码头雨淋造成的损失

D. 乙公司应承担因包装不当造成的货物损失

5. 中国甲公司与法国乙公司商谈进口特种钢材，乙公司提供了买卖该种钢材的格式合同，两国均为1980年《联合国国际货物销售合同公约》缔约国。根据相关规则，下列哪一选项是正确的？（2014-1-40）

A. 因两国均为公约缔约国，双方不能在合同中再选择适用其他法律

B. 格式合同为该领域的习惯法，对双方具有约束力

C. 双方可对格式合同的内容进行修改和补充

D. 如双方在合同中选择了贸易术语，则不再适用公约

6. 中国甲公司向加拿大乙公司出口一批农产品，CFR价格条件。货装船后，乙公司因始终未收到甲公司的通知，未办理保险。部分货物在途中因海上风暴毁损。根据相关规则，下列哪一选项是正确的？（2014-1-41）

A. 甲公司在装船后未给乙公司以充分的通知，造成乙公司漏保，因此损失应由甲公司承担

B. 该批农产品的风险在装港船舷转移给乙公司

C. 乙公司有办理保险的义务，因此损失应由乙公司承担

D. 海上风暴属不可抗力，乙公司只能自行承担损失

7. 某国甲公司向中国乙公司出售一批设备，约定贸易术语为“FOB（Incoterms 2010）”，后设备运至中国。依《国际贸易术语解释通则》和《联合国国际货物销售合同公约》，下列哪一选项是正确的？（2013-1-40）

A. 甲公司负责签订货物运输合同并支付运费

B. 甲、乙公司的风险承担以货物在装运港越过船舷为界

C. 如该批设备因未按照同类货物通用方式包装造成损失，应由甲公司承担责任

D. 如该批设备侵犯了第三方在中国的专利权，甲公司对乙公司不承担责任

8. 甲公司从国外进口一批货物，根据《联合国国际货物销售合同公约》，关于货物检验和交货不符合同约定的问题，下列说法正确的是：（2013-1-99）

A. 甲公司有权依自己习惯的时间安排货物的检验

B. 如甲公司须再发运货物，没有合理机会在货到后加以检验，而卖方在订立合同时已知道再发运的安排，则检验可推迟到货物到达新目的地后进行

C. 甲公司在任何时间发现货物不符合同均可要求卖方赔偿

D. 货物不符合同情形在风险转移时已经存在，在风险转移后才显现的，卖方应当承担责任

详 解

1. ［答案］A　　［难度］难

［考点］国际货物运输保险；《国际贸易术语解释通则》

［命题和解题思路］本题详细考查了FCA（Free Carrier）术语的选择适用，综合考查了国际货物运输保险中的委付制度。对于大部分考生来说，该术语不如常用的FOB/CIF/CFR那么熟悉。另外考生需要注意，2020年《国际贸易术语解释通则》保留了2010年《国际贸易术语解释通则》将术语分为用于任何运输方式或多种运输方式与适用于海运和内河水运的分类方式。

［选项分析］委付发生在保险标的出现推定全损的情况下。被保险人可以按全部损失求偿，由被保险人将保险标的转让给保险人，而由保险人赔付全部的保险金额。这种转让保险标的的权利的做法被称为委付。保险人可以接受委付也可以不接受。选项A正确。

FCA术语项下，货物的风险在指定地点交货时发生转移。因此，运输途中的风险在买方，所以买方办理保险是为了自己的利益需要，而不是义务。选项B错误。

货物的风险在指定地点交货时发生转移，风险转移后买方不能以发生风险为由不支付货款。选项C错误。

FCA适用于各种运输方式，包括多式联运。选项D错误。

2. ［答案］A　　［难度］难

［考点］国际货物买卖合同卖方的义务；风险转移；其他方式的国际货物运输

［命题和解题思路］命题人通过本题考查了国际货物买卖合同和国际铁路货物运输法律制度。在四个选项中，容易出现判断失误的是关于国际铁路货物运输法律制度的选项。考生不要把本题考查内容与关于国际海上货物运输的《海牙规则》相混淆。如果考生事先对这两种运输法律制度从责任制度、归责原则、责任期间、风险转移等各方面进行过细致比较，解答本题就很容易。另外，从解题技巧上看，由于本题是单选题，只要确定了A选项正确，其他选项就都可略过了。

［选项分析］选项A涉及国际货物买卖中卖方

的“知识产权担保义务”。《联合国国际货物销售合同公约》第 42 条第 1 款规定：“卖方所交付的货物，必须是第三方不能根据工业产权或其他知识产权主张任何权利或要求的货物，但以卖方在订立合同时已知道或不可能不知道的权利或要求为限，而且这种权利或要求根据以下国家的法律规定是以工业产权或其他知识产权为基础的：（a）如果双方当事人在订立合同时预期货物将在某一国境内转售或做其他使用，则根据货物将在其境内转售或做其他使用的国家的法律；（b）在任何其他情况下，根据买方营业地所在国家的法律。”本题中，甲国利德公司在收货后自行将该批货物转卖到乙国，意味着**订立合同时中国伟业公司并没有预计到货物将会转售乙国，因此，有关当事人不能以乙国法律为基础起诉卖方中国伟业公司**，也就是说，伟业公司不承担该批货物在乙国的知识产权担保义务，此类知识产权侵权之诉只能以买方利德公司营业地所在国甲国的法律为基础。因此，选项 A 正确。

《联合国国际货物销售合同公约》第 67 条第 1 款规定：“如果销售合同涉及货物的运输，但卖方没有义务在某一特定地点交付货物，自货物按照销售合同交付给第一承运人以转交给买方时起，风险就移转到买方承担。如果卖方有义务在某一特定地点把货物交付给承运人，在货物于该地点交付给承运人以前，风险不移转到买方承担。卖方受权保留控制货物处置权的单据，并不影响风险的转移。”本题中**销售合同涉及货物的运输，因此货物遗失或损坏的风险应以货交承运人为界发生转移，而不是以合同订立时间为界**。故选项 B 错误。

根据《国际铁路货物联运协定》，承运人应依货物运输合同的规定将货物安全地运至目的地。**承运人的责任期间为从签发运单时起至终点交付货物时止**。因此，铁路运输承运人的责任期间不是从货物装上火车时起至卸下时止，故选项 C 错误。

选项 D 为重点干扰项。选项 D 应从两个方面分析：就对外（发货人或收货人）承担责任而言，统一由“受理承运人”承担责任；就对内（各承运人相互之间）责任分担而言，不同铁路运输区段的承运人应分别对在该区段发生的货损承担责任。故选项 D 错误。本知识点曾在 2016 年卷一第 80 题考过。

易混淆点解析

国际铁路货物运输涉及两个以上承运人。对于不同铁路运输区段的承运人，《国际铁路货物联运协定》（本段以下简称《协定》）责任机制比较特别。《协定》第 46 条第 2 项规定：“赔偿请求应附有相应依据并注明款额，以书面方式由发货人向缔约承运人，收货人向交付货物的承运人提出。”第 46 条第 7 项规定：“承运人必须在收到赔偿请求书之日起的 180 天内对其进行审查，并给赔偿请求人以答复。在全部或部分承认赔偿请求时，向赔偿请求人支付应付的款额。”《协定》“办事细则”第 9.1.1 点规定：“根据国际货协第 46 条‘赔偿请求’受理赔偿请求的承运人，为受理承运人。”因此，在收货人或发货人提出赔偿请求时，统一由“受理承运人”受理和作出赔偿。受理承运人在赔付后，可向“责任承运人”追偿。在责任无法判定的情况下，根据《协定》第 36 条规定，承运人间的责任按该批货物在各承运人进行运送时实际行经的运价公里比例分担，但能够证明损失不是由其过失所造成的承运人除外。很显然，**这种“统一责任制”不同于“连带责任制”**。

3. ［答案］B　　［难度］易

［考点］《联合国国际货物销售合同公约》的适用范围；国际货物买卖合同的补救办法（适用于买卖双方的一般规定）

［命题和解题思路］本题考查了《联合国国际货物销售合同公约》（本题以下简称《公约》）的两个知识点。第一个知识点是《公约》未涉及的法律问题。产品致人伤亡问题属于产品责任问题，往往适用产品责任法或侵权行为法，而不适用合同法，因此，《公约》也不涉及这一问题。选项 B、C、D 涉及《公约》的“预期违约”制度。这是一项重要制度，我国《民法典》也规定了这一制度，内容基本相同。考生应特别注意的是，在违约方提出履约担保时，守约方“必须继续履行义务”而不是“可依情况决定是否继续履行”。

［选项分析］《公约》一方面从正面规定《公约》适用于营业地在不同国家的当事人之间所订

立的货物销售合同，另一方面也从反面规定了《公约》不适用的情形，其中第5条规定，公约不适用于卖方对于货物对任何人所造成的死亡或伤害的责任。因此，如果已经履约的进口设备在使用中引起人身伤亡，《公约》没有这方面的规定可供适用。选项A错误。

关于“预期违约”，《公约》第71条第1款规定：“如果订立合同后，另一方当事人由于下列原因显然将不履行其大部分重要义务，一方当事人可以中止履行义务：（1）他履行义务的能力或他的信用有严重缺陷；（2）他在准备履行合同或履行合同中的行为。”本题中，乙公司得知甲公司履约能力出现严重问题，便中止了第三批的发运，属于“预期违约”情形。因此，“乙公司在任何情况下均不应中止发运第三批设备”是不对的，故选项C错误。

选项D是重点干扰项。《公约》第71条第3款接着规定，中止履行义务的一方当事人不论是在货物发运前还是发运后，都必须“立即通知”另一方当事人，如经另一方当事人对履行义务提供充分保证，则他必须继续履行义务。据此，乙公司中止发运第三批设备必须通知甲公司，故选项B正确；如果甲公司向乙公司提供了充分的履约担保，乙公司必须继续发运第三批设备，故选项D错误。

4. [答案] D　　[难度] 中

[考点] CIF；联合国国际货物销售合同公约

[命题和解题思路] 本题选项A涉及的是一个一般性问题，其实无需结合题干即可判断其正误。价格条件或贸易术语与《联合国国际货物销售合同公约》的关系，在2014年卷一第40题曾经考查过。选项B具有一定的迷惑性，有些考生把国际货物买卖中办理海上货物运输保险和承担运输途中货物损失风险混为一谈，认为两者存在必然联系。选项C也具有一定的迷惑性，有些考生认为乙公司违约在先，就应承担货物在目的港码头雨淋造成的损失。当然，选项D的正确性比较明显，这在一定程度上降低了本题的难度。

[选项分析] 国际贸易术语是在国际贸易中逐渐形成的，表明在不同的交货条件下，买卖双方在相关费用、责任及风险划分等方面不同权利义务的以英文缩写表示的专门用语。国际贸易术语是国际惯例的一种，由当事人选择适用，国际上使用最为广泛的是国际商会编纂的《国际贸易术语解释通则》。国际贸易术语并没有涵盖国际货物贸易会产生的所有法律问题，比如就不涉及违约救济问题，因此，双方在合同中选择了贸易术语，并不意味着排除公约的适用。贸易术语的适用与公约的适用在一定意义上形成“互补”关系。因此，选项A错误。

办理投保的合同义务并不意味应当承担运输途中货物损失风险的义务，办理保险和承担运输途中货物损失风险是两回事。CIF术语对货物运输保险和货物灭失风险的转移均有规定：由卖方负责办理货物运输，并办理货物的保险以及向买方提供保险单或其他保险证据；卖方必须承担货物丢失或损坏的一切风险，直至货物在装运港越过船舷为止（2010年和2020年《国际贸易术语解释通则》CIF术语下的货物灭失风险的转移以装运港船上交货为划分界限）。因此，卖方乙公司办理保险不等于乙公司必须承担运输途中货物灭失的风险，相反，运输途中货物灭失的风险已转移于买方甲公司承担，而甲公司则可以凭借乙公司已办理的保险要求保险公司承担赔偿责任。因此，选项B错误。

选项C为重点干扰项。《联合国国际货物销售合同公约》第60条规定，买方应采取一切理应采取的行动，以便卖方能交付货物；和接收货物。第77条规定：“声称另一方违反合同的一方，必须按情况采取合理措施，减轻由于该另一方违反合同而引起的损失，包括利润方面的损失。如果他不采取这种措施，违反合同一方可以要求从损害赔偿中扣除原可以减轻的损失数额。”本题中，甲公司发现有两箱货物因包装不当途中受损，不应当拒收并任由该货物在目的港码头遭受雨淋而继续扩大损失，否则，尽管乙公司可能存在违约，但原本可以减轻甚至避免的雨淋损失不应由乙公司承担，而应由甲公司承担。因此，选项C错误。

《联合国国际货物销售合同公约》第35条第1款规定，“卖方交付的货物必须与合同所规定的数量、质量和规格相符，并须按照合同所规定的方式装箱或包装。”第35条第2款第4项进一步规定：“货物按照同类货物通用的方式装箱或包装，如果没有此种通用方式，则按照足以保全和保护货物的方式装箱或包装。”根据这些规定，因卖方乙公司包装不当而造成的货损应由乙公司承担。因此，选项 D 正确。

5.［答案］C　　［难度］中

［考点］《联合国国际货物销售合同公约》的适用范围；格式合同；《国际贸易术语解释通则》的选用

［命题和解题思路］本题综合考查了《联合国国际货物销售合同公约》、格式合同、国际贸易术语的适用及其关系问题，命题人试图通过“混淆”它们各自的法律性质和适用范围来对考生形成干扰。考生应特别注意两点，一是《联合国国际货物销售合同公约》稍显“名不副实”，虽为“公约”，但适用具有很大“任意性”；二是不论《联合国国际货物销售合同公约》还是《国际贸易术语解释通则》，它们解决的法律问题都有很大的“局限性”，往往需要相互“借力”，才能构成对一项交易的“全面”法律保障。

［选项分析］《联合国国际货物销售合同公约》第 6 条规定：双方当事人可以不适用本公约，或在第 12 条的条件下，减损本公约的任何规定或改变其效力。因此公约的适用性并不是强制性的。也就是说，即使买卖合同的双方当事人的营业地分处两个缔约国，本应适用公约，但如果他们在合同中约定选择适用其他的法律，则可以排除公约的适用。另外，当事人也可以在买卖合同中约定部分地适用公约，或对公约的内容进行改变，但是，如果当事人营业地所在国在加入公约时已提出保留的内容，当事人不得排除或改变。因此，选项 A 错误。

国际贸易中常常会使用国际民间组织或行业协会拟定的标准合同，即格式合同。格式合同是便利双方商业谈判的基础，但其本身不是法律，包括不是所谓的习惯法，在双方签字以前也不是真正的合同。交易双方在谈判过程中，可以对格式合同中的条文内容进行补充、删减或修改。格式合同经过“修改完善”并签字，才对双方具有约束力。因此，选项 B 错误，选项 C 正确。

选项 D 为重点干扰项。国际贸易术语是在国际贸易中逐渐形成的，表明在不同的交货条件下，买卖双方在相关费用、责任及风险划分等方面不同权利义务的以英文缩写表示的专门用语。国际贸易术语是国际惯例的一种，由当事人选择适用，国际上使用最为广泛的是国际商会编纂的《国际贸易术语解释通则》。国际贸易术语并没有涵盖国际货物贸易会产生的所有法律问题，比如不涉及违约救济问题，因此，双方在合同中选择了贸易术语，并不意味着排除公约的适用。贸易术语的适用与公约的适用在一定意义上形成“互补”关系。因此，选项 D 错误。

6.［答案］A　　［难度］易

［考点］CFR

［命题和解题思路］本题实际上只有两个考点。一是 CFR 术语下货物风险转移的界限；二是海上风险所致货物损失的责任承担。选项 A、C、D 都是围绕第二个考点从不同角度设计的。考生需要特别注意的是，海上风暴在其他合同中属于免责的事由，但在保险合同中，海上风暴恰恰可能是引发责任承担机制的事由。两者不可混淆。

［选项分析］CFR 全称 Cost and Freight，意为“成本加运费（指定目的港）”。根据 2010 年和 2020 年《国际贸易术语解释通则》，CFR 术语中卖方应在装运港船上交货，货物的风险是在装运港船上交货时转移的；卖方负责订立运输合同，并支付将货物运至指定目的港所需的运费；与 CIF 术语相比，CFR 术语在价格构成中少了保险费，因此一般来讲，由买方办理海上货物运输保险，但是买卖双方都没有买保险的强制性义务。由于 CFR 术语下装船是卖方而投保通常是买方，卖方在装船后有义务给买方以充分的通知以便买方自行投保，避免漏保；否则，因此而造成买方漏保引起的货物损失应由卖方承担。本题中，卖方甲公司在装船后未给买方乙公司以充分的通知，买方乙公司因始终未收到卖方甲公司的通知，未办理保险，造成漏保，由此造成的损失应由甲公司承担。因此，选项 A 正确，选项 C 错误。

2000 年《国际贸易术语解释通则》中 CFR 术语的货物风险转移还是以货物在指定的装运港越过船舷为界的，2010 年和 2020 年《国际贸易术语解释通则》中 CFR 术语的货物风险转移改为以装运港船上交货时为分界，因此，选项 B 错误。

选项 D 为重点干扰项。海上风暴属不可抗力，可以构成买卖合同或运输合同有关当事方免责的理由。但是，海上风暴也是可保风险，一旦发生，则会引起保险方根据保险合同承担责任。因此，如果乙公司事先投保，承保的保险公司应当承担货物损失的赔付责任。本题中，这一选项又和选项A、选项C相关。也就是说，尽管乙公司并没有事先投保，但没有投保是由于甲公司没有履行通知义务所致，因此，乙公司不能通过保险进行补偿的损失，应由过错方甲公司承担，无需自行承担，因此，选项D错误。

7. ［答案］C　　［难度］中

［考点］FOB；国际货物买卖合同卖方的义务

［命题和解题思路］本题集中考查在《国际贸易术语解释通则》和《联合国国际货物销售合同公约》下国际货物买卖中卖方的几项义务。《联合国国际货物销售合同公约》主要考查考生对该公约内容的熟悉程度。《国际贸易术语解释通则》由于存在若干不同版本，则不仅考查考生对这一贸易惯例内容的熟悉程度，还考查考生对贸易惯例的重要发展变化的了解程度。

［选项分析］根据2010年《国际贸易术语解释通则》，FOB（free on board）意为"船上交货（指定装运港）"，其主要内容包括：（1）指卖方以在指定装运港将货物装上买方指定的船舶或通过取得已交付至船上货物的方式交货；（2）该术语属于"装运合同"，买方负责订立运输合同并支付运费，卖方没有义务为买方订立运输合同（若买方要求，或者如果是商业惯例而买方未适时给予卖方相反指示，则卖方可按照通常条件订立运输合同，即便如此，费用和风险仍应由买方承担）；（3）货物灭失或损坏的一切风险自在装运港交到船上时转移至买方；（4）卖方没有义务为买方订立保险合同，货物运输保险由买方负责办理。本题中，甲公司为卖方，不存在可由甲公司订立运输合同的情形，并且无论如何也不应承担支付运费义务，因此，选项A错误。

选项B是重点干扰项。2010年通则中FOB、CFR和CIF这三种术语的风险转移不再以装运港船舷为界限，而是规定卖方承担装运港船上交货为止的一切风险，买方承担自装运港船上交货开始的一切风险。这是2010年通则对2000年通则的重大修改之一。本题约定贸易术语为"FOB（Incoterms 2010）"，买卖双方的风险承担就应以货物在装运港装上船时为界。因此，选项B错误。

国际货物买卖中货物的质量担保义务指卖方必须保证其交付的货物与合同的规定相符。根据《联合国国际货物销售合同公约》第35条第1款的规定，卖方交付的货物必须与合同规定的数量、质量和规格相符，并须按照合同所规定的方式装箱或包装。就货物的包装而言，如果买卖双方未作约定，公约规定货物应按照同类货物通用的方式装箱或包装，如果没有此种通用方式，则按照足以保全和保护货物的方式装箱或包装。有些国家不认为包装属于货物相符的义务，而公约则将包装作为卖方保证货物相符的义务之一，因为在国际货物买卖中，货物通常要经过长距离的运输，卖方对货物的包装是否合理会对运输产生影响。一般认为，因卖方包装不符而造成的货损应由卖方承担责任。本题中，在合同双方没有约定的情况下，甲公司出售的该批设备如果未按照同类货物通用方式包装造成损失，则甲公司应承担责任。因此，选项C正确。

国际货物买卖合同中，除质量担保义务外，卖方还对货物负有权利担保的义务，包括所有权担保义务和知识产权担保义务。知识产权担保义务是指卖方所交付的货物，必须是第三方不能依工业产权或其他知识产权主张任何权利或要求的货物。本题中，如果该批设备侵犯了第三方在中国的专利权，甲公司应对乙公司承担知识产权担保责任。因此，选项D错误。

易混淆点解析

考生应注意，《国际贸易术语解释通则》的不同版本都是有效的，可供国际货物买卖和当事人选用。尽管通常会考查最新的版本，但是不同版本的发展变化要掌握清楚，不要造成混淆。在货物风险转移方面，2010年和2020年通则中的F类术语不同于2000年通则。2000年通则适用于传统的水上运输，强调以指定装运港船舷为界划分买卖双方对货物灭失或损坏的风险承担。实践中，适用这条垂线存在许多问题，2010年和2020年通则就将FOB、CFR和CIF这三种术语下买卖双方风险的划分改为以货物在装运港装上船时为界限。

8. ［答案］BD　　［难度］易

［考点］联合国国际货物销售合同公约

［命题和解题思路］本题相对比较容易，是因为选项设置的情形根据常理或经验即可作出判断。比如，“有权依自己习惯的时间安排货物的检验”“在任何时间发现货物不符合同均可要求卖方赔偿”等说法对买方权利范围理解过大，无益于商事关系的长远稳定。选项 D 具有一定迷惑性，考生不要混淆风险转移的时间和卖方对货物不符承担责任的时间。卖方对货物不符承担责任不因货物风险转移而终止的情形，除了本题选项 D 所述情形外，还有一点考生也应掌握：如果不符合同情形是由于卖方违反他的某项义务所致，包括违反关于在一段时间内货物将继续适用于其通常使用的目的或某种特定目的，或将保持某种特定质量或性质的任何保证，那么，卖方对风险转移后发生的任何不符合同情形，也应负有责任。

［选项分析］关于货物检验，《联合国国际货物销售合同公约》（本题以下简称《公约》）第 38 条规定：“（1）买方必须在按情况实际可行的最短时间内检验货物或由他人检验货物。（2）如果合同涉及货物的运输，检验可推迟到货物到达目的地后进行。（3）如果货物在运输途中改运或买方须再发运货物，没有合理机会加以检验，而卖方在订立合同时已知道或理应知道这种改运或再发运的可能性，检验可推迟到货物到达新目的地后进行。”根据前述第（1）款规定，《公约》对买方检验货物的时间是有限制的，甲公司不能完全依照自己习惯的时间安排货物的检验，因此，选项 A 错误。选项 B 所述的情形就是前述第 3 点情形，因此，选项 B 正确。

关于索赔，《公约》第 39 条规定：“（1）买方对货物不符合同，必须在发现或理应发现不符情形后一段合理时间内通知卖方，说明不符合同情形的性质，否则就丧失声称货物不符合同的权利。（2）无论如何，如果买方不在实际收到货物之日起两年内将货物不符合同情形通知卖方，他就丧失声称货物不符合同的权利，除非这一时限与合同规定的保证期限不符。”本题中，甲公司在任何时间发现货物不符合同均可要求卖方赔偿的说法是不正确的，因此，选项 C 错误。

选项 D 是重点干扰项。《公约》第 36 条第 1 款规定：“卖方应按照合同和本公约的规定，对风险移转到买方时所存在的任何不符合同情形，负有责任，即使这种不符合同情形在该时间后方始明显。”货物不符合同情形在风险转移时已经存在，属于卖方违约，卖方应当承担责任。因此，选项 D 正确。

第二章　国际货物运输与保险

试　题

1. 中国甲公司向法国乙公司出口一批货物，双方协议选择 CIF（Incoterms 2020）规范当事人之间的合同货物，分两次运输。第二次运输中，由于船长驾驶不慎，和其他船舶发生碰撞。根据《海牙规则》和相关国际法规则，下列哪些说法是正确的？（2023 年回忆版）

A. CIF 术语下，如果没有特殊约定的，应当购买平安险

B. 船舶碰撞不属于平安险的赔偿范围

C. 船舶碰撞不属于承运人的责任范围

D. 对于航行过失，保险人应该赔偿

2. 中国天津甲公司与某国乙公司签订 CFR 出口合同，货分两批由丙公司承运，海上运输（运输均适用《海牙规则》）均投保平安险，信用证支付。第一批货物遇海上风浪部分毁损，第二批货物在天津因不合格被扣押，推定全损。对此，下列哪些说法是正确的？（2022 年回忆版）

A. 乙公司因第二批全损可通知银行止付

B. 乙公司可将第二批货物交给保险公司，保险公司可接受也可不接受

C. 承运人对第一批货物损失可免责

D. 保险公司应赔偿第一批货物部分毁损造成的损失

3. 中国三泰公司与西班牙甲公司签订合同进口一批货物，合同选用了 2020 年《国际贸易术语解释通则》中的 CIF 术语，同时约定甲公司应为

该批货物投保水渍险。甲公司将货物交承运人装船后，承运人签发了清洁提单（选用《海牙规则》）。在海运途中货物因遭遇恶劣天气部分毁损，中国和西班牙均为《联合国国际货物销售合同公约》缔约国。对此，下列哪一判断是正确的？（2021 年回忆版）

A. 甲公司应为该批货物投保一切险

B. 承运人应赔偿货物损失

C. 保险公司应赔偿货物损失

D. 因货物部分毁损，中国三泰公司有权要求减价

4. 中国某公司进口了一批仪器，采取海运方式并投保了水渍险，提单上的收货人一栏写明"凭指示"的字样。途中因船方过失致货轮与他船相撞，部分仪器受损。依《海牙规则》及相关保险条款，下列哪一选项是正确的？（2017-1-41）

A. 该提单交付即可转让

B. 因船舶碰撞是由船方过失导致，故承运人应对仪器受损承担赔偿责任

C. 保险人应向货主赔偿部分仪器受损的损失

D. 承运人的责任期间是从其接收货物时起至交付货物时止

5. 中国甲公司向波兰乙公司出口一批电器，采用 DAP 术语，通过几个区段的国际铁路运输，承运人签发了铁路运单，货到目的地后发现有部分损坏。依相关国际惯例及《国际铁路货物联运协定》，下列哪些选项是正确的？（2016-1-80）

A. 乙公司必须确定损失发生的区段，并只能向该区段的承运人索赔

B. 铁路运单是物权凭证，乙公司可通过转让运单转让货物

C. 甲公司在指定目的地运输终端将仍处于运输工具上的货物交由乙公司处置时，即完成交货

D. 各铁路区段的承运人应承担连带责任

6. 青田轮承运一批啤酒花从中国运往欧洲某港，货物投保了一切险，提单上的收货人一栏写明"凭指示"，因生产过程中水分过大，啤酒花到目地港时已变质。依《海牙规则》及相关保险规则，下列哪一选项是正确的？（2015-1-41）

A. 承运人没有尽到途中管货的义务，应承担货物途中变质的赔偿责任

B. 因货物投保了一切险，保险人应承担货物变质的赔偿责任

C. 本提单可通过交付进行转让

D. 承运人对啤酒花的变质可以免责

7. 两批化妆品从韩国由大洋公司"清田"号货轮运到中国，适用《海牙规则》，货物投保了平安险。第一批货物因"清田"号过失与他船相碰致部分货物受损，第二批货物收货人在持正本提单提货时，发现已被他人提走。争议诉至中国某法院。根据相关规则及司法解释，下列哪些选项是正确的？（2014-1-81）

A. 第一批货物受损虽由"清田"号过失碰撞所致，但承运人仍可免责

B. 碰撞导致第一批货物的损失属于保险公司赔偿的范围

C. 大洋公司应承担第二批货物无正本提单放货的责任，但可限制责任

D. 大洋公司对第二批货物的赔偿范围限于货物的价值加运费

8. 中国甲公司从国外购货，取得了代表货物的单据，其中提单上记载"凭指示"字样，交货地点为某国远东港，承运人为中国乙公司。当甲公司凭正本提单到远东港提货时，被乙公司告知货物已不在其手中。后甲公司在中国法院对乙公司提起索赔诉讼。乙公司在下列哪些情形下可免除交货责任？（2013-1-81）

A. 在甲公司提货前，货物已被同样持有正本提单的某公司提走

B. 乙公司按照提单托运人的要求返还了货物

C. 根据某国法律要求，货物交给了远东港管理当局

D. 货物超过法定期限无人向某国海关申报，被海关提取并变卖

9. 甲公司向乙公司出口一批货物，由丙公司承运，投保了中国人民保险公司的平安险。在装运港装卸时，一包货物落入海中。海运途中，因船长过失触礁造成货物部分损失。货物最后延迟到达目的港。依《海牙规则》及国际海洋运输保险实践，关于相关损失的赔偿，下列哪些选项是正确的？（2013-1-82）

A. 对装卸过程中的货物损失，保险人应承担

赔偿责任

B. 对船长驾船过失导致的货物损失，保险人应承担赔偿责任

C. 对运输延迟造成的损失，保险人应承担赔偿责任

D. 对船长驾船过失导致的货物损失，承运人可以免责

详 解

1. ［答案］ACD　　［难度］中

［考点］《国际贸易术语解释通则》；《海牙规则》；中国海洋货物运输保险的主要险别

［命题和解题思路］本题属于国际货物贸易题中的综合题，考查了贸易术语、运输规则、保险规则。在解答这种题目时，考生应当厘清法律关系，分别分析相关的法律依据。比如是否属于保险范围，要去对应保险规则考虑；是否属于承运人责任，要去对应海牙规则考虑。而不要将各种法律关系混为一谈。

［选项分析］CIF 术语下，如果买方没有特殊要求，卖方只有义务投保海运最低险（平安险）。选项 A 正确。

船舶碰撞在海上风险中属于意外事故，属于平安险的赔偿范围。选项 B 错误。

根据《海牙规则》，承运人对航行过失带来的货损免责。选项 C 正确。

投保了平安险，风险发生在保险范围之内，保险人应该赔偿。选项 D 正确。

2. ［答案］BC　　［难度］中

［考点］CFR 贸易术语；海牙规则；信用证

［命题和解题思路］本题目综合考查了国际货物贸易中的术语、运输、保险、结汇环节。要求考生对国际货物贸易过程比较熟悉，运用综合知识解题。

［选项分析］信用证开证行与受益人之间的权利义务关系，独立于作为其依据的销售合同。只要受益人提供符合信用证要求的单据且不存在信用证欺诈，银行就应承担付款义务。A 选项错误。

当保险标的出现推定全损时，被保险人可以选择将保险标的的权利转让给保险人，而由保险人赔付全部的保险金额，这种转让保险标的的做法叫做委付。对于保险人来说，可以接受委付，也可以不接受委付。B 选项正确。

根据《海牙规则》，承运人对海上的风险、危险或意外事故可免责。C 选项正确。

货物投保平安险，货物遭遇海上自然灾害造成的部分损失不在平安险的责任范围。D 选项错误。

3. ［答案］C　　［难度］易

［考点］CIF；海牙规则；海洋运输货物保险条款

［命题和解题思路］本题中设计了多个考点。首先，选项 A 是比较迷惑的选项，试图在 CIP 和 CIF 之间造成混淆。CIP 术语的特点是交货在装运地，而运输和保险都是由卖方负责的。应当注意的是，《2020 年通则》在卖方投保的险别上有所提高，卖方需投保符合《伦敦保险协会货物保险条款》（A）条款或其他类似条款下的险别，这相当于是“一切险”。而《2010 年通则》规定的 CIP 术语只需投保最低险别。当然，在《2020 年通则》下，双方仍然可以自行约定更低的险别。其次，考查了海牙规则中的承运人免责和保险条款中的险种包含承保范围，以及《联合国国际货物销售合同公约》中的风险转移的法律效果。题目综合性强，多种法律关系在同一题目中出现，对于考生来说，需要明确不同的法律关系，依据不同的法律规定来判断。

［选项分析］CIF，全称 Cost Insurance and Freight，意为“成本，保险费加运费（指定目的港）”。在此术语下，卖方需办理运输中的保险，但仅需投保最低险别，即平安险。在《2020 年通则》下，对此术语的保险险种要求并没有变化。选项 A 错误。

《海牙规则》第 4 条规定，不论承运人或船舶，对由于下列原因引起或造成的灭失或损坏，都不负责：（1）船长、船员、引水员或承运人的雇佣人员，在驾驶船舶或管理船舶中的行为、疏忽或不履行义务；（2）火灾，但由于承运人的实际过失或私谋所引起的除外；（3）海上或其他可航水域的灾难、危险和意外事故；（4）天灾；（5）战争行为；（6）公敌行为；（7）君主、当权者或人民的扣留或管制，或依法扣押；（8）检疫限制；（9）托运人或货主、其代理人或代表的行为或不行为；（10）不论由于任何原因所引起的局

部或全面罢工、关厂停止或限制工作；（11）暴动和骚乱；（12）救助或企图救助海上人命或财产；（13）由于货物的固有缺点、质量或缺陷引起的体积或重量亏损，或任何其他灭失或损坏；（14）包装不充分；（15）标志不清或不当；（16）虽克尽职责亦不能发现的潜在缺点；（17）非由于承运人的实际过失或私谋，或者承运人的代理人，或雇佣人员的过失或疏忽所引起的其他任何原因。本题符合上述第（4）项情形，承运人不承担责任，此为无过失免责。选项 B 错误。

海上货物运输保险基本险别包括平安险、水渍险和一切险。平安险承保自然灾害造成的整批货物的全损，以及意外事故造成的货物全部或部分损失。平安险不承保自然灾害造成的货物部分损失，也就是“单独海损不赔”。水渍险的责任范围除了包括“平安险”的各项责任外，还负责被保险货物由于自然灾害所造成的部分损失，也就是说，水渍险=平安险+单独海损。本题中遭遇了恶劣天气，属于水渍险保险范围。保险公司应该赔偿。选项 C 正确。

依《联合国国际货物销售合同公约》第 66 条的规定，货物在风险转移到买方承担后遗失或损坏，买方支付货款的义务并不因此解除。除非这种损坏或遗失是由于卖方的行为或不行为造成的。CIF 术语风险转移是指货物灭失或损坏的风险在货物交到船上时发生转移。在本题中风险发生在运输途中。此时，货物风险已经转移给买方。买方无权要求减价。选项 D 错误。

4. ［答案］C　　［难度］易

［考点］提单的种类；我国海洋货物运输保险的主要险别；海牙规则

［命题和解题思路］本题考点很大程度上和 2015 年卷一第 41 题相同。命题人考查的重点之一是《海牙规则》下承运人的“航行过失免责条款”。题干中强调“因船方过失”致货轮与他船相撞，一些考生可能遵循“过错责任”原则，认为船方应负责赔偿货方损失。另一考查重点是承运人的责任期间。《海牙规则》规定的承运人责任期间为“从货物装上船起至卸完船为止”，这个期间不能理解为“从其（承运人）接收货物时起至交付货物时止”。

［选项分析］提单按收货人的抬头分为记名提单、不记名提单和指示提单。记名提单是指提单正面载明收货人名称的提单，在这种情况下，承运人只能向该收货人交付货物，记名提单一般不能转让。不记名提单是指提单正面未载明收货人名称的提单，这种提单的转让十分简便，无须背书，只要将提单交给受让人即可。指示提单是指提单正面载明凭指示交付货物的提单，指示提单的转让必须经过背书。我国《海商法》第 79 条规定，记名提单不得转让；指示提单经过记名背书或者空白背书转让；不记名提单无需背书即可转让。本题中提单收货人一栏写明“凭指示”表明该提单为指示提单，指示提单的转让需要背书和交付才能完成，不能单凭交付进行转让，因此，选项 A 错误。

《海牙规则》第 4 条规定，不论承运人或船舶，对由于下列原因引起或造成的灭失或损坏，都不负责：（1）船长、船员、引水员或承运人的雇佣人员，在驾驶船舶或管理船舶中的行为、疏忽或不履行义务；（2）火灾，但由于承运人的实际过失或私谋所引起的除外；（3）海上或其他可航水域的灾难、危险和意外事故；（4）天灾；（5）战争行为；（6）公敌行为；（7）君主、当权者或人民的扣留或管制，或依法扣押；（8）检疫限制；（9）托运人或货主、其代理人或代表的行为或不行为；（10）不论由于任何原因所引起的局部或全面罢工、关厂停止或限制工作；（11）暴动和骚乱；（12）救助或企图救助海上人命或财产；（13）由于货物的固有缺点、质量或缺陷引起的体积或重量亏损，或任何其他灭失或损坏；（14）包装不充分；（15）标志不清或不当；（16）虽克尽职责亦不能发现的潜在缺点；（17）非由于承运人的实际过失或私谋，或者承运人的代理人，或雇佣人员的过失或疏忽所引起的其他任何原因。本题中“因船方过失致货轮与他船相撞，部分仪器受损”，属于上述第（1）项情形，也就是著名的“航行过失免责条款”，属于承运人免责范围，因此承运人无需对仪器受损承担赔偿责任，故选项 B 错误。

海上货物运输保险基本险别包括平安险、水渍险和一切险。平安险承保自然灾害造成的整批货物的全损，以及意外事故造成的货物全部或部分损失。平安险不承保自然灾害造成的货物部分损失，也就是“单独海损不赔”。水渍险的责任范围除了包括“平安险”的各项责任外，还负责被保险货物由于自然灾害所造成的部分损失，也就是说，水渍险=平安险+单独海损。“与他船相撞”属于意外事故，意外事故造成的货物全部或部分损失，无论水渍险还是平安险都负责赔偿，因此，保险人应向货主赔偿部分仪器受损的损失，故选项 C 正确。

选项 D 为重点干扰项。《海牙规则》规定，承运人的货物运输责任期间为从货物装上船起至卸完船为止。实践中一般将其理解为“钩至钩”责任，如果使用岸上吊钩，则责任期间划分以船舷为界，可以表述为“舷到舷”。《汉堡规则》延展了承运人的责任期间，即“货物在装货港、运送途中和卸货港在承运人掌管下的全部期间”，可以表述为“接到交”。因此，选项 D 的表述符合《汉堡规则》规定，不符合《海牙规则》规定，故选项 D 错误。

5. ［答案］CD　　［难度］中

［考点］国际贸易术语 DAP；其他方式的国际货物运输

［命题和解题思路］命题人通过本题具体考查了三个知识点。第一个是国际铁路货物运输的责任制度，考生要掌握承运人和按运单承运货物的各个铁路部门在责任承担上的关系；第二个是铁路运单的法律性质，考生要熟悉铁路运单与海运提单的本质区别；第三个是 DAP 术语下的交货时间。国际铁路货物运输法律制度和 DAP 术语都是相对较少关注的内容，对复习时间不充分的考生而言会有一定难度。

［选项分析］根据《国际铁路货物联运协定》，承运人应依货物运输合同的规定将货物安全地运至目的地。承运人的责任期间为从签发运单时起至终点交付货物时止。在此期间，承运人对货物因全部或部分灭失、毁损或逾期造成的损失负赔偿责任，按运单承运货物的铁路部门应对货物负连带责任。因此，乙公司不是只能向损失发生的区段的承运人索赔，也可以向承担连带责任的承运人索赔，故选项 A 错误，选项 D 正确。

选项 B 是重点干扰项。运单是发货人与铁路之间缔结的运输契约，是铁路承运货物的凭证，也是铁路在终点向收货人核收有关费用和交付货物的依据。但是，运单不具有物权凭证的作用，不能流通。因此，选项 B 错误。

根据《国际贸易术语解释通则》，DAP 术语意为“目的地交货”，是指卖方已经用运输工具把货物运送到买方指定的目的地后，将装在运输工具上的货物（不用卸载）交由买方处置，即完成交货。因此，选项 C 正确。

6. ［答案］D　　［难度］易

［考点］海牙规则；海洋运输货物保险条款

［命题和解题思路］命题人通过设计小案例考查了《海牙规则》和海洋运输货物保险条款。解答本题的关键在于，要明确啤酒花变质的原因是生产环节水分过大造成的，而不是货物运输造成的。把握了这一点，选项 A、B、D 涉及的问题就迎刃而解了。选项 C 涉及提单的分类及其转让方式。指示提单需经背书才能转让。

［选项分析］选项 A 为重点干扰项。《海牙规则》第 4 条规定，托运人或货主、其代理人或代表的行为或不行为引起或造成的灭失或损坏，不论承运人或船舶都不负责。题干交代，啤酒花变质是因为生产过程中水分过大，不是因为运输造成的，这属于托运人或货主的责任，承运人无需担责。因此，选项 A 错误，选项 D 正确。

海运基本险别包括平安险、水渍险和一切险。中国人民保险公司《海洋运输货物保险条款》对海运基本险别的除外责任规定有下列 5 项：（1）被保险人的故意行为或过失所造成的损失；（2）属于发货人责任所引起的损失；（3）在保险责任开始前，被保险货物已存在的品质不良或数量短差所造成的损失；（4）被保险货物的自然损耗、本质缺陷、特性、市场跌落导致的损失以及运输延迟所引起的损失和费用；（5）海洋运输货物战争险条款和货物运输罢工险条款规定的责任范围及其除外责任。啤酒花生产过程中水分过大导致变质，说明是发货人责任所引起的损失，属于一切险的除外责任，保险人不应承担货物变质的赔偿责任，因此，选项 B 错误。

提单按收货人的抬头分为记名提单、不记名提单和指示提单。记名提单是指提单正面载明收货人名称的提单，在这种情况下，承运人只能向该收货人交付货物，记名提单一般不能转让。不记名提单是指提单正面未载明收货人名称的提单，这种提单的转让十分简便，无须背书，只要将提单交给受让人即可。指示提单是指提单正面载明凭指示交付货物的提单，指示提单的转让必须经过背书。我国《海商法》第79条规定，记名提单不得转让；指示提单经过记名背书或者空白背书转让；不记名提单无需背书即可转让。本题中提单收货人一栏写明“凭指示”表明该提单为指示提单，指示提单的转让需要背书和交付才能完成，不能单凭交付进行转让，因此，选项C错误。

7. [答案] AB　　[难度] 中

[考点] 海牙规则；国际海洋货物运输保险条款；关于审理无正本提单交付货物案件适用法律若干问题的规定

[命题和解题思路] 本题考点比较分散，每一考点都需要考生有精准的理解把握才能作出正确选择。选项A需要考生判断出“清田”号过失与他船相碰属于承运人的“航行过失”；选项B需要考生清晰掌握什么情况下货物的部分损失不属于平安险赔偿范围；选项C和D需要考生熟悉《最高人民法院关于审理无正本提单交付货物案件适用法律若干问题的规定》有关内容。

[选项分析]《海牙规则》第4条规定，不论承运人或船舶，对由于船长、船员、引水员或承运人的雇佣人员在驾驶船舶或管理船舶中的行为、疏忽或不履行义务引起或造成的灭失或损坏，都不负责。这一规定称为“航行过失免责条款”，是《海牙规则》倾向于维护船方（承运人）利益的主要体现。本题中“清田”号（承运人）因过失碰撞导致的货物损失，就属于这种情况，承运人可援引《海牙规则》第4条规定免责，因此，选项A正确。

选项B是重点干扰项。海上货物运输保险基本险别包括平安险、水渍险和一切险。平安险属于保险范围最小的险别，其明显特点是“单独海损不赔”，即不承保单纯自然灾害引起的货物的单独海损。由于运输工具遭受搁浅、触礁、沉没、互撞、与流冰或其他物体碰撞以及失火、爆炸等意外事故造成货物的全部或部分损失则属于平安险的保险范围。本题中，碰撞导致第一批货物的部分损失是由意外事故引起的，不属于单纯自然灾害引起的货物的单独海损，因此，属于保险公司赔偿的范围。选项B正确。

《最高人民法院关于审理无正本提单交付货物案件适用法律若干问题的规定》第4条规定：“承运人因无正本提单交付货物承担民事责任的，不适用海商法第五十六条关于限制赔偿责任的规定。”因此，大洋公司应承担第二批货物无正本提单放货的责任，并且不能享受赔偿责任限制。选项C错误。

上述《规定》第6条规定：“承运人因无正本提单交付货物造成正本提单持有人损失的赔偿额，按照货物装船时的价值加运费和保险费计算。”选项D漏掉了“保险费”，因此，选项D错误。

易混淆点解析

平安险和水渍险各自承保的范围及其区别不易掌握，但又是经常考查的内容。概要来讲，平安险承保自然灾害造成的整批货物的全损，以及意外事故造成的货物全部或部分损失。平安险不承保自然灾害造成的货物部分损失，也就是“单独海损不赔”。如果自然灾害造成的货物部分损失也要投保，就可以选择水渍险。水渍险的责任范围除了包括“平安险”的各项责任外，还负责被保险货物由于自然灾害所造成的部分损失，也就是说，水渍险=平安险+单独海损。

8. [答案] ACD　　[难度] 中

[考点]《最高人民法院关于审理无正本提单交付货物案件适用法律若干问题的规定》

[命题和解题思路] 本题命题人意图在两处对考生形成干扰。一处是收货人正常持有包括提单在内的代表货物的单据，却因他人凭借“正本提单”将货物提走，在此情形下承运人是否应当承担民事责任。另一处是对于什么样的提单，承运人可以按照提单托运人的要求返还货物，而不必对其他人承担责任。

[选项分析] 提单是班轮运输中的重要法律文件，是指用以证明海上运输合同和由承运人接管或装载货物，以及承运人保证据以交付货物的单证。提单依收货人的抬头可分为记名提单、不记名提单和指示提单。记名提单正面载明收货人名称，承运人只能向该收货人交付货物。记名提单一般不能转让。不记名提单正面不载明收货人名称，这种提单的转让十分简便，无须背书，只要将提单交给受让人即可。指示提单正面载明凭指示交付货物，这种提单的转让必须经过背书。本

题所说的提单即为指示提单。

本题意在考查考生对《最高人民法院关于审理无正本提单交付货物案件适用法律若干问题的规定》（本题以下简称《规定》）的掌握程度。《规定》表明，承运人因正本提单交货，即可不用对其他人承担交货的责任。比如，承运人签发一式数份正本提单，向最先提交正本提单的人交付货物后，其他持有相同正本提单的人要求承运人承担无正本提单交付货物民事责任的，人民法院不予支持。本题中，如果在甲公司提货前，货物已被同样持有正本提单的某公司提走，则承运人乙公司可免除交货责任。因此，选项 A 正确。

选项 B 是重点干扰项。根据《规定》第 9 条，承运人按照记名提单托运人的要求中止运输、返还货物、变更到达地或者将货物交给其他收货人，持有记名提单的收货人要求承运人承担无正本提单交付货物民事责任的，人民法院不予支持。此处承运人可以免责的情形是“记名提单”，而本题涉及的是“指示提单”。“指示提单”情形下承运人按照提单托运人的要求返还了货物，把货物退还托运人，承运人是不能免除承运人对正本提单持有人的交货责任的。因此，选项 B 错误。

根据该《规定》第 7 条，承运人依照提单载明的卸货港所在地法律规定，必须将承运到港的货物交付给当地海关或者港口当局的，不承担无正本提单交付货物的民事责任。本题中，根据某国法律要求，货物交给了远东港管理当局，这种情形下，承运人乙公司可免除交货责任。因此，选项 C 正确。

根据该《规定》第 8 条，承运到港的货物超过法律规定期限无人向海关申报，被海关提取并依法变卖处理，或者法院依法裁定拍卖承运人留置的货物，承运人主张免除交付货物责任的，人民法院应予支持。因此，选项 D 正确。

9. ［答案］ABD　　［难度］中

［考点］海牙规则；国际海洋货物运输保险条款

［命题和解题思路］命题人的考查要点有两点：一是海洋货物运输保险基本险的种类及其具体的承保范围；二是保险人的责任与承运人的责任。就本题选项而言，“船长驾船过失导致的货物损失”，保险人对“平安险”保单的被保险人或受益人要承担赔偿责任，但承运人则会因“航行过失免责条款”的保护而免责；对于“运输延迟造成的损失”，保险人可能因不属于保险范围而不用承担责任，但通常承运人要承担违约责任。

［选项分析］海洋货物运输保险基本险别包括平安险、水渍险和一切险。平安险的英文意思为“单独海损不赔”，其承保的风险范围包括自然灾害引起的共同海损和意外事件引起的一切损失，但不包括自然灾害引起的单独海损。中国人民财产保险股份有限公司《海洋运输货物保险条款》对于平安险保险范围的具体规定为：（1）货物在运输途中由于恶劣气候、雷电、海啸、地震、洪水自然灾害造成整批货物的全部损失或推定全损。（2）由于运输工具遭受搁浅、触礁、沉没、互撞、与流冰或其他物体碰撞以及失火、爆炸意外事故造成货物的全部或部分损失。（3）在运输工具已经发生搁浅、触礁、沉没、焚毁意外事故的情况下，货物在此前后又在海上遭受恶劣气候、雷电、海啸等自然灾害所造成的部分损失。（4）在装卸或转运时由于一件或数件整件货物落海造成的全部或部分损失。（5）被保险人对遭受承保责任内危险的货物采取抢救、防止或减少货损的措施而支付的合理费用，但以不超过该批被救货物的保险金额为限。（6）运输工具遭遇海难后，在避难港由于卸货所引起的损失以及在中途港、避难港由于卸货、存仓以及运送货物所产生的特别费用。（7）共同海损的牺牲、分摊和救助费用。（8）运输契约订有“船舶互撞责任”条款，根据该条款规定应由货方偿还船方的损失。上述规定与国际海洋运输保险实践基本一致。

本题中，“在装运港装卸时，一包货物落入海中”，属于上述第 4 种情形，因此，选项 A 正确。

选项 B 是重点干扰项。“海运途中，因船长过失触礁造成货物部分损失”，属于上述第 2 种情形，因此，选项 B 正确。

运输延迟不属于平安险的承保范围，保险人不承担赔偿责任，因此，选项 C 错误。

在国际货物海洋运输关系中，《海牙规则》倾向于保护承运人的利益，表现之一就是规定了“航行过失免责条款”。《海牙规则》第 4 条规定，船长、船员、引水员或承运人的雇佣人员，在驾驶船舶或管理船舶中的行为、疏忽或过失所引起的货物灭失或损坏，承运人可以免除赔偿责任。根据《海牙规则》这一规定，船长驾船过失导致的货物损失，承运人可以免责，即“航行过失免责”。因此，选项D正确。

易混淆点分析

“船长驾船过失导致的货物损失”是“航行过失免责条款”指向的典型情形，考生极易和“免责”联系起来。但必须注意，此处的“免责”是《海牙规则》保护承运人的特别规定，所针对的是承运人，而不是“保险人”。另外还需注意，虽然保险条款的表述不尽相同，但是“船长驾船过失导致的货物损失”属于平安险条款所承保的“由于运输工具遭受搁浅、触礁、沉没、互撞、与流冰或其他物体碰撞以及失火、爆炸意外事故造成货物的全部或部分损失”的情形，保险人应当承担赔偿责任。

第三章　信用证

试　题

1. 中国明诚公司和非洲拉尔公司订立了出口一批机电产品的合同。因目的港无直达航线，需要转船运输。合同约定了信用证支付方式。关于拉尔公司申请开立的信用证，下列哪些情形属于“软条款”信用证？（2019年回忆版）

A. 信用证要求保兑

B. 信用证要求提单为已装船提单

C. 信用证规定“开证行须在货物经检验合格后方可支付”

D. 信用证规定“禁止转船”

2. 中国某公司进口了一批皮制品，信用证方式支付，以海运方式运输并投保了一切险。中国收货人持正本提单提货时发现货物已被他人提走。依相关司法解释和国际惯例，下列哪一选项是正确的？（2017-1-42）

A. 承运人应赔偿收货人因其无单放货造成的货物成本加利润损失

B. 因该批货物已投保一切险，故保险人应对货主赔偿无单放货造成的损失

C. 因货物已放予他人，收货人不再需要向卖方支付信用证项下的货款

D. 如交单人提交的单证符合信用证的要求，银行即应付款

3. 中国甲公司与法国乙公司订立了服装进口合同，信用证付款，丙银行保兑。货物由“铂丽”号承运，投保了平安险。甲公司知悉货物途中遇台风全损后，即通知开证行停止付款。依《海牙规则》、UCP600号及相关规则，下列哪一选项是正确的？（2016-1-41）

A. 承运人应承担赔偿甲公司货损的责任

B. 开证行可拒付，因货已全损

C. 保险公司应赔偿甲公司货物的损失

D. 丙银行可因开证行拒付而撤销其保兑

4. 依《最高人民法院关于审理信用证纠纷案件若干问题的规定》，出现下列哪一情况时，不能再通过司法手段干预信用证项下的付款行为？（2015-1-42）

A. 开证行的授权人已对信用证项下票据善意地作出了承兑

B. 受益人交付的货物无价值

C. 受益人和开证申请人串通提交假单据

D. 受益人提交记载内容虚假的单据

5. 中国甲公司与德国乙公司签订了出口红枣的合同，约定品质为二级，信用证方式支付。后因库存二级红枣缺货，甲公司自行改装一级红枣，虽发票注明品质为一级，货价仍以二级计收。但在银行办理结汇时遭拒付。根据相关公约和惯例，下列哪些选项是正确的？（2014-1-80）

A. 甲公司应承担交货不符的责任

B. 银行应在审查货物的真实等级后再决定是否收单付款

C. 银行可以发票与信用证不符为由拒绝收单付款

D. 银行应对单据记载的发货人甲公司的诚信负责

6. 中国甲公司从某国乙公司进口一批货物，委托中国丙银行出具一份不可撤销信用证。乙公司发货后持单据向丙银行指定的丁银行请求付款，银行审单时发现单据上记载内容和信用证不完全一致。乙公司称甲公司接受此不符点，丙银行经与甲公司沟通，证实了该说法，即指示丁银行付款。后甲公司得知乙公司所发货物无价值，遂向有管辖权的中国法院申请中止支付信用证项下的款项。下列说法正确的是：(2013-1-100)

A. 甲公司已接受不符点，丙银行必须承担付款责任

B. 乙公司行为构成信用证欺诈

C. 即使丁银行已付款，法院仍应裁定丙银行中止支付

D. 丙银行发现单证存在不符点，有义务联系甲公司征询是否接受不符点

详 解

1. [答案] CD [难度] 易

[考点] 信用证欺诈及例外原则

[命题和解题思路] 解答本题，考生首先要了解保兑信用证、已装船提单以及信用证欺诈具体情形等知识点。在选项设计上，A、B 的判断相对简单一些。选项 D 貌似合理，但实际形成了对信用证制度下付款的限制，因此，属于“软条款”情形。

[选项分析] 信用证中的“软条款”是指信用证中规定一些限制性条款，或信用证的条款不清，责任不明，使信用证的不可撤销性大大降低，因而对受益人非常不利。这种“软条款”使信用证受益人处于受制于人的地位，信用证项下开证银行的付款承诺是不确定，不可靠的，目的是买方骗得履约金、佣金或质保金之后，不通知装船、不签发检验证书，使卖方公司拿不到装船通知和检验证书，不能发货及向开证行交单索汇。信用证中常见的“软条款”较多，限制性付款条款，比如信用证规定“开证行须在货物经检验合格后方可支付”就属于“软条款”规定；在装运港至目的港无直达船只的情形下，信用证规定禁止转船也属于“软条款”规定。因此，选项 C、D 正确。选项 C 是重点干扰项。

保兑信用证指开证行开出的信用证又经另一家银行保证兑付的信用证。保兑行对信用证进行保兑后，其承担的责任就相当于本身开证，不论开证行发生什么变化、是否承担兑付责任，保兑行都不得片面撤销其保兑。已装船提单是在货物已经由承运人接收并装上船后签发的提单。信用证要求保兑、信用证要求提单为已装船提单都属于允许的或合理正常的做法，不属于“软条款”规定，因此，选项 A、B 错误。

2. [答案] D [难度] 中

[考点] UCP600 号；《最高人民法院关于审理无正本提单交付货物案件适用法律若干问题的规定》；我国海洋货物运输保险的主要险别；《最高人民法院关于审理信用证纠纷案件若干问题的规定》

[命题和解题思路] 本题的难度并不高，命题人设置的干扰点是选项 B。考生可能会错误地认为“一切险”保险一切，或者把特别附加险“交货不着险”与一般附加险“偷窃、提货不着险”混淆，错误地认为“货物已被他人提走”属于“偷窃、提货不着险”，从而认为这种情形属于一切险的赔偿范围。

[选项分析]《最高人民法院关于审理无正本提单交付货物案件适用法律若干问题的规定》第 6 条规定：“承运人因无正本提单交付货物造成正本提单持有人损失的赔偿额，按照货物装船时的价值加运费和保险费计算。”因此，选项 A 错误。

选项 B 为重点干扰项。“货物已被他人提走”属于“特别附加险”中的交货不着险，不属于一切险中“一般附加险”承保险种，因此，保险人对货主因无单放货造成受到的损失不负赔偿责任。故选项 B 错误。

信用证是银行依开证申请人的请求，开给受益人的一种保证，保证在受益人满足信用证要求的条件下开证行承担付款责任的书面凭证。根据国际商会《跟单信用证统一惯例》(UCP600 号）的定义，信用证是指一项不可撤销的安排，该项安排构成开证行对相符交单予以承付的确定承诺。作为一种国际支付方式，信用证是一种银行信用，银行承担第一位的付款责任。尽管货物已放予他人，收货人仍需偿付银行已向卖方支付的信用证项下的货款。因此，选项 C 错误。

根据 UCP600 号第 4 条规定，就其性质而言，

信用证与可能作为其开立基础的销售合同或其他合同是相互独立的交易，即使信用证中含有对此类合同的任何援引，银行也与该合同无关，且不受其约束。因此，银行关于承付、议付或履行信用证项下其他义务的承诺，不受申请人基于与开证行或与受益人之间的关系而产生的任何请求或抗辩的影响。本条表明，信用证与基础合同相互独立，银行履行信用证项下义务的承诺不受基础合同履行情况的影响。第 7 条规定，只要规定的单据提交给指定银行或开证方，并且构成相符交单，则开证行必须承付。《最高人民法院关于审理信用证纠纷案件若干问题的规定》第 5 条也规定："开证行在作出付款、承兑或者履行信用证项下其他义务的承诺后，只要单据与信用证条款、单据与单据之间在表面上相符，开证行应当履行在信用证规定的期限内付款的义务。当事人以开证申请人与受益人之间的基础交易提出抗辩的，人民法院不予支持。具有本规定第八条的情形除外。"也就是说，信用证下银行是否付款只取决于单证、单单是否一致，货物被他人提走不影响银行履行付款义务，因此，选项 D 正确。

易混淆点解析

一切险是在水渍险的责任范围基础上，还负责赔偿被保险货物在运输途中由于外来原因所致的全部或部分损失。所谓外来原因系指"一般附加险"所承保的责任。所以，一切险 = 水渍险 + 一般附加险。一般附加险有 11 种：偷窃、提货不着险；淡水雨淋险；短量险；混杂、玷污险；渗漏险；碰损、破碎险；串味异味险；受潮受热险；钩损险；包装破裂险；锈损险。

一切险和平安险、水渍险是国际海上货物运输保险的主要险别，在主要险别之外，还有"特殊附加险"和"特别附加险"。特殊附加险包括战争险和货物运输罢工险；特别附加险包括交货不着险、进口关税险、舱面险、拒收险、黄曲霉毒素险、出口货物到香港或澳门存仓火险 6 种。考生切记，不要把特别附加险中的"交货不着险"与一般附加险中的"偷窃、提货不着险"混淆。

3. [答案] C [难度] 中

[考点] 海牙规则；UCP600 号；我国海洋货物运输保险的主要险别

[命题和解题思路] 命题人在本题中将几种法律关系混在一起进行考查，考生应当首先厘清各种法律关系。选项 A 主要考查考生对《海牙规则》承运人免责事项是否熟悉，由于台风是一种典型的"天灾"，这一选项难度不大。选项 C 涉及海上货物运输保险，具有一定难度，考查考生对平安险的内容与特点是否掌握。选项 B 和选项 D 涉及信用证交易中的银行付款义务，考查考生对信用证独立性原则的掌握程度，具有一定难度。特别是选项 D，有些考生可能错误认为既然开证行已经拒付，保兑行就不需要再承担保兑义务了。

[选项分析] 根据《海牙规则》第 4 条，不论承运人或船舶，对由于下列原因引起或造成的灭失或损坏，都不负责：(1) 船长、船员、引水员或承运人的雇佣人员，在驾驶船舶或管理船舶中的行为、疏忽或不履行义务；(2) 火灾，但由于承运人的实际过失或私谋所引起的除外；(3) 海上或其他可航水域的灾难、危险和意外事故；(4) 天灾；(5) 战争行为；(6) 公敌行为；(7) 君主、当权者或人民的扣留或管制，或依法扣押；(8) 检疫限制；(9) 托运人或货主、其代理人或代表的行为或不行为；(10) 不论由于任何原因所引起的局部或全面罢工、关厂停止或限制工作；(11) 暴动和骚乱；(12) 救助或企图救助海上人命或财产；(13) 由于货物的固有缺点、质量或缺陷引起的体积或重量亏损，或任何其他灭失或损坏；(14) 包装不充分；(15) 标志不清或不当；(16) 虽克尽职责亦不能发现的潜在缺点；(17) 非由于承运人的实际过失或私谋，或者承运人的代理人，或雇佣人员的过失或疏忽所引起的其他任何原因。本题中货物损失是因为遭遇台风，属于上述第 (4) 项所指的"天灾"，属于承运人免责范围，因此承运人无需承担赔偿甲公司货损的责任，故选项 A 错误。

根据 UCP600 号第 4 条规定，就其性质而言，信用证与可能作为其开立基础的销售合同或其他合同是相互独立的交易，即使信用证中含有对此类合同的任何援引，银行也与该合同无关，且不受其约束。因此，银行关于承付、议付或履行信用证项下其他义务的承诺，不受申请人基于与开证行或与受益人之间的关系而产生的任何请求或抗辩的影响。本条表明，信用证与基础合同相互独立，银行履行信用证项下义务的承诺不受基础合同履行情况的影响。第 7 条规定，只要规定的单据提交给指定银行或开证方，并且构成相符交单，则开证行必须承付。也就是说，信用证下银行是否付款只取决于单证、单单是否一致，货物毁损灭失不影响银行履行付款义务，因此，选项 B 错误。

对于意外事故，平安险既承担货物全损，也承担货物部分损失；对于单纯自然灾害，平安险只承担货物全损，不承担货物部分损失。因此，平安险的英文表述就含有“单独海损不赔”之意。本题中遭遇台风属于自然灾害，但是损失属于全损，因此属于平安险的承保范围，保险公司应赔偿甲公司货物的损失，故选项 C 正确。

选项 D 是重点干扰项。根据 UCP600 号第 8 条规定，自为信用证加具保兑之时起，保兑行即不可撤销地受到兑付或者议付责任的约束。也就是说，如果规定的单据被提交至保兑行或者任何其他被指定银行并构成相符提示，保兑行必须兑付或者议付。保兑行承担与开证行相同的责任，并且保兑行的付款责任完全独立于开证行。丙银行既已保兑，就不可以因开证行拒付而撤销其保兑，因此，选项 D 错误。

4. ［答案］A　　［难度］易

［考点］《最高人民法院关于审理信用证纠纷案件若干问题的规定》

［命题和解题思路］本题考点相对集中，考生应当熟悉信用证欺诈的表现形式。尽管只要单证相符、单单相符，银行就应当履行付款义务，但是对于信用证欺诈，《最高人民法院关于审理信用证纠纷案件若干问题的规定》（本题以下简称《规定》）规定可以通过司法手段干预信用证项下的付款行为。当然，法院的这种“干预”也受一些情形的制约。本题选项所述情形都是《规定》中列明的情形，熟悉《规定》的考生解答此题轻而易举，不熟悉的考生可以依据“信用证欺诈例外”原理加以判断。具有票据法知识基础对于考生分析判断选项 A 也很有帮助。

［选项分析］信用证是一种付款保证。开证行在作出付款、承兑或者履行信用证项下其他义务的承诺后，只要单据与信用证条款、单据与单据之间在表面上相符，开证行应当履行在信用证规定的期限内付款的义务。当事人以开证申请人与受益人之间的基础交易提出抗辩的，人民法院不予支持。但是，利用信用证进行欺诈则属于例外情形，也就是说，人民法院认定存在信用证欺诈的，应当裁定中止支付或者判决终止支付信用证项下款项。《规定》第 8 条规定了属于信用证欺诈的情形，具体包括：（1）受益人伪造单据或者提交记载内容虚假的单据；（2）受益人恶意不交付货物或者交付的货物无价值；（3）受益人和开证申请人或者其他第三方串通提交假单据，而没有真实的基础交易；（4）其他进行信用证欺诈的情形。本题选项 B、C、D 所述的情形就属于上述（1）～（3）项所列信用证欺诈情形，因此，均可以通过司法手段干预信用证项下的付款行为。因此，选项 B、C、D 错误。

选项 A 为重点干扰项。《规定》第 10 条进一步规定，人民法院认定存在信用证欺诈的，应当裁定中止支付或者判决终止支付信用证项下款项，但有下列情形之一的除外：（1）开证行的指定人、授权人已按照开证行的指令善意地进行了付款；（2）开证行或者其指定人、授权人已对信用证项下票据善意地作出了承兑；（3）保兑行善意地履行了付款义务；（4）议付行善意地进行了议付。这属于“例外之例外”，其中第（1）（3）（4）点是因为已经善意履行了付款义务，第（3）点则是因为付款主体承兑以后就要承担票据法上的责任，即尽管银行尚未实际付款，但已经承担了到期对持票人付款的法律义务。开证行的授权人已对信用证项下票据善意地作出了承兑，就是第（3）点所指的情形，有关当事人不能再通过司法手段干预信用证项下的付款行为。因此，选项 A 正确。

5. ［答案］AC　　［难度］易

［考点］《联合国国际货物销售合同公约》；UCP600 号

［命题和解题思路］本题四个选项中，第一项涉及《联合国国际货物销售合同公约》的适用，后三项涉及 UCP600 号的适用。第一个选项考生容易出错，以为提供了更高品质的货物不属于“交

货不符”。对于选项 B、C、D 正误的判断，考生只要牢记信用证项下的交易，银行只有审查单证是否相符的义务，不需要对合同履行的真实状况以及合同当事人的诚信状况等负责。

［选项分析］选项 A 是重点干扰项。中国与德国均为《联合国国际货物销售合同公约》（本题以下简称《公约》）的缔约国，根据题意，甲乙两公司买卖合同相关权利义务应适用《公约》规定。《公约》第 35 条第 1 款规定：“卖方交付的货物必须与合同所规定的数量、质量和规格相符，并须按照合同所规定的方式装箱或包装。”本题中，中国甲公司与德国乙公司签订的出口红枣合同约定红枣品质为二级，但由于二级红枣缺货，甲公司自行改装一级红枣。甲公司违反了《公约》规定，应承担交货不符的责任。因此，选项 A 正确。

甲乙两公司买卖合同货款支付通过信用证办理，根据题意应适用 UCP600 号。UCP600 号第 34 条规定：“银行对任何单据的形式、充分性、准确性、内容真实性，虚假性或法律效力，或对单据中规定或添加的一般或特殊条件，概不负责；银行对任何单据所代表的货物，服务或其他履约行为的描述、数量、重量、品质、状况、包装、交付、价值或其存在与否、或对发货人、承运人、货运代理人、收货人、货物的保险人或其他任何人的诚信与否、作为或不作为、清偿能力、履约或资信状况，也概不负责。”也就是说，银行无义务审查货物的真实等级，也无义务对单据记载的发货人甲公司的诚信负责。因此，选项 B、D 错误。

UCP600 号第 5 条规定：“银行处理的是单据，而不是单据可能涉及的货物、服务或履约行为。”也就是说，信用证交易处理的是单据，处理单据时应遵循单证相符原则，即对相符交单予以承付。当发票与信用证不符时，银行可以拒绝收单付款。因此，选项 C 正确。

6.［答案］B　　［难度］中

［考点］UCP600 号；《最高人民法院关于审理信用证纠纷案件若干问题的规定》

［命题和解题思路］本题主要考查信用证不符点的有关问题。选项设置上有两点应予注意：一是开证申请人接受了不符点，开证行是否必须承担付款责任；二是开证行指定人已付款，开证行是否能够执行中止支付。这些问题在《最高人民法院关于审理信用证纠纷案件若干问题的规定》中均有规定，考生应熟悉掌握该“规定”的内容。

［选项分析］作为一种国际支付方式，信用证是一种银行信用，构成开证行对相符交单予以承付的确定承诺。银行承担第一位的付款责任。开证行在作出付款、承兑或者履行信用证项下其他义务的承诺后，只要单据与信用证条款、单据与单据之间在表面上相符，开证行应当履行在信用证规定的期限内付款的义务。

就本题相关选项而言，《最高人民法院关于审理信用证纠纷案件若干问题的规定》（本题以下简称《规定》）与 UCP600 号内容基本一致。根据《规定》第 7 条，开证行有独立审查单据的权利和义务，有权自行作出单据与信用证条款、单据与单据之间是否在表面上相符的决定，并自行决定接受或者拒绝接受单据与信用证条款、单据与单据之间的不符点。开证行发现信用证项下存在不符点后，可以自行决定是否联系开证申请人接受不符点。开证申请人决定是否接受不符点，并不影响开证行最终决定是否接受不符点。开证行和开证申请人另有约定的除外。开证行向受益人明确表示接受不符点的，应当承担付款责任。开证行拒绝接受不符点时，受益人以开证申请人已接受不符点为由要求开证行承担信用证项下付款责任的，人民法院不予支持。也就是说，在单证不符时，即使开证申请人放弃对单证一致的要求，开证行仍然有权对受益人拒付。因此，“甲公司已接受不符点，丙银行必须承担付款责任”的说法是不成立的，选项 A 错误；丙银行发现单证存在不符点，也没有义务联系甲公司征询是否接受不符点，选项 D 错误。

根据《规定》第 8 条，凡有下列情形之一的，应当认定存在信用证欺诈：（1）受益人伪造单据或者提交记载内容虚假的单据；（2）受益人恶意不交付货物或者交付的货物无价值；（3）受益人和开证申请人或者其他第三方串通提交假单据，而没有真实的基础交易；（4）其他进行信用证欺诈的情形。“乙公司所发货物无价值”属于前述第 2 点情形，构成信用证欺诈，因此，选项 B 正确。

选项 C 是重点干扰项。根据《规定》第 9 条和第 10 条，开证申请人、开证行或者其他利害关系人发现有存在信用证欺诈情形，并认为将会给其造成难以弥补的损害时，可以向有管辖权的人民法院申请中止支付信用证项下的款项。人民法院认定存在信用证欺诈的，应当裁定中止支付或者判决终止支付信用证项下款项，但有下列情形之一的除外：（1）开证行的指定人、授权人已按照开证行的指令善意地进行了付款；（2）开证行或者其指定人、授权人已对信用证项下票据善意地作出了承兑；（3）保兑行善意地履行了付款义务；（4）议付行善意地进行了议付。如果受指定人丁银行已付款，则构成第（1）项所述情形，法院就不应裁定开证行丙银行中止支付。因此，选项 C 错误。

易混淆点解析

信用证是一种付款承诺，但在存在信用证欺诈时，开证申请人、开证行或者其他利害关系人可以向人民法院申请中止支付信用证项下的款项，然而，在一些情况下，人民法院又不能裁定中止支付或者判决终止支付。这些“反转”及其具体情形，考生应熟练掌握。就“人民法院不能裁定中止支付或者判决终止支付”的情形而言，《规定》第 10 条第（1）（3）（4）项是指有关银行已经履行了付款义务，而第（2）项则是基于票据关系独立性原则，判令支付有违票据法。

第四章　对外贸易管理制度

试　题

1. 国内某产业的企业代表向商务部提出反倾销调查申请。经调查，甲乙两家外国企业在该产业市场占有率为 3%，商务部要求该两国企业作出价格承诺。根据中国相关规定，下列哪一说法是正确的？（2023 年回忆版）

A. 如果两企业拒绝作出价格承诺，将承担不利的调查后果

B. 市场占有率超过 2%应当累积评估

C. 反倾销税的纳税人为倾销进口产品的进口经营者

D. 如果两企业违反其作出的价格承诺，将承担不利的调查后果

2. 中国前锋公司向甲国科德公司出口一批精密仪器（出口管制物资），分两批发货，采用 CIP 术语（Incoterms 2020）。第一批交货后，前锋公司发现科德公司在其他交易中出现资金链断裂的情况，遂在通知对方后中止了第二批货物的交付。中国和甲国均为《联合国国际货物销售合同公约》缔约国。对此，下列哪一说法是正确的？（2023 年回忆版）

A. 如科德公司提供充分保证，前锋公司应继续履行第二批货物的交付义务

B. 因双方约定承运人装货后向前锋公司签发已装船提单，故前锋公司应在装运港完成交货

C. 前锋公司已为精密仪器申请了出口许可，科德公司的转卖不受约束

D. 前锋公司在 CIP 术语下应投保平安险

3. 中国奇峰公司向甲国海利公司出售一批货物，双方约定采用 DPU（Incoterms 2020）规范当事人之间的合同。该批货物属于我国《出口管制法》中需要管制的货物。中国和甲国都是《联合国国际货物销售合同公约》的缔约国。根据相关国际法规则，下列哪一说法是正确的？

A. 奇峰公司应当在目的地交货，并有购买保险的义务

B. 奇峰公司应该确保所交付的货物没有第三人的权利

C. 海利公司在收到货物后可以自行转卖给第三人

D. 中国公司须在运输终端交货

4. 甲乙两国企业均向中国出口某化工产品。中国生产同类化工产品的企业认为进口的这一化工产品价格过低，遂向商务部提出反倾销调查申请。商务部终局裁定倾销成立，决定征收反倾销税。中国和甲乙两国均为 WTO 成员国。根据相关国际法规则，下列哪些说法是正确的？（2022 年回忆版）

A. 商务部可就甲乙两国倾销进口产品对国内产业造成的影响分别调查评估

B. 中国进口经营者如对商务部终局裁定不

服，可提起行政诉讼

C. 甲乙两国出口经营者如对反倾销裁定不服，可诉诸 WTO 争端解决机制解决

D. 对甲乙两国不同出口经营者应该征收同一标准的反倾销税税额

5. 中国企业向商务部提起了针对甲乙丙三国补贴政策的反补贴调查申请。根据相关法律规定，下列哪些说法是正确的？（2022 年回忆版）

A. 如申请反补贴调查的中国企业市场份额不超过 25%，不能启动反补贴调查

B. 相关外国企业针对追溯征收反补贴税的行为可以提起诉讼

C. 如人民法院受理了诉讼，应对征收反补贴税的决定的合法性进行审查

D. 因为反补贴涉及甲乙丙三个国家，所以不能累积评估

6. 中国甲公司营业地在上海，与 A 国乙公司签订出口某种与两用物项相关的货物合同，合同约定了 CFR 术语。双方约定货物运输前存放在甲公司位于上海的 B231 仓库，乙公司为该批货物最终用户。根据国际经济法相关规则和中国有关法律规定，下列哪一说法是正确的？（2022 年回忆版）

A. 上海的 B231 仓库为该批货物的交货地点

B. 中国甲公司应为该批货物的出口申请许可

C. 乙公司应为该批货物投保平安险

D. 乙公司收到货物后可向第三方转卖

7. 中国人杨某和甲公司都从事某种商品的出口，该种商品在国外颇受欢迎，销量可观。后该种商品被列入我国出口管制清单。根据我国《对外贸易法》和《出口管制法》相关规定，下列哪些表述是正确的？（2021 年回忆版）

A. 杨某作为个人不能从事对外贸易活动

B. 甲公司只有经有关部门审批方能从事对外贸易活动

C. 该种商品出口应申领出口许可证

D. 外国进口商不能擅自改变该种进口商品的最终用途

8. 中国某产业协会认为甲国出口到中国的某商品构成政府补贴，侵害了中国企业的利益，为此提出反补贴调查申请。商务部终局裁定采取反补贴措施。根据中国相关立法和实践，下列哪些说法是正确的？（2021 年回忆版）

A. 该项政府补贴应具有专向性

B. 甲国出口商对商务部的终局裁定不服，可以提交 WTO 争端解决

C. 甲国出口商对商务部的终局裁定不服，可以申请复议，也可以向人民法院提起诉讼

D. 若甲国出口商提起行政诉讼，对于其提供的在反补贴调查中拒不提供的证据，人民法院不予采纳

9. 甲、乙、丙三国生产卷钢的企业以低于正常价值的价格向中国出口其产品，代表中国同类产业的 8 家企业拟向商务部申请反倾销调查。依我国《反倾销条例》，下列哪一选项是正确的？（2017-1-43）

A. 如支持申请的国内生产者的产量不足国内同类产品总产量 25% 的，不得启动反倾销调查

B. 如甲、乙、丙三国的出口经营者不接受商务部建议的价格承诺，则会妨碍反倾销案件的调查和确定

C. 反倾销税的履行期限是 5 年，不得延长

D. 终裁决定确定的反倾销税高于已付的临时反倾销税的，差额部分应予补交

10. 应国内化工产业的申请，中国商务部对来自甲国的某化工产品进行了反倾销调查。依《反倾销条例》，下列哪一选项是正确的？（2016-1-42）

A. 商务部的调查只能限于中国境内

B. 反倾销税税额不应超过终裁确定的倾销幅度

C. 甲国某化工产品的出口经营者必须接受商务部有关价格承诺的建议

D. 针对甲国某化工产品的反倾销税征收期限为 5 年，不得延长

11. 进口中国的某类化工产品 2015 年占中国的市场份额比 2014 年有较大增加，经查，两年进口总量虽持平，但仍给生产同类产品的中国产业造成了严重损害。依我国相关法律，下列哪一选项是正确的？（2015-1-43）

A. 受损害的中国国内产业可向商务部申请反倾销调查

B. 受损害的中国国内产业可向商务部提出采

取保障措施的书面申请

C. 因为该类化工产品的进口数量并没有绝对增加，故不能采取保障措施

D. 该类化工产品的出口商可通过价格承诺避免保障措施的实施

12. 甲乙丙三国企业均向中国出口某化工产品，2010 年中国生产同类化工产品的企业认为进口的这一化工产品价格过低，向商务部提出了反倾销调查申请。根据相关规则，下列哪一选项是正确的？（2014-1-42）

A. 反倾销税税额不应超过终裁决定确定的倾销幅度

B. 反倾销税的纳税人为倾销进口产品的甲乙丙三国企业

C. 商务部可要求甲乙丙三国企业作出价格承诺，否则不能进口

D. 倾销进口产品来自两个以上国家，即可就倾销进口产品对国内产业造成的影响进行累积评估

13. 根据《中华人民共和国反补贴条例》，下列哪些选项属于补贴？（2014-1-82）

A. 出口国政府出资兴建通向口岸的高速公路

B. 出口国政府给予企业的免税优惠

C. 出口国政府提供的贷款

D. 出口国政府通过向筹资机构付款，转而向企业提供资金

14. 根据《中华人民共和国保障措施条例》，下列哪一说法是不正确的？（2013-1-44）

A. 保障措施中“国内产业受到损害”，是指某种进口产品数量增加，并对生产同类产品或直接竞争产品的国内产业造成严重损害或严重损害威胁

B. 进口产品数量增加指进口数量的绝对增加或与国内生产相比的相对增加

C. 终裁决定确定不采取保障措施的，已征收的临时关税应当予以退还

D. 保障措施只应针对终裁决定作出后进口的产品实施

详　解

1. [答案] C　　[难度] 中

[考点] 反倾销措施

[命题和解题思路]《反倾销条例》是高频考点，在近年的考查中也逐渐细化。考生在掌握重点知识点的基础上，需要对《反倾销条例》细化掌握。比如倾销进口产品来自两个以上国家（地区），可以就倾销进口产品对国内产业造成的影响进行累积评估的条件等。

[选项分析] 根据《反倾销条例》第 32 条第 1 款规定，出口经营者不作出价格承诺或不接受价格承诺建议，不妨碍反倾销案件的调查和确定。选项 A 错误。

根据《反倾销条例》第 9 条规定，倾销进口产品来自两个以上国家（地区），在满足一定的条件下，可以就倾销进口产品对国内产业造成的影响进行累积评估，而不是应当累积评估。选项 B 错误。

根据《反倾销条例》第 40 条规定，反倾销税的纳税人为倾销进口产品的进口经营者。选项 C 正确。

根据《反倾销条例》第 36 条规定，出口经营者违反其价格承诺的，商务部依照本条例的规定，可以立即决定恢复反倾销调查。选项 D 错误。

2. [答案] A　　[难度] 中

[考点]《国际贸易术语解释通则》；《联合国国际货物销售合同公约》；《出口管制法》

[命题和解题思路] 本题虽然是单选题，但是综合考查了多个知识点，包含了国际贸易术语的运用、中止履行义务的适用条件、出口管制的具体内容，知识点分散、具体。要求考生具备综合运用的能力，能够熟练掌握相关知识点，而不是略知一二。

[选项分析] 根据《联合国国际货物销售合同公约》第 71 条第 3 款规定，中止履行的一方当事人无论是在货物发运前还是发运后，都必须通知另一方当事人，如经另一方当事人对履行义务提供充分保证，则中止履行的一方必须继续履行义务。选项 A 正确。

合同采用 CIP 术语，是适用于多种运输方式的术语，故应在装运港完成交货的说法过于绝对。选项 B 错误。

《出口管制法》第 16 条第 1 款规定，管制物项的最终用户应当承诺，未经国家出口管制管理部门允许，不得擅自改变相关管制物项的最终用

途或者向任何第三方转让。本题注明了该批货物为管制物资，科德公司未经允许不得转卖。选项C错误。

根据《2020年通则》CIP术语，卖方取得的保险应符合《伦敦保险协会货物保险条款》（A）条款的保险险别，A条款即类似于我国的“一切险”。选项D错误。

3. ［答案］B ［难度］中

［考点］《国际贸易术语解释通则》；《出口管制法》

［命题和解题思路］本题详细考查了术语DPU的选择适用，综合考查了《出口管制法》的相关规定。DPU术语作为《国际贸易术语解释通则（2020）》的修改术语，也是考生需要比较了解的术语。

［选项分析］DPU术语意为“目的地卸货后交货（指定目的地）”，奇峰公司应当在目的地交货。但是卖方承担交货完成前货物灭失或损坏的一切风险，卖方没有购买保险的义务，而是为了自己的利益办理保险。选项A错误。

按照《联合国国际货物销售合同公约》，卖方有权利担保的义务。选项B正确。

《出口管制法》第16条第1款规定，管制物项的最终用户应当承诺，未经国家出口管制管理部门允许，不得擅自改变相关管制物项的最终用途或者向任何第三方转让。本题注明了该批货物为需要管制的货物，故不可以自行转卖给第三人。选项C错误。

《国际贸易术语解释通则（2020）》规定下，DPU的交货地点仍旧是目的地，但是不再限于“运输终端”，目的地可以是买方指定的任何地方。确保能够卸货的地点即可。D选项错误。

4. ［答案］AB ［难度］易

［考点］《反倾销条例》

［命题和解题思路］本题考查《反倾销条例》的相关规定，对该条例熟悉即可解答正确。A选项是命题的主要迷惑选项，需要考生对反倾销的性质有比较清楚的认识。

［选项分析］商务部可以就甲乙两国倾销进口产品对国内产业造成的影响分别调查评估，满足一定条件下可累计评估。A选项正确。

《反倾销条例》第53条规定，对依照本条例第25条作出的终裁决定不服的，对依照本条例第四章作出的是否征收反倾销税的决定以及追溯征收、退税、对新出口经营者征税的决定不服的，或者对依照本条例第五章作出的复审决定不服的，可以依法申请行政复议，也可以依法向人民法院提起诉讼。B选项正确。

WTO争端解决机制是处理WTO成员之间的贸易争端的。国内企业并非WTO成员，无权启动WTO争端解决程序。C选项错误。

《反倾销条例》第40条规定，反倾销税的纳税人为倾销进口产品的进口经营者。D选项错误。

5. ［答案］BC ［难度］中

［考点］《反补贴条例》

［命题和解题思路］该题考查了《反补贴条例》，因考查较为细致，具备一定的难度。本题C选项会给部分考生带来“合法性”还是“必要性”选择上的模糊。考生需要掌握相关规定才能顺利解答本题。

［选项分析］《反补贴条例》第17条规定，在表示支持申请或者反对申请的国内产业中，支持者的产量占支持者和反对者的总产量的50%以上的，应当认定申请是由国内产业或者代表国内产业提出，可以启动反补贴调查；但是，表示支持申请的国内生产者的产量不足国内同类产品总产量的25%的，不得启动反补贴调查。是产量而不是市场份额。A选项错误。

《反补贴条例》第52条规定，对依照本条例第26条作出的终裁决定不服的，对依照本条例第四章作出的是否征收反补贴税的决定以及追溯征收的决定不服的，或者对依照本条例第五章作出的复审决定不服的，可以依法申请行政复议，也可以依法向人民法院提起诉讼。B选项正确。

《最高人民法院关于审理反补贴行政案件应用法律若干问题的规定》第6条规定，人民法院依照行政诉讼法及其他有关反补贴的法律、行政法规，参照国务院部门规章，对被诉反补贴行政行为的事实问题和法律问题，进行合法性审查。C选项正确。

《反补贴条例》第9条第1款规定，补贴进口产品来自两个以上国家（地区），并且同时满足下列条件的，可以就补贴进口产品对国内产业造成的影响进行累积评估：（1）来自每一国家（地区）的补贴进口产品的补贴金额不属于微量补贴，并且其进口量不属于可忽略不计的；（2）根据补贴进口产品之间的竞争条件以及补贴进口产品与国内同类产品之间的竞争条件，进行累积评估是适当的。D 选项错误。

6. ［答案］B　　［难度］中

［考点］CFR 贸易术语；《出口管制法》

［命题和解题思路］本题综合考查贸易术语的运用和《出口管制法》。需要考生能够正确分辨“两用物项”所指向的考点是《出口管制法》，并对该法有一定的了解，这样才能解答出正确选项。

［选项分析］CFR 术语是成本加运费的价格构成，是适用于海运或内河水运的术语，卖方应将货物装上船，或者取得已如此交付的货物完成交货。A 选项错误。

《出口管制法》第 12 条规定，国家对管制物项的出口实行许可制度。出口管制清单所列管制物项或者临时管制物项，出口经营者应当向国家出口管制管理部门申请许可。而《出口管制法》第 2 条规定，国家对两用物项、军品、核以及其他与维护国家安全和利益、履行防扩散等国际义务相关的货物、技术、服务等物项（以下统称管制物项）的出口管制，适用本法。因而题中所说的两用物项，中国甲公司应为该批货物的出口申请许可。B 选项正确。

CFR 术语是成本加运费的价格构成，卖方需支付将货物运至指定目的港所需的运费，买方自行购买保险，但不是义务，不是“应当”。C 选项错误。

《出口管制法》第 16 条规定，管制物项的最终用户应当承诺，未经国家出口管制管理部门允许，不得擅自改变相关管制物项的最终用途或者向任何第三方转让。D 选项错误。

7. ［答案］CD　　［难度］中

［考点］《对外贸易法》；《出口管制法》

［命题和解题思路］本题考查了对外贸易经营者的资格、出口管制措施等知识点。为了避免考生在之后的涉外业务中，涉外知识体系依赖旧有内容的惯性思维，历年考试都对新增法条予以相当的重视，本题对《出口管制法》的考查也体现了这个特点。

［选项分析］外贸经营者是指依法办理工商登记或者其他执业手续，依照对外贸易法或其他有关法律、行政法规的规定从事对外贸易经营活动的法人、其他组织或者个人。外贸经营者包括自然人。选项 A 错误。

外贸经营权的获得实行登记制，法律、行政法规或者国务院对外贸易主管部门规定不需要登记的除外。选项 B 表述为审批制，错误。

根据《出口管制法》第 12 条，国家对管制物项的出口实行许可制度。出口管制清单所列管制物项或者临时管制物项，出口经营者应当向国家出口管制管理部门申请许可。选项 C 正确。

根据《出口管制法》第 16 条，管制物项的最终用户应当承诺，未经国家出口管制管理部门允许，不得擅自改变相关管制物项的最终用途或者向任何第三方转让。选项 D 正确。

8. ［答案］ACD　　［难度］中

［考点］《反补贴条例》

［命题和解题思路］本题考查《反补贴条例》以及《最高人民法院关于审理反补贴行政案件应用法律若干问题的规定》的相关规定，该司法解释是很多考生没有关注到的，因此 B 选项迷惑性较大。

［选项分析］根据《反补贴条例》第 4 条，依照本条例进行调查、采取反补贴措施的补贴，必须具有专向性。因此选项 A 正确。

根据《反补贴条例》第 52 条，对终裁决定不服的，对是否征收反补贴税的决定以及追溯征收的决定不服的，或者对复审决定不服的，可以依法申请行政复议，也可以依法向人民法院提起诉讼。因此选项 B 错误，选项 C 正确。

根据《最高人民法院关于审理反补贴行政案件应用法律若干问题的规定》第 8 条规定，原告对其主张的事实有责任提供证据。经人民法院依照法定程序审查，原告提供的证据具有关联性、合法性和真实性的，可以作为定案的根据。被告在反补贴行政调查程序中依照法定程序要求原告提供证据，原告无正当理由拒不提供、不如实提供或者以其他方式严重妨碍调查，而在诉讼程序中提供的证据，人民法院不予采纳。选项 D 正确。

9. [答案] A　　[难度] 中

[考点] 反倾销调查；反倾销措施；反倾销措施的期限和审查

[命题和解题思路] 本题考查《反倾销条例》的具体内容。选项 A、B、C 的正误相对比较清楚。选项 D 具有一定的迷惑性。终裁决定确定的反倾销税高于已付的临时反倾销税的，《反倾销条例》采取"多退少不补"做法，不要求补交差额部分。有些考生觉得补交"理所当然"，就会掉进命题人设置的"陷阱"。

[选项分析]《反倾销条例》第 17 条规定，在表示支持申请或者反对申请的国内产业中，支持者的产量占支持者和反对者的总产量的 50% 以上的，应当认定申请是由国内产业或者代表国内产业提出，可以启动反倾销调查；但是，表示支持申请的国内生产者的产量不足国内同类产品总产量的 25% 的，不得启动反倾销调查。因此，选项 A 正确。

《反倾销条例》第 31 ~ 33 条规定，倾销进口产品的出口经营者在反倾销调查期间，可以向商务部作出改变价格或者停止以倾销价格出口的价格承诺，商务部不接受价格承诺的，应当向有关出口经营者说明理由。商务部也可以向出口经营者提出价格承诺的建议，但是，商务部不得强迫出口经营者作出价格承诺。出口经营者不作出价格承诺或者不接受价格承诺的建议的，不妨碍对反倾销案件的调查和确定，但是，出口经营者继续倾销进口产品的，商务部有权确定损害威胁更有可能出现。因此，选项 B 错误。

《反倾销条例》第 48 条规定，反倾销税的征收期限和价格承诺的履行期限不超过 5 年；但是，经复审确定终止征收反倾销税有可能导致倾销和损害的继续或者再度发生的，反倾销税的征收期限可以适当延长。因此，选项 C 错误。

选项 D 为重点干扰项。《反倾销条例》第 43 条第 3 款规定，终裁决定确定的反倾销税，高于已付或者应付的临时反倾销税或者为担保目的而估计的金额的，差额部分不予收取；低于已付或者应付的临时反倾销税或者为担保目的而估计的金额的，差额部分应当根据具体情况予以退还或者重新计算税额。因此，选项 D 错误。

易混淆点解析

对于终裁决定确定的反倾销税，《反倾销条例》采用的是"多退少不补"做法。之所以采取这种做法，是因为一般在初裁之后，有关出口商和进口商就会在初裁的基础上进行，反倾销的目的是维护正常的贸易秩序，本质上并不是为了"惩罚"或"赶走"出口商，因此政府会采取比较"克制"或"谦抑"的态度，在终裁决定确定的反倾销税高于已付或者应付的临时反倾销税或者为担保目的而估计的金额时，不再收取差额部分。

10. [答案] B　　[难度] 中

[考点] 反倾销调查；反倾销措施；反倾销措施的期限和审查

[命题和解题思路] 本题涉及《反倾销条例》的有关内容，考点较细。命题人通过选项 A 考查了一个考生容易忽略、但又容易引起误解的反倾销调查程序性事项。有些考生认为倾销发生在国内，商务部的调查又属于政府行为，调查就只能限于中国境内，从而对选项 A 发生误判。另外，对于倾销产品的出口经营者是否必须采取商务部价格承诺的建议、5 年的反倾销税征收期限能否延长，考生也容易发生误判。

[选项分析] 选项 A 是重点干扰项。倾销是指在正常贸易过程中进口产品以低于其正常价值的出口价格进入我国市场。对倾销的调查和确定，由商务部负责。《反倾销条例》第 4 条规定："进口产品的正常价值，应当区别不同情况，按照下列方法确定：（一）进口产品的同类产品，在出口国（地区）国内市场的正常贸易过程中有可比价格的，以该可比价格为正常价值；（二）进口产品的同类产品，在出口国（地区）国内市场的正常贸易过程中没有销售的，或者该同类产品的价格、数量不能据以进行公平比较的，以该同类产品出口到一个适当第三国（地区）的可比价格或者以该同类产品在原产国（地区）的生产成本加合理费用、利润，为正常价值。进口产品不直接来自原产国（地区）的，按照前款第一项规定确定正常价值；但是，在产品仅通过出口国（地区）转运、产品在出口国（地区）无生产或者在出口国（地区）中不存在可比价格等情形下，可以以该同

类产品在原产国（地区）的价格为正常价值。”因此，对于正常价值的调查，可能需要赴外进行。《反倾销条例》第 20 条第 3 款明确规定：“商务部认为必要时，可以派出工作人员赴有关国家（地区）进行调查；但是，有关国家（地区）提出异议的除外。”因此，“商务部的调查只能限于中国境内”的说法不成立，选项 A 错误。

反倾销税是进口国海关对外国的倾销货物，在征收关税的同时附加征收的一种特别关税，倾销停止时，应立即取消征收，其目的在于抵消他国产品价格的不公平性，保护国内产业。因此，《反倾销条例》第 42 条规定，反倾销税税额不超过终裁决定确定的倾销幅度。选项 B 正确。

《反倾销条例》第 31 条规定，倾销进口产品的出口经营者在反倾销调查期间，可以向商务部作出改变价格或者停止以倾销价格出口的价格承诺，商务部也可以向出口经营者提出价格承诺的建议，但是，商务部不得强迫出口经营者作出价格承诺。因此，选项 C 错误。

《反倾销条例》第 48 条规定，反倾销税的征收期限和价格承诺的履行期限不超过 5 年；但是，经复审确定终止征收反倾销税有可能导致倾销和损害的继续或者再度发生的，反倾销税的征收期限可以适当延长。因此，选项 D 错误。

11. ［答案］B　　［难度］中

［考点］反倾销措施；保障措施

［命题和解题思路］命题人通过本题考查考生对反倾销措施和保障措施这两种贸易救济措施的掌握程度。由于题干未提及价格问题，所以考生应当可以轻松对选项 A 作出判断。对于能否采取保障措施，“两年进口总量虽持平”的表述可能对考生造成干扰，认为采取保障措施的前提条件“进口产品数量增加”不具备，从而对选项 C 作出错误判断。对此，考生要知晓，进口产品数量增加既包括进口产品数量“绝对增加”的情形，也包括与国内生产相比出现的“相对增加”的情形。

［选项分析］《反倾销条例》第 2 条规定：“进口产品以倾销方式进入中华人民共和国市场，并对已经建立的国内产业造成实质损害或者产生实质损害威胁，或者对建立国内产业造成实质阻碍的，依照本条例的规定进行调查，采取反倾销措施。”第 3 条第 1 款规定：“倾销，是指在正常贸易过程中进口产品以低于其正常价值的出口价格进入中华人民共和国市场。”本题题干未表明该类化工产品是“以低于其正常价值的出口价格”，即以“倾销”方式进入我国市场，另外，给生产同类产品的中国产业造成的是“严重损害”而不是“实质损害”，因此，受损害的中国国内产业向商务部反倾销调查的依据不充分，故选项 A 错误。

本题题干所描述的进口产品数量增加并对国内产业造成严重损害是保障措施适用的条件。《保障措施条例》第 2 条规定：“进口产品数量增加，并对生产同类产品或者直接竞争产品的国内产业造成严重损害或者严重损害威胁的，依照本条例的规定进行调查，采取保障措施。”第 3 条第 1 款规定：“与国内产业有关的自然人、法人或者其他组织，可以依照本条例的规定，向商务部提出采取保障措施的书面申请。”因此，选项 B 正确。

选项 C 为重点干扰项。根据《保障措施条例》第 7 条，进口产品数量增加，既可以是进口产品数量的绝对增加，也可以是与国内生产相比的相对增加。因此，尽管进口中国的该类化工产品 2015 年和 2014 年两年进口总量持平，并没有绝对增加，但是该类化工产品 2015 年占中国的市场份额比 2014 年有较大增加，属于“相对增加”情形，可以采取保障措施，故选项 C 错误。

保障措施与反倾销措施、反补贴措施的一个明显区别是，后两者涉及不公平价格问题，因此包含采取价格承诺的方式，而前者不涉及价格问题，因此不存在“价格承诺”一说。《保障措施条例》第 19 条第 2 款规定：“保障措施可以采取提高关税、数量限制等形式。”该条款也未提及采取价格承诺方式。因此，该类化工产品的出口商不能通过价格承诺避免保障措施的实施。选项 D 错误。

易混淆点解析

保障措施与反倾销措施、反补贴措施各自的功用及区别是经常考查的内容。总体而言，考生应把握以下几点主要不同：

（1）保障措施不涉及不公平贸易问题；“两反”措施针对的是不公平贸易问题。

（2）保障措施不涉及产品价格问题，也不存在“价格承诺”做法；“两反”措施要消除进口产品的不公平价格优势，可采取的措施包括出口方的“价格承诺”。

（3）要求的损害程度不同。采取保障措施要求“对生产同类产品或者直接竞争产品的国内产业造成严重损害或者严重损害威胁”；采取“两反”措施则要求“对已经建立的国内产业造成实质损害或者产生实质损害威胁，或者对建立国内产业造成实质阻碍”。

12. [答案] A　　[难度] 易

[考点] 反倾销措施

[命题和解题思路] 本题相对比较容易，因为比较容易判断出选项 A 是正确的。选项 C 的错误也容易判断。选项 C 和选项 D 可能会给一些考生造成困扰。反倾销制度下，是否作出价格承诺或接受价格承诺建议由倾销进口产品的出口经营者自主决定。当然，如果出口经营者不作出价格承诺或者不接受价格承诺建议，继续倾销进口产品的，商务部有权确定损害威胁更有可能出现。就累积评估而言，并不是倾销进口产品来自两个以上国家（地区），就可以就倾销进口产品对国内产业造成的影响进行累积评估，而是还要满足其他一些条件。

[选项分析] 本题考查的内容是我国的反倾销法律制度。倾销是指在正常贸易过程中进口产品以低于其正常价值的出口价格进入我国市场。进口产品以倾销方式进入我国，并对已经建立的国内产业造成实质损害或者产生实质损害威胁，或者对建立国内产业造成实质阻碍的，商务部可依规定进行调查，采取反倾销措施。《反倾销条例》第 42 条规定，反倾销税税额不超过终裁决定确定的倾销幅度。因此，选项 A 正确。《反倾销条例》第 40 条规定，反倾销税的纳税人为倾销进口产品的进口经营者。本题中甲乙丙三国企业为出口经营者，因此，选项 B 错误。

根据《反倾销条例》，倾销进口产品的出口经营者在反倾销调查期间，可以向商务部作出改变价格或者停止以倾销价格出口的价格承诺。商务部也可以向出口经营者提出价格承诺的建议，但不得强迫出口经营者作出价格承诺。商务部认为出口经营者作出的价格承诺能够接受并符合公共利益的，可以决定中止或者终止反倾销调查，不采取临时反倾销措施或者征收反倾销税。出口经营者不作出价格承诺或者不接受价格承诺的建议的，不妨碍对反倾销案件的调查和确定。选项 C 关于“商务部可要求甲乙丙三国企业作出价格承诺，否则不能进口”的说法不能成立，因此，选项 C 错误。

选项 D 为重点干扰项。《反倾销条例》第 9 条规定，倾销进口产品来自两个以上国家（地区），并且同时满足下列条件的，可以就倾销进口产品对国内产业造成的影响进行累积评估：（1）来自每一国家（地区）的倾销进口产品的倾销幅度不小于 2%，并且其进口量不属于可忽略不计的；（2）根据倾销进口产品之间以及倾销进口产品与国内同类产品之间的竞争条件，进行累积评估是适当的。进口量可忽略不计，是指来自一个国家（地区）的倾销进口产品的数量占同类产品总进口量的比例低于 3%，但是，低于 3% 的若干国家（地区）的总进口量超过同类产品总进口量 7% 的除外。选项 D 没有考虑前述关于倾销幅度和进口量的限定因素，简单化认为倾销进口产品只要来自两个以上国家，即可进行产业影响的累积评估。因此，选项 D 错误。

13. [答案] BCD　　[难度] 中

[考点]《反补贴条例》

[命题和解题思路] 本题考查哪些情形属于“补贴”，而没有考查何种情形属于《反补贴条例》所要反对的补贴，即《反补贴条例》第 4 条所指的“专向性补贴”。这是考生首先要区分清楚的问题。否则，考生很容易以为税收优惠司空见惯，一定不属于应予反对的补贴。这是命题人设置的干扰点。

[选项分析]《反补贴条例》第 3 条规定，补贴，是指出口国（地区）政府或者其任何公共机构提供的并为接受者带来利益的财政资助以及任何形式的收入或者价格支持。该条同时列明了构成“补贴”的“财政资助”的情形，具体包括：（1）出口国（地区）政府以拨款、贷款、资本注入等形式直接提供资金，或者以贷款担保等形式潜在地直接转让资金或者债务；（2）出口国（地区）政府放弃或者不收缴应收收入；（3）出口国（地区）政府提供除一般基础设施以外的货物、服

务，或者由出口国（地区）政府购买货物；（4）出口国（地区）政府通过向筹资机构付款，或者委托、指令私营机构履行上述职能。

选项 A“出口国政府出资兴建通向口岸的高速公路”属于上述第 3 项提及的除外情形“提供一般基础设施”，不应算作补贴，因此，选项 A 错误。

选项 B“出口国政府给予企业的免税优惠”属于上述第 2 项情形，应算作补贴，因此，选项 B 正确。

选项 C“出口国政府提供的贷款”属于上述第 1 项情形，应算作补贴，因此，选项 C 正确。

选项 D“出口国政府通过向筹资机构付款，转而向企业提供资金”属于上述第 4 项情形，应算作补贴，因此，选项 D 也正确。

14. [答案] D　　[难度] 易

[考点] 采取保障措施的基本条件；进口产品数量增加；保障措施的实施

[命题和解题思路] 本题考查考生对《保障措施条例》的熟悉程度，也考查考生对国际贸易救济制度中保障措施制度的熟悉程度。本题命题人设置的“难点”有两处：一是保障措施制度中的损害程度是“严重损害或严重损害威胁”，不同于反倾销和反补贴制度中的“实质损害或实质损害威胁”，前者的损害程度要高于后者，考生要注意两者区别；二是针对紧急情况成员方可以采取“临时保障措施”，而不必等待终裁决定的作出。

[选项分析] 保障措施是指进口产品数量增加，并对生产同类产品或者直接竞争产品的国内产业造成严重损害或者严重损害威胁，进口成员可以在适当的时间和程度内对此产品全部或部分地暂停实施其所承担的义务，或者撤销或修改减让，以消除或者减轻这种损害或者损害的威胁。《保障措施条例》第 2 条对“国内产业受到损害”作了相同的规定。因此，选项 A 正确，不当选。

《保障措施条例》第 7 条规定，进口产品数量增加是指进口产品数量的绝对增加或者与国内生产相比的相对增加。因此，选项 B 正确，不当选。

《保障措施条例》第 25 条规定，终裁决定确定不采取保障措施的，已征收的临时关税应当予以退还。因此，选项 C 正确，不当选。

选项 D 是重点干扰项。《保障措施条例》第 16 条规定，有明确证据表明进口产品数量增加，在不采取临时保障措施将对国内产业造成难以补救的损害的紧急情况下，可以作出初裁决定，并采取临时保障措施。临时保障措施采取提高关税的形式。因此，在“终裁决定”作出前，就有可能对相关产品采取临时保障措施。因此，选项 D 错误，当选。

第五章　世界贸易组织

试　题

1. 甲、乙、丙三国均为 WTO 成员国，甲国给予乙国进口丝束的配额，但没有给予丙国配额，而甲国又是国际上为数不多消费丝束产品的国家。为此，丙国诉诸 WTO 争端解决机制。依相关规则，下列哪些选项是正确的？（2017-1-80）

A. 丙国生产丝束的企业可以甲国违反最惠国待遇为由起诉甲国

B. 甲、丙两国在成立专家组之前必须经过“充分性”的磋商

C. 除非争端解决机构一致不通过相关争端解决报告，该报告即可通过

D. 如甲国败诉且拒不执行裁决，丙国可向争端解决机构申请授权对甲国采取报复措施

2. 为了促进本国汽车产业，甲国出台规定，如生产的汽车使用了 30%国产零部件，即可享受税收减免的优惠。依世界贸易组织的相关规则，关于该规定，下列哪一选项是正确的？（2015-1-44）

A. 违反了国民待遇原则，属于禁止使用的与贸易有关的投资措施

B. 因含有国内销售的要求，是扭曲贸易的措施

C. 有贸易平衡的要求，属于禁止的数量限制措施

D. 有外汇平衡的要求，属于禁止的投资措施

3. 甲、乙、丙三国均为世界贸易组织成员，

甲国对进口的某类药品征收8%的国内税，而同类国产药品的国内税为6%。针对甲国的规定，乙、丙两国向世界贸易组织提出申诉，经裁决甲国败诉，但其拒不执行。依世界贸易组织的相关规则，下列哪些选项是正确的？（2015-1-80）

A. 甲国的行为违反了国民待遇原则

B. 乙、丙两国可向上诉机构申请强制执行

C. 乙、丙两国经授权可以对甲国采取中止减让的报复措施

D. 乙、丙两国的报复措施只限于在同种产品上使用

4. 甲乙丙三国为世界贸易组织成员，丁国不是该组织成员。关于甲国对进口立式空调和中央空调的进口关税问题，根据《关税与贸易总协定》，下列违反最惠国待遇的做法是：（2014-1-100）

A. 甲国给予来自乙国的立式空调和丙国的中央空调以不同的关税

B. 甲国给予来自乙国和丁国的立式空调以不同的进口关税

C. 因实施反倾销措施，导致从乙国进口的立式空调的关税高于从丙国进口的

D. 甲国给予来自乙丙两国的立式空调以不同的关税

5. 根据世界贸易组织《服务贸易总协定》，下列哪一选项是正确的？（2013-1-42）

A. 协定适用于成员方的政府服务采购

B. 中国公民接受国外某银行在中国分支机构的服务属于协定中的境外消费

C. 协定中的最惠国待遇只适用于服务产品而不适用于服务提供者

D. 协定中的国民待遇义务，仅限于列入承诺表的部门

6. 关于世界贸易组织争端解决机制的表述，下列哪一选项是不正确的？（2013-1-43）

A. 磋商是争端双方解决争议的必经程序

B. 上诉机构为世界贸易组织争端解决机制中的常设机构

C. 如败诉方不遵守争端解决机构的裁决，申诉方可自行采取中止减让或中止其他义务的措施

D. 申诉方在实施报复时，中止减让或中止其他义务的程度和范围应与其所受到损害相等

详　解

1. ［答案］CD　　［难度］中

［考点］最惠国待遇；WTO争端解决程序；通过争端解决报告的方式

［命题和解题思路］命题人精心设计了本题，在题目中设置了多个陷阱。本题选项A、B具有高度“迷惑性”。在考生可能把注意力集中在“最惠国待遇”问题上时，命题人“偷梁换柱”，把争端主体由“乙国”换为“丙国生产丝束的企业”，致使许多考生失误。因为诉诸WTO争端解决机制的主体是WTO成员方，企业和个人不能作为主体提起诉讼。关于磋商的“充分性”，DSU和WTO判例都不承认所谓的磋商的“充分性”的概念，也就是说，在磋商过程中双方就起诉依据作出的解释与辩驳充分与否，不影响起诉方请求设立专家小组。

［选项分析］WTO争端解决机制受理的是国家与国家之间的争端。甲国给予乙国进口丝束的配额，但没有给予丙国配额，丙国可以诉诸WTO争端解决机制，但是，丙国生产丝束的企业不能以甲国违反最惠国待遇为由起诉甲国。因此，选项A错误。

选项B是重点干扰项。磋商是申请设立专家组的前提条件。但磋商事项以及磋商的充分性，与设立专家组的申请及专家组将作出的裁定没有关系。磋商仅仅是一种程序性要求。但很多争端通过磋商程序得以解决，磋商是争端解决程序的重要组成部分。因此，甲、丙两国在成立专家组之前的磋商没有“充分性”要求。故选项B错误。

争端解决机构通过专家组、上诉机构的解决争端报告，构成世界贸易组织争端解决机构的裁决和建议。除非争端解决机构一致不同意通过相关争端解决报告，该报告即得以通过。该通过方式实际上是一种准自动通过方式，因为至少胜诉方会同意通过，因此实际上也是一种一票通过制。因此，选项C正确。

根据DSU，如败诉方不遵守争端解决机构的裁决，经申诉方请求，争端双方应就双方均可接受的补偿进行谈判。如未能达成令人满意的补偿，原申诉方可以向争端解决机构申请授权报复，对

被诉方中止减让或中止其他义务的措施。因此，如甲国败诉且拒不执行裁决，丙国可向争端解决机构申请授权对甲国采取报复措施。故选项 D 正确。

难点解析

关于磋商的“充分性”，考生容易发生误判。DSU 第 4.6 条规定，磋商应当保密，并不得损害任何一方在任何进一步程序中的权利。因此，磋商严格限定在当事方之间，磋商的过程既没有 DSB、专家组参与以及秘书处的介入，也没有任何正式的官方记录，磋商的内容也不向 WTO 成员披露。因此，无法评价磋商如何进行以及是否已发挥了作用，从而 **WTO 的法理与实践并没有形成“磋商的充分性”这一概念**，专家组也仅仅只能查明磋商是否确实举行过。

2. [答案] A　　[难度] 中

[考点]《与贸易有关的投资措施协议》

[命题和解题思路]《与贸易有关的投资措施协议》本身规定了国民待遇原则和普遍取消数量限制原则，又通过附件形式确定了属于违反这两项原则而应予禁止的 5 种具体措施，包括当地成分要求、国内销售要求、贸易平衡要求、外汇平衡要求等。本题没有一一考查这些措施，选项的设计是要求考生判断“使用 30% 国产零部件”的规定属于哪种性质的措施。

[选项分析] 世界贸易组织《与贸易有关的投资措施协议》第 2 条规定，成员方不得实施与 GATT 第 3 条国民待遇或第 11 条普遍取消数量限制义务不符的投资措施。**该规定旨在禁止成员方使用对贸易构成扭曲或者限制的投资措施**。为此，各成员专门就禁止的投资措施制定了一份“解释性清单”，列明了被禁止的 5 种投资措施。本题选项即与这些影响贸易的投资措施有关。

选项 A 为重点干扰项。选项 A 涉及“当地成分要求”。“当地成分要求”也称“国产化要求”，即要求企业，无论是本国投资企业，还是外商投资企业，在生产过程中必须购买或使用一定数量金额或最低比例的当地产品。规定购买与使用当地产品的数量或价值的比重等，比如本题提及的鼓励汽车生产使用 30% 以上的国产零部件，就可能会导致阻止或限制进口产品的使用，违反国民待遇原则，并对贸易产生扭曲作用，因此属于《与贸易有关的投资措施协议》禁止采取的投资措施。故选项 A 正确。

本题题干没有提及国内销售要求、贸易平衡要求、外汇平衡要求等问题，因此，选项 B、C、D 均错误。但是需要注意的是，**如果题干所述情形构成这些“要求”，也是《与贸易有关的投资措施协议》禁止采取的投资措施**。“国内销售要求”也称“出口限制”，即限制企业出口产品或为出口而销售产品，这种要求会限制企业产品出口的数量，对贸易造成扭曲或限制，违反“普遍取消数量限制”原则。“贸易平衡要求”，即限制企业购买或使用进口产品的数量，并把这一数量与该企业出口当地产品的数量或价值相联系，违反国民待遇原则；或者对企业进口用于当地生产或与当地生产相关的产品，一般地或在数量上根据该企业出口它在当地生产的产品的数量或价值加以限制，违反“普遍取消数量限制”原则。“外汇平衡要求”，也称“进口用汇限制”，即把企业可使用的外汇限制在与该企业外汇收入相关的水平，从而限制该企业对用于当地生产或与当地生产相关的产品的进口，违反“普遍取消数量限制”原则。

易混淆点解析

考生应注意，应予禁止的 5 种具体措施中，**当地成分要求属于违反国民待遇原则的情形**，国内销售要求、外汇平衡要求属于违反普遍取消数量限制原则的情形。贸易平衡要求既可以是违反国民待遇原则的情形，具体表现为“限制企业购买或使用进口产品的数量，并把这一数量与该企业出口当地产品的数量或价值相联系”，也可以是违反普遍取消数量限制原则的情形，具体表现为“对企业进口用于当地生产或与当地生产相关的产品，一般地或在数量上根据该企业出口它在当地生产的产品的数量或价值加以限制”。

3. [答案] AC　　[难度] 易

[考点] 关税与贸易总协定国民待遇原则；世界贸易组织争端解决程序与上诉机构的职能

[命题和解题思路] 命题人通过本题主要考查了世界贸易组织争端解决机制的基本制度，对考生而言应该没有难度，特别是作为该机制重要两

点的“交叉报复”，应是学习过程中被反复强调的知识点。可能“麻痹”考生的是选项B，有些考生没有仔细对上诉机构和执行机构作出区分，会错误地选择B项为正确答案。

［选项分析］世界贸易组织国民待遇原则要求成员方不能以任何直接或间接的方式对进口产品征收高于本国相同产品所征收的国内税或其他费用。甲国对进口的某类药品征收8%的国内税，而对同类国产药品征收6%的国内税，使得本国产品的待遇高于进口同类产品，明显违反国民待遇原则。因此，选项A正确。

选项B为重点干扰项。世界贸易组织上诉机构不是执行机构，世界贸易组织争端机制没有设立强制执行程序。因此，选项B错误。

根据《世界贸易组织争端解决谅解备忘录》的规定，当有关成员不遵守裁决时，经申请授权可以报复，包括平行报复和交叉报复。平行报复就是针对同一协议下的其他部门实施报复；如果无效，则可进行交叉报复，即针对另一协议项下的产品中止减让或其他义务，实施报复。但报复的程度和范围应与受到的损害相等。因此，选项C正确，选项D错误。

4. ［答案］D　　［难度］易

［考点］关税及贸易总协定；最惠国待遇

［命题和解题思路］命题人通过本题主要考查了最惠国待遇问题。在国际经贸条约待遇标准中，最惠国待遇属于相对待遇标准，即需要一个参照对象来确定相关的具体待遇，最惠国待遇的参照对象就是缔约对方给予待遇的其他主体或第三方主体。因此，最惠国待遇实施机制需要把握两点，一是最惠国待遇的给予应有条约的依据，这样，由于丁国不是世界贸易组织成员方，故被排除在WTO这一机制之外；二是必须遵守“相同情形规则”或“同类规则”，即享受待遇的产品或事项必须属于同一种类，这样，立式空调和中央空调由于属于不同产品，就无法参照适用最惠国待遇。本题容易干扰考生的是选项C。选项C提及乙、丙两个相同产品在甲国的不同税收待遇，但这种不同待遇是因为甲国对乙国采取反倾销措施这一特殊事由造成的，因此不违反最惠国待遇原则。

［选项分析］《关税与贸易总协定》规定的最惠国待遇是指在进出口货物及有关的关税规费征收方法、规章制度、销售和运输等方面，一缔约国对来自或运往其他国家的产品所给予的利益、优待、特权或豁免，应当立即无条件地给予来自或运往所有其他缔约国的相同产品。最惠国待遇的实施应遵循“相同情形规则”。选项A中，乙国的立式空调和丙国的中央空调属于不同的产品，使用不同关税并不违反最惠国待遇原则。因此，选项A不当选。

本题中的丁国并非世界贸易组织的成员，没有权利享受WTO《关税与贸易总协定》规定的最惠国待遇，甲国给予来自乙国的立式空调和丁国的立式空调以不同的进口关税并不违反最惠国待遇原则。因此，选项B不当选。

选项C为重点干扰项。WTO《反倾销协定》规定，某一产品以倾销方式，即以低于正常价值的价格输出到其他国家，使得输入国的国内产业蒙受损害，输入国可以征收不超过倾销差额的反倾销税。“反倾销税”就是对倾销的外国商品除征收一般进口税外，再增收附加税，使其不能廉价出售。因此，如果由于实施反倾销措施导致从乙国进口的立式空调的关税高于从丙国进口的立式空调的关税，此种情形不属于违反最惠国待遇原则。因此，选项C不当选。

甲乙丙三国均为WTO成员，甲国应当对来自乙丙两国的立式空调征收相同的关税。甲国给予来自乙丙两国的立式空调以不同的关税属于违反最惠国待遇原则的做法。因此，选项D当选。

5. ［答案］D　　［难度］易

［考点］《服务贸易总协定》

［命题和解题思路］本题是对《服务贸易总协定》基本制度的考查。考生在学习《服务贸易总协定》时，应注意和《关税与贸易总协定》进行对比，特别是两者在基本制度设计方面的不同。这些不同一方面是基于服务贸易的特点产生的，比如《服务贸易总协定》不适用于货物产品；另一方面则是对于服务贸易新议题，各成员方持相对谨慎的态度。比如，《服务贸易总协定》的国民待遇义务不是一般性义务，属于具体承诺，即其适用范围仅限于列入承诺表的部门。

［选项分析］《服务贸易总协定》（英文简称GATS）是第一个调整国际服务贸易的多边协定，

它规定了服务贸易的一般原则和义务以及各成员方的具体承诺。协定适用于各成员影响服务贸易的措施，**但不适用于为履行政府职能而提供的服务**，其既不是在商业基础上提供的，又不与任何一个或多个服务提供者相竞争的服务。因此，协定不适用于成员方的政府服务采购。选项 A 错误。

《服务贸易总协定》调整的服务贸易方式包括四种：（1）跨境供应，指从一国境内直接向其他国境内提供服务，即服务产品的流动（不需要提供者和消费者的实际流动）；（2）境外消费，指在一国境内向其他国的服务消费者提供服务，即消费者的流动；（3）商业存在，指外国实体在另一国境内设立附属公司或分支机构，提供服务，即外国服务提供者通过在其他国境内设立的机构提供商业服务，设立当地机构，比如银行、保险等；（4）自然人存在，指一国的服务提供商通过自然人到其他国境内提供服务，即自然人流动，如工程承包等。中国公民接受国外某银行在中国分支机构的服务属于第三种，即通过商业存在提供服务，而不属于境外消费。因此，选项 B 错误。

提供最惠国待遇是 WTO 各成员方在《服务贸易协定》下应履行的一般义务，各成员方应立即和无条件地给予任何其他成员方的服务和服务提供者不低于其给予任何其他国家相同的服务和服务提供者的待遇。但是需要注意的是，与《关税与贸易总协定》不同，**服务贸易中的最惠国待遇适用于服务产品和服务提供者而不适用于货物产品**。因此，选项 C 错误。

选项 D 是重点干扰项。世界贸易组织成员在服务贸易市场开放方面的义务没有统一的规定。**是否给予市场准入、是否给予国民待遇，依每一成员具体列出的承诺表来确定**。就国民待遇而言，允许外国服务或服务提供者进入本国的贸易市场，并不等于赋予它们与本国同类服务和服务提供者一样的待遇。因此，**《服务贸易总协定》中的国民待遇义务不是一般原则**，国民待遇仅限于列入承诺表的部门，并且要遵循其中所列的条件和资格。没有作出承诺的部门，不适用国民待遇义务。即使在作出的承诺中，也允许按所列的条件对国民待遇进行限制。这与货物贸易中的国民待遇形成鲜明对比。因此，选项 D 正确。

6. ［答案］C　　［难度］易

［考点］世界贸易组织争端解决程序；上诉机构的职能；通过争端解决报告的方式

［命题和解题思路］世界贸易组织争端解决程序比较复杂。本题考查的点属于重要的、基本的知识，学习时都是应该掌握的。容易"麻痹"考生的是，认为胜诉的申诉方可以"自行"采取报复措施，从而不能轻易、快速地找出正确的答案。根据《关于争端解决规则与程序的谅解》，申诉方应在向争端解决机构申请授权报复后才能采取报复措施。

［选项分析］世界贸易组织通过《关于争端解决规则与程序的谅解》（DSU）建立了统一的多边贸易争端解决制度，其争端解决程序包括磋商，设立专家组的申请（起诉），专家组的审查、裁决或者建议，上诉机构的审查、裁决等环节。磋商是申请设立专家组的前提条件，但磋商事项以及磋商的充分性，与设立专家组的申请及专家组将作出的裁定没有关系。**磋商仅仅是一种程序性要求，是争端双方解决争议的必经程序**。因此，选项 A 的说法正确，不当选。

上诉机构是世界贸易组织争端解决机制中的常设机构。在专家组报告发布后的 60 天内，任何争端方都可以向上诉机构提起上诉。上诉机构则只审查专家组报告涉及的法律问题和专家组作出的法律解释。上诉机构可以推翻、修改或撤销专家组的调查结果和结论，但上诉机构没有将案件发回专家组重新审理的权力。因此，选项 B 的说法正确，不当选。

选项 C 是重点干扰项。根据 DSU，如败诉方不遵守争端解决机构的裁决，经申诉方请求，争端双方应就双方均可接受的补偿进行谈判。如未能达成令人满意的补偿，原申诉方可以向争端解决机构申请授权报复，对被诉方中止减让或中止其他义务的措施。因此，**申诉方采取报复措施应先向争端解决机构申请授权，不能自行采取**。选项 C 的说法错误，当选。

申诉方在实施报复时，中止减让或中止其他义务的程度和范围应与其所受到损害相等。如果被诉方认为申诉方拟采取的报复措施与其受损的程度不一致，可以根据 DSU 第 22 条第 6 款诉诸仲裁。因此，选项 D 的说法正确，不当选。

第六章　知识产权的国际保护

试　题

1. 甲国人迈克在甲国出版著作《希望之路》后25天内，又在乙国出版了该作品，乙国是《保护文学和艺术作品伯尔尼公约》（以下简称《伯尔尼公约》）缔约国，甲国不是。依该公约，下列哪一选项是正确的？（2017-1-44）

A. 因《希望之路》首先在非缔约国出版，不能在缔约国享受国民待遇

B. 迈克在甲国出版《希望之路》后25天内在乙国出版，仍然具有缔约国的作品国籍

C. 乙国依国民待遇为该作品提供的保护需要迈克履行相应的手续

D. 乙国对该作品的保护有赖于其在甲国是否受保护

2. 中国甲公司与德国乙公司签订了一项新技术许可协议，规定在约定期间内，甲公司在亚太区独占使用乙公司的该项新技术。依相关规则，下列哪一选项是正确的？（2016-1-43）

A. 在约定期间内，乙公司在亚太区不能再使用该项新技术

B. 乙公司在全球均不能再使用该项新技术

C. 乙公司不能再将该项新技术允许另一家公司在德国使用

D. 乙公司在德国也不能再使用该项新技术

3. 香槟是法国地名，中国某企业为了推广其葡萄酒产品，拟为该产品注册“香槟”商标。依《与贸易有关的知识产权协议》，下列哪些选项是正确的？（2015-1-81）

A. 只要该企业有关“香槟”的商标注册申请在先，商标局就可以为其注册

B. 如该注册足以使公众对该产品的来源误认，则应拒绝注册

C. 如该企业是在利用香槟这一地理标志进行暗示，则应拒绝注册

D. 如允许来自法国香槟的酒产品注册“香槟”的商标，而不允许中国企业注册该商标，则违反了国民待遇原则

4. 甲国人柯里在甲国出版的小说流传到乙国后出现了利用其作品的情形，柯里认为侵犯了其版权，并诉诸乙国法院。尽管甲乙两国均为《伯尔尼公约》的缔约国，但依甲国法，此种利用作品不构成侵权，另外，甲国法要求作品要履行一定的手续才能获得保护。根据相关规则，下列哪一选项是正确的？（2014-1-43）

A. 柯里须履行甲国法要求的手续才能在乙国得到版权保护

B. 乙国法院可不受理该案，因作品来源国的法律不认为该行为是侵权

C. 如该小说在甲国因宗教原因被封杀，乙国仍可予以保护

D. 依国民待遇原则，乙国只能给予该作品与甲国相同水平的版权保护

5. 2011年4月6日，张某在广交会上展示了其新发明的产品，4月15日，张某在中国就其产品申请发明专利（后获得批准）。6月8日，张某在向《巴黎公约》成员国甲国申请专利时，得知甲国公民已在6月6日向甲国就同样产品申请专利。下列哪一说法是正确的？（2013-1-41）

A. 如张某提出优先权申请并加以证明，其在甲国的申请日至少可以提前至2011年4月15日

B. 2011年4月6日这一时间点对张某在甲国以及《巴黎公约》其他成员国申请专利没有任何影响

C. 张某在中国申请专利已获得批准，甲国也应当批准他的专利申请

D. 甲国不得要求张某必须委派甲国本地代理人代为申请专利

详　解

1. ［答案］B　　［难度］易

［考点］《保护文学和艺术作品伯尔尼公约》；国民待遇原则；自动保护原则

［命题和解题思路］本题考查考生对《保护文学和艺术作品伯尔尼公约》的熟悉程度。命题人

通过选项 A、B 的设计考查考生是否掌握《伯尔尼公约》规定的作者、作品“双国籍”制度，特别是非公约成员国国民作品在《伯尔尼公约》成员国享受国民待遇的问题。命题人通过选项 C、D 的设计考查考生是否掌握《伯尔尼公约》规定的自动保护原则，两个知识点也是考生容易出错之处。考生应注意，国民待遇属于自动给予，不需要履行任何手续；成员国自动予以保护不受作品在起源国是否受到保护的影响。

［选项分析］《伯尔尼公约》第 3 条、第 4 条及第 5 条（第 1、3、4 款）规定了国民待遇原则。依该原则，有权享有国民待遇的国民包括“作者国籍”和“作品国籍”两类情况。“作者国籍”，指公约成员国国民和在成员国有惯常居所的非成员国国民，其作品无论是否出版，均应在一切成员国中享有国民待遇；“作品国籍”针对非公约成员国国民，其作品只要是在任何一个成员国出版，或者在一个成员国和非成员国同时出版（30 天之内），也应在一切成员国中享有国民待遇（该标准又称“地理标准”）。本题中，尽管甲国不是《伯尔尼公约》缔约国，但是迈克作品《希望之路》在甲国出版后 25 天内，又在《伯尔尼公约》缔约国乙国出版了该作品，因此该作品应在《伯尔尼公约》一切成员国中享有国民待遇，并且仍然具有缔约国的作品国籍。故选项 A 错误，选项 B 正确。

选项 C 是重点干扰项。选项 C 涉及《伯尔尼公约》第 5 条第 2 款规定的自动保护原则。依该原则，享有国民待遇的人在公约任何成员国要求享有及行使有关权利时，不需要履行任何手续，也不论作品在起源国是否受到保护，有关成员国即应自动予以保护。因此，乙国依国民待遇为该作品提供的保护不需要迈克履行相应的手续，乙国对该作品的保护也不依赖于其在甲国是否受保护。因此，选项 C、D 错误。

2. ［答案］A　　［难度］易

［考点］国际技术转让合同

［命题和解题思路］本题考查的知识点单一，即技术独占许可的具体内涵。本来选项 A 具有一定的迷惑性，因为有些考生可能认为既然乙公司是新技术的所有者，对它使用该技术进行限制有点“不合情理”。但是，如果考生真正把握了独占许可与其他许可方式（特别是排他许可）的区别，对选项 A 作出正确判断也就不难了。另外，选项 B、C、D 的错误之处也比较明显，也在一定程度上降低了这道单选题的难度。

［选项分析］选项 A 是重点干扰项。国际知识产权许可协议依许可权利的大小不同可以分为独占许可、排他许可（又称独家许可）和普通许可。独占许可证协议是指在协议约定的时间及地域内，许可方授予被许可方技术的独占使用权，许可方不能在该时间及地域范围内再使用该项出让的技术，也不能将该技术使用权另行转让给第三方。独占许可证协议下，被许可方所获得的权利最大，其支付的使用费也最高。本题中，中国甲公司与德国乙公司签订的是独占许可协议，因此，在约定期间内，即便是该技术的所有人乙公司在亚太区也不能再使用该项新技术，故选项 A 正确。

由于独占许可的区域限于亚太地区，因此，乙公司可以在亚太地区以外的地区（包括德国在内）使用该项新技术，也可以再将该项新技术允许另一家公司在亚太地区以外的地区（包括德国在内）使用，当然，“乙公司在全球均不能再使用该项新技术”也不成立。因此，选项 B、C、D 均为错误。

易混淆点解析

在此，考生要区分独占许可与排他许可。排他许可证协议是指在协议约定的时间及地域内，被许可方拥有受让技术的使用权，许可方仍保留在该时间和地域内对该项技术的使用权，但不能将该项技术使用权另行转让给第三方。如果本题中签署的是排他许可证协议，则选项 A 就是错误的。

3. ［答案］BC　　［难度］易

［考点］《与贸易有关的知识产权协议》；知识产权国际保护的国民待遇原则

［命题和解题思路］命题人通过本题重点考查了地理标志保护制度。地理标志的特殊性在于，它表明了商品特定的质量、声誉或其他特性的地理来源，如果任由其他商品使用该地理标志，可能就会对大众造成误导。因此，即使商标注册申请在先，如果商品不是来源于该地理区域，也不应获得批准。这并不违反国民待遇原

则。掌握了这一原理，就可以对本题选项正误轻松作出判断。

［选项分析］选项 A 为重点干扰项。“申请在先”原则并非不受任何限制。我国《商标法》第 16 条第 1 款规定：“商标中有商品的地理标志，而该商品并非来源于该标志所标示的地区，误导公众的，不予注册并禁止使用；但是，已经善意取得注册的继续有效。”香槟是法国地名，中国某企业为了推广其葡萄酒产品打算为该产品注册“香槟”商标，可能会误导公众，商标局应不予注册并禁止使用。因此，选项 A 错误。

其实，《与贸易有关的知识产权协议》第 22 条第 2 款明确规定：“在地理标志方面，各成员方应向各利益方提供法律手段以阻止：（1）使用任何手段，在商品的设计和外观上，以在商品地理标志上误导公众的方式标志或暗示该商品原产于并非其真正原产地的某个地理区域；（2）作任何在 1967《巴黎公约》第 10 条附则意义内构成一种不公平竞争行为的使用。”如果该中国企业是在利用香槟这一地理标志进行暗示，为其注册“香槟”商标足以使公众对其产品的来源发生误认，就应拒绝注册。因此，选项 B、C 正确。

前述《协议》第 22 条第 1 款规定，地理标志是识别一种原产于一成员方境内或境内某一区域或某一地区的商品的标志，而该商品特定的质量、声誉或其他特性基本上可归因于它的地理来源。将地理标志保护赋予某一特定区域的产品，是知识产权保护合理合法的制度设计，不存在违反国民待遇的问题。因此，允许来自法国香槟的酒产品注册香槟的商标，不允许中国企业注册该商标，不违反国民待遇原则。再者，《与贸易有关的知识产权协议》关于国民待遇的表述是“每一成员给予其他成员国民的待遇不得低于给予本国国民的待遇”，强调的是对外国企业或产品的保护而不是本国企业的待遇，与选项 D 强调的中国企业诉求没有关系。故选项 D 错误。

4. ［答案］C　　［难度］中

［考点］《保护文学和艺术作品伯尔尼公约》

［命题和解题思路］命题人通过本题考查了《保护文学和艺术作品伯尔尼公约》的基本原则。这些原则涉及作品在来源国的保护和待遇是否会对其在公约其他成员国的保护和待遇产生影响，考生应当熟悉这些基本原则的基本含义及其具体体现。通常来讲，版权的“独立性”和保护的“自动性”是考题涉及的“机关”或“陷阱”所在，考生要特别注意。

［选项分析］《保护文学和艺术作品伯尔尼公约》第 3 条、第 4 条及第 5 条（第 1、3、4 款）规定了国民待遇原则。依该原则，有权享有国民待遇的国民包括“作者国籍”和“作品国籍”两类情况。“作者国籍”，指公约成员国国民和在成员国有惯常居所的非成员国国民，其作品无论是否出版，均应在一切成员国中享有国民待遇；“作品国籍”针对非公约成员国国民，其作品只要是在任何一个成员国出版，或者在一个成员国和非成员国同时出版（30 天之内），也应在一切成员国中享有国民待遇。本题中甲乙两国均为《伯尔尼公约》的缔约国，甲国人柯里在甲国出版的小说在乙国应享有国民待遇。

选项 A 和选项 B 考查的是《伯尔尼公约》第 5 条第 2 款规定的版权独立性原则。依该原则，享有国民待遇的人在公约任何成员国所得到的著作权保护，不依赖于其作品在来源国受到的保护。具体而言，在手续上，如一成员国的版权法要求其国民的作品要履行一定的手续才能获得保护，有关作者在其他成员国要求版权保护时，其他国家不能因其本国要求履行手续而专门要求其也履行手续。因此，选项 A 错误。在是否构成侵权上，来源国以某种方式利用作品不构成侵权，但在另一成员国以相同的方式利用却构成侵权，则后一国不能因在来源国不视为侵权而拒绝受理有关的侵权诉讼。因此，选项 B 错误。另外，在保护水平上，不能因为作品来源国的保护水平低，其他成员国就降低对有关作品的保护水平。后面这一点本题未涉及。

选项 C 是重点干扰项。该项考查的是《伯尔尼公约》第 5 条第 3 款规定的自动保护原则。依该原则，享有国民待遇的人在公约任何成员国要求享有及行使有关权利时，不需要履行任何手续，也不论作品在起源国是否受到保护，有关成员国即应自动予以保护。本题中，即使该小说在甲国因宗教原因被封杀，乙国仍可自动予以保护。因此，选项 C 正确。

选项 D 错误之处比较明显。国民待遇原则的含义是一国对公约其他成员国国民的知识产权保护水平不得低于其给予本国国民的保护水平。因此，选项 D 错误。

易混淆点解析

《伯尔尼公约》的自动保护原则要求有关成员国应自动给予享有国民待遇的人以著作权保护，而不论作品在起源国是否受到保护。有些考生会想当然地以为，既然作品在起源国已受到禁止，那么其他国家就不能为其提供保护。这是一种错误的理解。

5. [答案] A　　[难度] 中

[考点] 知识产权国际保护的国民待遇原则；独立保护原则；优先权原则；临时性保护原则

[命题和解题思路] 本题是对专利国际申请诸原则的全面考查。对于各原则的基本含义，考生应准确掌握。专利国际申请过程中有若干时间节点具有不同的法律意义与后果，命题人把这些重要时间节点放“设计”在一起，试图给考生造成干扰。

[选项分析]《保护工业产权巴黎公约》（本题以下简称《巴黎公约》）规定了工业产权国际保护的优先权原则。根据该原则，在公约设定的优先权期限内缔约国内每一个在后的申请均以第一次申请的申请日为其申请日。**在优先权期限届满之前，后来在其他缔约国提出的申请，均不因在此期间内他人所作的任何行为而失效**。在先申请的撤回、放弃或驳回不影响该申请的优先权地位。《巴黎公约》第 4 条规定，优先权原则只适用于发明专利、实用新型、外观设计和商品商标。发明专利和实用新型专利为 12 个月，外观设计和商标为 6 个月。中国是《巴黎公约》成员国，张某第一次发明专利申请在中国提出，申请日为 2011 年 4 月 15 日（“在先申请”），此后张某向《巴黎公约》另一成员国甲国就同样发明提出专利申请的时间为 2011 年 6 月 8 日（即“在后申请”），这一日期尚在《巴黎公约》规定的 12 个月的优先权期限内，因此，如果张某提出优先权申请并加以证明，其在甲国的申请日即可以提前至 2011 年 4 月 15 日（先不考虑“临时保护”情形）。尽管甲国公民已在 6 月 6 日向甲国就同样产品申请专利，但张某在甲国的专利申请日期问题上享有优先权。因此，选项 A 正确。

选项 B 是重点干扰项。《巴黎公约》还规定了临时性保护原则。根据公约第 11 条，临时性保护原则要求缔约国应对在任何成员国内举办的或经官方承认的国际展览会上展出的商品中可取得专利的发明、实用新型、外观设计和可注册的商标给予临时保护。**如展品所有人在临时保护期内申请了专利或商标注册，则申请案的优先权日是从展品公开展出之日起算，而不是从第一次提交申请案时起算**。本题中，张某于 2011 年 4 月 6 日在广交会上展示了其新发明的产品，其在甲国申请案的日期就应当提前至 2011 年 4 月 6 日。因此，4 月 6 日这一展品公开展出之日对张某在甲国以及《巴黎公约》其他成员国申请专利是有影响的，因此，选项 B 错误。

根据《巴黎公约》的独立性原则（公约第 4 条与第 6 条），关于外国人的专利申请或商标注册，应由各成员国依本国法决定，而不应受原属国或其他任何国家就该申请作出的决定的影响。专利的申请和商标注册在成员国之间是相互独立的。在优先权期限内申请的专利，在后申请是否提供保护、申请的结果如何，与在先申请没有关系。因此，选项 C 错误。

《巴黎公约》的国民待遇原则及公约特别规定权利原则要求缔约国在知识产权的保护方面给予缔约国的国民和在一个缔约国领域内设有住所或真实有效的工商营业所的非缔约国国民以国民待遇。一切不得损害公约特别规定的权利。国民待遇原则也有例外，比如各成员国在关于司法和行政程序、管辖以及选定送达地址或指定代理人的法律规定等方面，凡国内工业产权法有所要求的，可以保留。因此，甲国可以要求张某必须委派甲国本地代理人代为申请专利，也可以指定送达文件的地址等，以利于程序的进行。因此，选项 D 错误。

易混淆点解析

专利产品的展示日期的法律意义往往会被考生所忽略。《巴黎公约》第 11 条专条规定了在对某些国际展览会中公开的发明、实用新型、外观设计以及商标的临时保护，要求成员国应按其本国法律对在任何成员国领土内举办的官方的或经官方承认的国际展览会展出的商品中可以取得专利的发明、实用新型、外观设计和商标，给予临时保护。如果以后申请人要求优先权，各成员国主管机关可以规定其期间应自该商品在展览会展出之日开始。因此，产品在公约所指的展览会的展出日期，可以将专利国际申请的优先权期间提前，这种提前对外国专利申请人排除展出日期和首次申请日期之间可能出现的“障碍”是至关重要的。

第七章　国际投资法

试　题

1. 甲国A公司和乙国政府因履行某投资协议产生纠纷，双方达成书面协议，将争端提交国际投资争端解决中心（ICSID）解决。根据相关法律规定，下列哪些说法是正确的？（2022年回忆版）

A. 投资协议履行过程中，若乙国政府不履行协议，甲国不能直接行使外交保护

B. 被投资国法律不明时，国际投资争端解决中心可以此为由拒绝作出仲裁裁决

C. 国际投资争端解决中心应对投资进行界定和解释

D. 国际投资争端解决中心受理本纠纷后，乙国政府可不用尽当地救济

2. 甲国某公司要到乙国投资建设一家垃圾处理厂，并与乙国政府签订了垃圾处理合同。后乙国因为环境政策的改变增加了环境保护税，乙国政府遂以该合同履行不再具有经济意义为由拒绝履行合同。现该公司寻求相关的法律救济措施。对此，下列哪些说法是正确的？（2018年回忆版）

A. 乙国政府的做法构成政府违约险

B. 乙国政府的行为属于征收或类似措施行为

C. 如该公司寻求多边投资担保机构进行理赔，应以用尽乙国当地救济为前提条件

D. 多边投资担保机构进行理赔后，可以直接向乙国政府主张代位求偿

3. 甲国惊奇公司的创新科技产品经常参加各类国际展览会，该公司向乙国的投资包含了专利转让，甲、乙两国均为《巴黎公约》和《华盛顿公约》（公约设立的解决国际投资争端中心的英文简称为ICSID）的成员。依相关规定，下列哪些选项是正确的？（2017-1-81）

A. 惊奇公司的新产品参加在乙国举办的国际展览会，产品中可取得专利的发明应获得临时保护

B. 如惊奇公司与乙国书面协议将其争端提交给ICSID解决，ICSID即对该争端有管辖权

C. 提交ICSID解决的争端可以是任何与投资有关的争端

D. 乙国如对ICSID裁决不服的，可寻求向乙国的最高法院上诉

4. 甲国T公司与乙国政府签约在乙国建设自来水厂，并向多边投资担保机构投保。依相关规则，下列哪一选项是正确的？（2016-1-44）

A. 乙国货币大幅贬值造成T公司损失，属货币汇兑险的范畴

B. 工人罢工影响了自来水厂的正常营运，属战争内乱险的范畴

C. 乙国新所得税法致T公司所得税增加，属征收和类似措施险的范畴

D. 乙国政府不履行与T公司签订的合同，乙国法院又拒绝受理相关诉讼，属政府违约险的范畴

5. 甲国公司在乙国投资建成地热公司，并向多边投资担保机构投了保。1993年，乙国因外汇大量外流采取了一系列的措施，使地热公司虽取得了收入汇出批准书，但仍无法进行货币汇兑并汇出，甲公司认为已发生了禁兑风险，并向投资担保机构要求赔偿。根据相关规则，下列选项正确的是：（2014-1-99）

A. 乙国中央银行已批准了货币汇兑，不能认为发生了禁兑风险

B. 消极限制货币汇兑也属于货币汇兑险的范畴

C. 乙国应为发展中国家

D. 担保机构一经向甲公司赔付，即代位取得向东道国的索赔权

6. 关于国际投资法相关条约，下列哪些表述是正确的？（2013-1-80）

A. 依《关于解决国家和他国国民之间投资争端公约》，投资争端应由双方书面同意提交给投资争端国际中心，当双方表示同意后，任何一方不得单方面撤销

B. 依《多边投资担保机构公约》，多边投资担保机构只对向发展中国家领土内的投资予以担保

C. 依《与贸易有关的投资措施协议》，要求企业购买或使用最低比例的当地产品属于协议禁止使用的措施

D. 依《与贸易有关的投资措施协议》，限制外国投资者投资国内公司的投资比例属于协议禁止使用的措施

详　解

1. [答案] AD　　[难度] 难

[考点]《关于解决国家和他国国民之间投资争端公约》

[命题和解题思路]《关于解决国家和他国国民之间投资争端公约》是一个传统重点考点，目前的命题特点是考查细致化。考生需全面掌握该考点内容，并理解国际投资争端解决中心(ICSID)与用尽国内救济以及外交保护制度之间的关系。

[选项分析] 有关国家在以抗议或追究国家责任等方式行使外交保护权时应当符合以下三个条件：1. 本国国民的合法权益因所在国的国际不当行为而受到损害；2. 受害人自受害之日到抗议或求偿结束之日须持续具有本国国籍，而且一般不能具有所在国的国籍；3. 受害人须已用尽当地救济。A 选项正确。

该《公约》第 42 条规定，仲裁庭不得借口没有明确的法律规定或者法律规定含义不清而暂不作出裁决。B 选项错误。

关于何为"投资"和"法律争端"，公约本身并没有规定。C 选项错误。

争端解决中心的管辖权具有排他的效力，即一旦当事人同意在中心仲裁，有关争端不再属于作为争端一方的缔约国国内法管辖的范围，而属于中心的专属管辖。据此可知，实际上，双方可以不用尽当地救济即可在书面同意的基础上将争端提交仲裁。D 选项正确。

2. [答案] CD　　[难度] 中

[考点]《多边投资担保机构公约》

[命题和解题思路]《多边投资担保机构公约》所承保的险别有货币汇兑险、征收和类似措施险、战争内乱险、政府违约险。每一种险别包含的情形比较多样，考生不能"望文生义"。比如，政府违约险不仅要求有东道国政府的违约行为，而且还要求存在东道国"拒绝司法"的情形；东道国政府的一些违约行为在构成货币汇兑险或征收和类似措施险的情形下，会依这两个险别加以处理；征收和类似措施险还包括隐蔽性征收情形等。这些细微之处也是命题的"陷阱"所在。

[选项分析] 选项 A 是重点干扰项。根据《多边投资担保机构公约》，政府违约险，是指东道国对担保权人的违约，且担保权人面临"拒绝司法"的情形，即担保权人无法求助于司法或仲裁部门对违约的索赔作出裁决，或司法或仲裁部门未能在合理期限内作出裁决，或有这样的裁决而不能实施。本题题干仅告知政府违约，并未告知存在"拒绝司法"的情形，因此乙国政府的做法尚不构成政府违约险。故选项 A 错误。

题干仅说明政府违反了垃圾处理合同，对于垃圾处理厂的经营状况未作描述，也未说明环境保护税对垃圾处理厂经营的影响，因此尚不能判断乙国政府的行为属于征收或类似措施行为。故选项 B 错误。

根据《多边投资担保机构公约》，担保权人在向机构要求支付前，应当寻求在当时条件下合适的、按东道国法律可随时利用的行政补救方法。机构一经向投保人支付或同意支付赔偿，即代位取得投保人对东道国或其他债务人所拥有的各种权利或索赔权。因此，选项 C、D 正确。

3. [答案] AB　　[难度] 易

[考点]《保护工业产权巴黎公约》；《关于解决国家和其他国家国民之间投资争端公约》

[命题和解题思路] 命题人通过本题考查了《巴黎公约》和《关于解决各国和其他国家国民之间投资争端公约》（本题以下简称《华盛顿公

约》)。考生要顺利解答本题，一是要明确，《华盛顿公约》受理的国际投资争端种类可能受到一些因素的限制，并不是任何与投资有关的争端都可以提交ICSID解决；二是要明确，ICSID仲裁目前只有一些内部的“纠错”机制，如对ICSID裁决不服，不能寻求国内法院解决，否则就会破坏国际投资争端解决的“国际化”，有违《华盛顿公约》缔结的初衷。

［选项分析］《巴黎公约》第11条规定了临时性保护原则。根据公约，临时性保护原则要求缔约国应对在任何成员国内举办的或经官方承认的国际展览会上展出的商品中可取得专利的发明、实用新型、外观设计和可注册的商标给予临时保护。如展品所有人在临时保护期内申请了专利或商标注册，则申请案的优先权日是从展品公开展出之日起算，而不是从第一次提交申请案时起算。中国惊奇公司的新产品参加在乙国举办的国际展览会，产品中可取得专利的发明应获得《巴黎公约》规定的临时保护。因此，选项A正确。

根据《华盛顿公约》第25条，解决国际投资争端中心（英文简称为ICSID）仅对争端双方书面同意提交给ICSID裁决的争端有管辖权。对于同意的“书面”形式，公约没有具体规定。实践中书面形式主要包括：含有ICSID仲裁条款的东道国与外国投资者之间签订的投资协议；争端当事方在争端发生之后达成的提交ICSID仲裁的仲裁协议；同意将其与外国投资者之间的争端提交ICSID管辖的东道国投资立法（争端发生后，外国投资者以书面形式表示接受）；含有ICSID仲裁条款的国际经贸协定。批准或加入公约本身并不等于缔约国承担了将某一特定投资争端提交中心调解或仲裁的义务。根据公约规定，争端当事双方表示同意后，不得单方面撤销其同意。如中国惊奇公司与乙国书面协议将其争端提交给ICSID解决，就属于前述前两种情形的某一种，ICSID即对该争端有管辖权。因此，选项B正确。

选项C是重点干扰项。依《华盛顿公约》第25条，中心的管辖权适用于一缔约国和另一缔约国国民之间“直接因投资而产生的任何法律争端”。因此，并不是任何与投资有关的争端都可提交ICSID解决，可提交的争端还必须是“法律争端”。关于“法律争端”，世界银行董事会《关于〈解决国家与他国国民投资争端公约〉的报告》中指出，“争端必须是关于法律权利或义务的存在或其范围，或是关于因违反法律义务而实行赔偿的性质或限度的”。另外，《华盛顿公约》第25条还规定，任何缔约国可以在批准、接受或认可本公约时，或在此后任何时候，把它将考虑或不考虑提交给中心管辖的一类或几类争端通知中心，秘书长应立即将此项通知转送给所有缔约国。此项通知往往也构成对可提交ICSID解决的争端种类的限制。因此，选项C错误。

《华盛顿公约》第54条规定，每一缔约国应承认依照本公约作出的裁决具有约束力，并在其领土内履行该裁决所加的财政义务，如同该裁决是该国法院的最后判决一样。第52条规定，任何一方可以根据公约列举的理由向秘书长提出取消裁决的书面申请。ICSID行政理事会主席在接到要求后，应立即从仲裁员名单中任命由三人组成的专门委员会，专门委员会有权依据公约取消裁决或裁决中的任何部分。因此，乙国如对ICSID裁决不服，可以根据公约向秘书长提出，由行政理事会主席任命的专门委员会处理，即在ICSID机制内部处理，不可以寻求向乙国的最高法院上诉。故选项D错误。

4. ［答案］D　［难度］难

［考点］《多边投资担保机构公约》

［命题和解题思路］多边投资担保机构承保的风险主要有货币汇兑险、征收和类似措施险、战争内乱险以及政府违约险四种，每一种险别又包括许多具体的情形。本题命题人就是在这些具体情形上“做文章”，设置易混淆的选项，考查考生对这些险别的理解和记忆程度。就本题而言，考生要明白：货币贬值一般属于商业风险，不构成货币汇兑险；工人罢工可能会造成“混乱”，但主要基于经济利益诉求，不属于具有政治性目的的“内乱”；公司所得税增加，不一定构成征收或类似措施；而仅仅发生政府违约，尚不构成政府违约险。

［选项分析］多边投资担保机构承保的风险为政治性风险。货币汇兑险主要包括货币兑换险和汇出险，是指东道国通过颁布法律或采取其他措施，禁止或限制外国投资者将其投资原本或利

润兑换成可自由使用的货币，并转移出东道国境外，致使该投资者受损的风险。乙国货币大幅贬值属于商业风险，不属于以上情形。《多边投资担保机构公约》第 11 也明确规定，承保的风险“在任何情况下都不包括货币的贬值或降值”。因此，选项 A 错误。

战争内乱险指承保影响投资项目的战争或内乱而导致的风险。此处容易导致混淆的是工人罢工是否构成“内乱”。内乱通常指直接针对政府的、为推翻该政府或将该政府驱逐出特定地区的有组织的暴力活动。有关内乱必须主要是由追求广泛的政治或思想目标的集团所引起或实施的，包括革命、暴乱、政变、民变等，具有明显的政治目的，但为促进工人、学生或其他特别群体的利益所采取的行为以及具体针对投保人的恐怖主义行为、绑架或类似行为，不能视为内乱。罢工不属于内乱，因此，选项 B 错误。

选项 C 是重点干扰项。征收和类似措施险承保因东道国政府采取的任何立法或措施，使担保人对其投资的所有权或控制权被剥夺，或剥夺了其投资中产生的大量效益的风险。征收既包括东道国进行的正式的征收或类似征收措施，也包括隐蔽性征收。隐蔽性征收是指尽管东道国作出的一系列行为并不构成对投资人的征收行为，但该一系列行为的结果却具有与征收无异的效果，则每一个单项行为也应视为征收。在确定隐蔽性征收前，投资人必须证明东道国政府所采取的一系列行为事实上使相关企业的收入出现严重亏损或经营为不可能。但东道国为了管辖境内的经济活动而采取的普遍适用的措施，不应被视为征收措施。通过修订所得税法对所得税的调整通常属于东道国为了管辖境内的经济活动而采取的普遍适用的措施，属于征收的例外情形，因此，选项 C 错误。

政府违约险承保东道国对投资者的违约，并且存在“拒绝司法”的情形。所谓“拒绝司法”，是指投资者无法求助于司法或仲裁部门对违约的索赔作出裁决，或司法或仲裁部门未能在合理期限内作出裁决，或有这样的裁决而不能实施。因此，选项 D 正确。在此需要注意的是，仅仅发生政府违约，而不存在“拒绝司法”的情形，尚不构成多边投资担保机构承保的政府违约险。

易混淆点解析

在国际投资争端中，公司所得税的增加往往是外国投资者对东道国进行“滥诉”的理由。公司所得税的增加要区分两种情形：一种情形是东道国政府仅仅针对部分企业（特别是外国投资者）提高征收幅度，实施歧视性增税，这就可能构成前述“隐蔽性征收”或者“蚕食征收”；另一种情形是东道国政府通过立法对企业普遍提高征收幅度，这一般不构成征收，因为税收措施是国家管辖境内经济活动必需的主权行为。

5. ［答案］BCD　　［难度］中

［考点］《多边投资担保机构公约》

［命题和解题思路］命题人通过本题考查了多边投资担保机构公约的基本机制和其承保的货币汇兑险。选项 A、B 涉及多边投资担保机构承保的货币汇兑险。货币汇兑险有不同情形，命题人选择了两种容易发生误判的情形。有些考生会错误以为货币汇兑已获中央银行批准，就不存在禁兑风险；或者错误以为货币禁兑应该是一种积极的作为。选项 C、D 涉及多边投资担保机构公约的基本机制，相对比较容易辨析。

［选项分析］选项 A 为重点干扰项。多边投资担保机构承保的货币禁兑险，是指东道国通过颁布法律或采取其他措施，禁止或限制外国投资者将其投资原本或利润兑换成可自由使用的货币，并转移出东道国境外，致使该投资者受损的风险。可以看出，货币禁兑险包括货币兑换险和汇出险两种情形。因此，即使乙国中央银行已批准了货币汇兑，但是地热公司仍无法进行货币汇兑并汇出，即可以认为已发生了禁兑风险。因此，选项 A 错误。

导致货币兑换风险的行为可以是东道国采取的积极行为，如明确以法律等手段禁止货币的兑换和转移，也可以是消极地限制货币兑换或汇出，如有关政府机构长期拖延协助投资人兑换或汇出货币。也就是说，消极限制货币汇兑也属于货币汇兑险的范畴。因此，选项 B 正确。

《多边投资担保机构公约》的目标是鼓励在其会员国之间，尤其是向发展中国家会员国融通生产性投资，以补充世界银行、国际金融公司和其他国际开发金融机构的活动。该公约第 14 条明确规定，“机构”只对在发展中国家会员国境内所作的投资予以担保。既然多边投资担保机构已承保，就说明乙国一定是发展中国家。因此，选项 C 正确。

《多边投资担保机构公约》第 18 条规定，多边投资担保机构一经向投保人支付或同意支付赔偿，即代位取得投保人对东道国或其他债务人所拥有的有关承保投资的各种权利或索赔权。各成员国都应承认多边投资担保机构的此项权利。因此，选项 D 正确。

6. ［答案］ABC ［难度］中

［考点］《关于解决国家和他国国民之间投资争端公约》；《多边投资担保机构公约》；《与贸易有关的投资措施协议》

［命题和解题思路］本题是三个投资条约知识点的“混搭”题。选项 A 和选项 B 考的是基本制度，相对比较容易；当事方同意是《关于解决国家和他国国民之间投资争端公约》争端解决机制的基石；《多边投资担保机构公约》旨在推动向发展中国家的投资，因此机构只对向发展中国家领土内的投资提供担保。选项 C 和选项 D 涉及世界贸易组织《与贸易有关的投资措施协议》所列明的被禁止的对贸易构成扭曲或者限制的投资措施，这些措施的内涵及性质不太容易区分，容易导致考生混淆乃至发生误判。

［选项分析］《关于解决国家和他国国民之间投资争端公约》（ICSID）建立了外国投资者与东道国政府之间投资争端的解决机制。该公约第 25 条规定，中心的管辖适用于缔约国（或缔约国向中心指定的该国的任何组成部分或机构）和另一缔约国国民之间直接因投资而产生并经双方书面同意提交给中心的任何法律争端。当双方表示同意后，任何一方不得单方面撤销其同意。因此，选项 A 正确。

《多边投资担保机构公约》（MIGA）是为了缓解或消除外国投资者对政治风险的担心，建立多边投资担保机构，直接承保成员国私人投资者在向发展中国家成员投资时可能遭遇的政治风险。担保机构成立的目的是要促进生产性资金流向发展中国家，因此，该公约第 12 条和第 14 条明确规定，机构只对向发展中国家成员领土内的投资予以担保，并且要求外资必须能够在这些发展中国家得到公正平等的待遇和法律保护。因此，选项 B 正确。

《与贸易有关的投资措施协议》（TRIMs 协议）本是世界贸易组织体系下的协议，协议的目的不是要一般性地禁止所有的投资措施，而是审查那些对贸易有限制和扭曲作用的投资措施。TRIMs 协议所附的《解释性清单》列举了 5 种禁止性的与货物贸易有关的投资措施：（1）要求企业购买或使用当地生产的或来自于当地的产品；（2）限制企业购买或使用进口产品的数量，并把这一数量与该企业出口当地产品的数量或价值相联系；（3）对企业进口用于当地生产或与当地生产相关的产品，一般地或在数量上根据该企业出口它在当地生产的产品的数量或价值加以限制；（4）对企业进口用于当地生产或与当地生产相关的产品，通过将其可获得的外汇数量限于可归属于它的外汇收入而加以限制；（5）限制企业出口产品或为出口而销售产品。前两种是违反 GATT1994 第 3 条第 4 款关于“国民待遇”要求的措施，后三种是违反 GATT1994 第 11 条第 1 款关于普遍取消数量限制义务的措施。要求企业购买或使用最低比例的当地产品属于上述第一种协议禁止使用的措施；限制外国投资者投资国内公司的投资比例不属于上述任何协议禁止使用的措施。因此，选项 C 正确，选项 D 错误。

易混淆点解析

世界贸易组织《与贸易有关的投资措施协议》第 2 条规定，成员方不得实施与 GATT 第 3 条国民待遇或第 11 条普遍取消数量限制义务不符的投资措施。该《协议》附件“解释性清单”，列举了 5 种应予禁止的投资措施，分别是当地成分要求、国内销售要求、贸易平衡要求、外汇平衡要求等，其中，当地成分要求属于违反国民待遇原则的情形，国内销售要求、外汇平衡要求属于违反普遍取消数量限制原则的情形，贸易平衡要求既可以表现为违反国民待遇原则的情形，也可以表现为违反普遍取消数量限制原则的情形。TRIMs 协议旨在禁止成员方使用此类对贸易构成扭曲或者限制的投资措施。

第八章　国际融资法

试　题

1. 中国某工程公司在甲国承包了一项工程，中国某银行对甲国的发包方出具了见索即付的保函。后甲国发包方以中国公司违约为由，向该银行要求支付保函上的款项，在遭到拒绝后诉至中国某人民法院。根据相关法律和司法解释，下列哪一说法是正确的？（2018 年回忆版）

A. 如该工程公司是我国政府独资的国有企业，则银行可以此为由拒绝向受益人付款

B. 银行可主张保函受益人先向工程公司求偿，待其拒绝后再履行保函义务

C. 银行应对施工合同进行实质性审查后，方可决定是否履行保函义务

D. 如甲国发包方提交的书面文件与保函要求相符，银行应承担付款责任

2. 中国甲公司在承担中东某建筑工程时涉及一系列分包合同和买卖合同，并使用了载明适用《见索即付保函统一规则》的保函。后涉及保函的争议诉至中国某法院。依相关司法解释，下列哪些选项是正确的？（2017-1-82）

A. 保函内容中与《见索即付保函统一规则》不符的部分无效

B. 因该保函记载了某些对应的基础交易，故该保函争议应适用我国《民法典》有关保证的规定

C. 只要受益人提交的单据与独立保函条款、单据与单据之间表面相符，开立人就须独立承担付款义务

D. 单据与独立保函条款之间表面上不完全一致，但并不导致相互之间产生歧义的，仍应认定构成表面相符

3. 在一国际贷款中，甲银行向贷款银行乙出具了备用信用证，后借款人丙公司称贷款协议无效，拒绝履约。乙银行向甲银行出示了丙公司的违约证明，要求甲银行付款。依相关规则，下列哪些选项是正确的？（2016-1-81）

A. 甲银行必须对违约的事实进行审查后才能向乙银行付款

B. 备用信用证与商业跟单信用证适用相同的国际惯例

C. 备用信用证独立于乙银行与丙公司的国际贷款协议

D. 即使该国际贷款协议无效，甲银行仍须承担保证责任

详　解

1. ［答案］D　　［难度］易

［考点］国际融资的信用担保

［命题和解题思路］根据《最高人民法院关于审理独立保函纠纷案件若干问题的规定》，见索即付保函即为独立保函。对于独立保函，受益人只要提交了保函载明的应提交的付款请求书、违约声明、第三方签发的文件、法院判决、仲裁裁决、汇票、发票等表明发生付款到期事件的书面文件，开立人就应承担付款责任。开立人的审查标准是单据与独立保函条款之间、单据与单据之间“表面相符”。选项 C 和选项 D 分别体现了“实质审查”和“形式审查”两种标准要求，考生应注意区分判别。

［选项分析］根据《最高人民法院关于审理独立保函纠纷案件若干问题的规定》（本题以下简称《规定》）第 1 条，独立保函是银行或非银行金融机构作为开立人，以书面形式向受益人出具的，同意在受益人请求付款并提交符合保函要求的单据时，向其支付特定款项或在保函最高金额内付款的承诺。即使工程公司是我国政府独资的国有企业，并不构成银行可以拒绝向受益人付款的理由。因此，选项 A 错误。

根据《规定》第 3 条，当事人主张独立保函适用《民法典》关于一般保证或连带保证规定的，人民法院不予支持。中国银行主张保函受益人先向工程公司求偿，待其拒绝后再履行保函义务，其实是主张自己承担一般保证责任，不符合独立

保函的性质。因此，选项 B 错误。

根据《规定》第 6 条和第 8 条，受益人提交的单据与独立保函条款之间、单据与单据之间表面相符，受益人请求开立人依据独立保函承担付款责任的，人民法院应予支持。开立人有独立审查单据的权利与义务，有权自行决定单据与独立保函条款之间、单据与单据之间是否表面相符，并自行决定接受或拒绝接受不符点。也就是说，开立人的付款义务独立于基础交易关系及保函申请法律关系，其仅承担相符交单的付款责任，而且审查单据也只要求“表面相符”。可见，中国银行决定是否履行保函义务无需对施工合同进行实质性审查，只要甲国发包方提交的书面文件与保函要求相符就应承担付款责任。因此，选项 C 错误，选项 D 正确。

2. ［答案］CD　　［难度］中

［考点］《最高人民法院关于审理独立保函纠纷案件若干问题的规定》；《见索即付保函统一规则》

［命题和解题思路］《见索即付保函统一规则》属于“民间示范法”性质，因此允许当事人进行修改适用，从而可以推导出保函内容与《规则》不一致时，保函内容效力优先。此外，《最高人民法院关于审理独立保函纠纷案件若干问题的规定》具体规定尽量全面掌握。独立保函不是我国《民法典》规定的担保方式，不适用《民法典》。

［选项分析］独立保函是指银行或非银行金融机构作为开立人，以书面形式向受益人出具的，同意在受益人请求付款并提交符合保函要求的单据时，向其支付特定款项或在保函最高金额内付款的承诺。《最高人民法院关于审理独立保函纠纷案件若干问题的规定》第 3 条第 1 款规定：“保函具有下列情形之一，当事人主张保函性质为独立保函的，人民法院应予支持，但保函未载明据以付款的单据和最高金额的除外：（一）保函载明见索即付；（二）保函载明适用国际商会《见索即付保函统一规则》等独立保函交易示范规则；（三）根据保函文本内容，开立人的付款义务独立于基础交易关系及保函申请法律关系，其仅承担相符交单的付款责任。”本题题干表明，当事方使用的是“载明适用《见索即付保函统一规则》的保函”，属于第（2）项情形，应为独立保函。

选项 A 是重点干扰项。国际商会《见索即付保函统一规则》（The Uniform Rules for Demand Guarantees，简称 URDG）在性质上属于合同示范条款，适用于任何明确表明适用该规则的见索即付保函或反担保函，除非见索即付保函或反担保函对该规则的内容进行了修改或排除，该规则对见索即付保函或反担保函的所有当事人均具约束力。因此，保函内容可以与《见索即付保函统一规则》不一致。故选项 A 错误。

《最高人民法院关于审理独立保函纠纷案件若干问题的规定》第 3 条还规定，当事人以独立保函记载了对应的基础交易为由，主张该保函性质为一般保证或连带保证的，人民法院不予支持；当事人主张独立保函适用民法典关于一般保证或连带保证规定的，人民法院不予支持。因此，不能因该保函记载了某些对应的基础交易，就认定该保函争议应适用我国《民法典》有关保证的规定。故选项 B 错误。

独立保函具有独立性和单据性等特征。《最高人民法院关于审理独立保函纠纷案件若干问题的规定》第 6 条规定：“受益人提交的单据与独立保函条款之间、单据与单据之间表面相符，受益人请求开立人依据独立保函承担付款责任的，人民法院应予支持。开立人以基础交易关系或独立保函申请关系对付款义务提出抗辩的，人民法院不予支持，但有本规定第十二条情形的除外。”也就是说，除非存在独立保函欺诈情形，只要受益人提交的单据与独立保函条款、单据与单据之间表面相符，开立人就须独立承担付款义务。因此，选项 C 正确。

尽管独立保函开立人只有在“表面相符”时才承担付款责任，但是《最高人民法院关于审理独立保函纠纷案件若干问题的规定》第 7 条第 2 款规定：“单据与独立保函条款之间、单据与单据之间表面上不完全一致，但并不导致相互之间产生歧义的，人民法院应当认定构成表面相符。”因此，选项 D 正确。

3. ［答案］CD　　［难度］中

［考点］国际融资的信用担保；UCP600 号

［命题和解题思路］本题考查考生对备用信用证的特性是否了解。备用信用证采用了“信用证”

之名，但实际上是国际融资的信用担保，因此考生很容易将备用信用证与商业跟单信用证、见索即付担保等概念混淆。这也是本题的“陷阱”所在。

［选项分析］备用信用证是指担保人（开证银行）应借款人的要求，向贷款人开具备用信用证，当贷款人向担保人出示备用信用证及借款人违约证明时，担保人须按该信用证的规定支付款项的保证。备用信用证具有如下特点：备用信用证是一项保证，保证人是开证银行；贷款人出具备用信用证及借款人违约证明时，保证人即向贷款人付款，不需要对违约的事实进行审查；开证行作为保证人承担第一位付款责任，而非次位债务人；在贷款协议无效时，开证行仍须承担保证责任，即备用信用证独立于国际贷款协议。因此，选项 A 错误，选项 C、D 正确。其中选项 D 是重点干扰项。

跟单信用证主要适用的国际惯例为 UCP600 号，备用信用证适用的国际惯例主要是《国际备用信用证惯例》（ISP98）。因此，选项 B 错误。

易混淆点解析

考生要注意备用信用证与见索即付担保、商业跟单信用证的异同。

备用信用证与见索即付担保。相同之处在于，保证人都承担第一位付款责任；不同之处在于，两者的生效条件不同，后者依英美有关合同关系的规定有对价的要求，前者没有此要求。

备用信用证与商业跟单信用证。相同之处在于，两者都是付款保证；不同之处在于，前者用于国际经济交易担保，后者只用于国际贸易支付领域。另外，两者对单据的要求及付款责任也有区别。

第九章　国际税法

试　题

1. 甲国人王小明与家人长期居住在中国，因其往来世界各地，在乙国有存款账户和托管账户，在丙国有房产，房产里有珠宝艺术品。中国和甲乙丙国都接受了《金融账户信息自动交换标准》中的“共同申报准则”（CRS）。对此，下列哪些说法是正确的？（2021 年回忆版）

A. 因为王小明是甲国人，中国对其无税收管辖权

B. 王小明在乙国的存款账户和托管账户均需申报给中国

C. 王小明在丙国的房产及艺术品和珠宝信息无需申报给中国

D. 乙国应依中国的申请，提供王小明相关税务信息

2. 中国和新加坡都接受了《金融账户信息自动交换标准》中的“共同申报准则”（CRS）。定居在中国的王某在新加坡银行和保险机构均有账户，同时还在新加坡拥有房产和收藏品等。对此，下列哪些说法是正确的？（2019 年回忆版）

A. 王某可因自己为巴拿马国籍，要求新加坡不向中国报送其在新加坡的金融账户信息

B. 如中国未提供正当理由，新加坡无须向中国报送王某的金融账户信息

C. 新加坡可不向中国报送王某在特定保险机构的账户信息

D. 新加坡可不向中国报送王某在新加坡的房产和收藏品信息

3. 甲乙两国均为 WTO 成员，甲国纳税居民马克是甲国保险公司的大股东，马克从该保险公司在乙国的分支机构获利 35 万美元。依《服务贸易总协定》及相关税法规则，下列哪些选项是正确的？（2016-1-82）

A. 甲国保险公司在乙国设立分支机构，属于商业存在的服务方式

B. 马克对甲国承担无限纳税义务

C. 两国均对马克的 35 万美元获利征税属于重叠征税

D. 35 万美元获利属于甲国人马克的所得，乙国无权对其征税

4. 为了完成会计师事务所交办的涉及中国某项目的财务会计报告，永居甲国的甲国人里德来到中国工作半年多，圆满完成报告并获得了相应

的报酬。依相关法律规则，下列哪些选项是正确的？（2015-1-82）

A. 里德是甲国人，中国不能对其征税

B. 因里德在中国停留超过了 183 天，中国对其可从源征税

C. 如中国已对里德征税，则甲国在任何情况下均不得对里德征税

D. 如里德被甲国认定为纳税居民，则应对甲国承担无限纳税义务

5. 甲国人李某长期居住在乙国，并在乙国经营一家公司，在甲国则只有房屋出租。在确定纳税居民的身份上，甲国以国籍为标准，乙国以住所和居留时间为标准。根据相关规则，下列哪一选项是正确的？（2014-1-44）

A. 甲国只能对李某在甲国的房租收入行使征税权，而不能对其在乙国的收入行使征税权

B. 甲乙两国可通过双边税收协定协调居民税收管辖权的冲突

C. 如甲国和乙国对李某在乙国的收入同时征税，属于国际重叠征税

D. 甲国对李某在乙国经营公司的收入行使的是所得来源地税收管辖权

详　解

1. [答案] BC　　[难度] 中

[考点] CRS（共同申报准则）与境外账户信息交换

[命题和解题思路] 本题考查了共同申报准则所指向的境外账户信息交换的对象。在 CRS 体系下，只有产生现金流的资产、有现金价值的资产，才需要申报；不产生现金流的资产，如不动产、艺术品、贵金属等，均不需要申报。并且 CRS 与双边协定的情报交换不同，是自动的，无需提供理由的信息交换。考生对需要交换的信息内容要清晰把握。

[选项分析] CRS 是根据账户持有人的税收居住地而不仅仅依其国籍来作为识别依据。CRS 针对的是，你应该在哪个国家纳税，你的金融信息就会被发送到你应该纳税的国家。选项 A 错误。

在 CRS 体系下，将被交换的资产信息包括存款账户、托管账户、投资机构的股权或者债权权益账户，基金、信托计划、专户/集合类资产管理计划、具有现金价值的保险合同或者年金合同等。本题中王小明在乙国有存款账户和托管账户，属于信息交换的范围之内，选项 B 正确。

在 CRS 体系下，不需要申报的情形有：境外税务居民所控制的公司拥有的金融账户在 25 万美元以下的；投资海外房产、珠宝、艺术品、贵金属等不属于金融资产的品类。只有产生现金流的资产、有现金价值的金融资产，才需要申报；不产生现金流的资产，如不动产、艺术品、贵金属等，均不需要申报。本题中王小明位于丙国的房产以及房产内的珠宝艺术品都属于不需要交换信息的范围，因而选项 C 正确。

CRS 是自动的、无须提供理由的信息交换。因而选项 D 错误。

2. [答案] CD　　[难度] 中

[考点] CRS（共同申报准则）与境外账户信息交换

[命题和解题思路] 本题选项 B 和 D 的正误容易判断。对于选项 A 而言，考生应把握个人对一国是否就其全球所得负有纳税义务的判断依据是构成纳税居民，而不是依国籍判定。对于选项 C 而言，保险方面国家间交换的信息仅限于具有现金价值的保险合同信息。

[选项分析] CRS 识别依据根据账户持有人税收居住地，而不仅仅依账户持有人的国籍作为识别依据。因此，尽管王某为巴拿马国籍，但由于其定居在中国，系中国纳税居民，新加坡应向中国报送其在新加坡的金融账户信息。因此，选项 A 说法错误。

以前，世界上避免双重征税的协定绝大多数都包含情报交换条款。但是，这些情报交换是根据申请进行，并非自动完成，申请时需要提供涉税的证明材料，所以实践中作用非常有限。“共同申报准则”（CRS）是为了全球性抵制偷税漏税而在不同国家之间进行自动报告财务信息，是在遏制跨境逃税上更有效的国际合作。CRS 是自动的、无需提供理由的信息交换。因此，选项 B 说法错误。

选项 C 是重点干扰项。对于保险信息，CRS 要求的是具有现金价值的保险合同信息。因此，新加坡可不向中国报送王某其他的保险合同信息。因此，选项 C 说法正确。

CRS 机制下无需申报情形包括境外税务居民投资海外房产、珠宝、艺术品、贵金属等不属于金融资产的品类，也就是说，新加坡可不向中国报送王某在新加坡的房产和收藏品信息。因此，选项 D 说法正确。

3. ［答案］AB　　［难度］易

［考点］服务贸易总协定；居民税收管辖权；所得来源地税收管辖权；重叠征税

［命题和解题思路］本题考查的知识点比较常见，相对比较容易。乙国对马克的 35 万美元获利是否具有税收管辖权、两国均对马克的 35 万美元获利征税属于重叠征税还是重复征税，这两个问题考生容易混淆，但是同样的知识点 2014 年卷一第 44 题曾经考过，认真做过真题的考生应该不会出错。

［选项分析］根据《服务贸易总协定》，“商业存在”是指任何形式的商业或专业机构，包括通过：（1）建立获得或维持一个法人；（2）创立或维持分支机构或代表处，以在某一成员境内提供服务。甲国保险公司在乙国设立分支机构，属于商业存在的服务方式，因此，选项 A 正确。

题干表明，马克是甲国纳税居民，因此，甲国可对其行使居民税收管辖权。居民税收管辖权是指一国政府对本国纳税居民的全球所得享有的征税权。纳税人承担的是无限纳税义务。因此，马克对甲国承担无限纳税义务。选项 B 正确。

选项 C 是重点干扰项。两国均对马克的 35 万美元获利征税属于重复征税，不属于重叠征税。重叠征税是指两个以上的国家对不同的纳税人就同一课税对象或同一税源在同一期间内课征相同或类似性质的税收。重复征税是指两个或两个以上的国家对同一跨国纳税人的同一课税对象或税源同时征收相同或类似性质的税收。可以看出，区分重叠征税和重复征税的重要因素之一就是纳税主体是否为同一主体。因此，选项 C 错误。

35 万美元获利属于甲国人马克的所得，但此项所得来源于甲国保险公司在乙国的分支机构，即来源于乙国。乙国可以对马克行使所得来源地税收管辖权。所得来源地税收管辖权是指一国政府对非居民纳税人就其来源于该国境内的所得征税的权力，也就是说，纳税人对该国承担的是有限纳税义务，仅就来源于该国的所得纳税。因此，选项 D 错误。

4. ［答案］BD　　［难度］易

［考点］居民税收管辖权；所得来源地税收管辖权；中国对外签订的国际税收协定

［命题和解题思路］本题涉及居民税收管辖权和所得来源地税收管辖权、无限纳税义务和有限纳税义务、纳税居民和非纳税居民等几对概念，这几对概念是国际税法基本原理的基础。命题人通过选项 A 和选项 C 考查考生对居民税收管辖权和所得来源地税收管辖权两者冲突与协调的把握，通过选项 B 和选项 D 考查考生对无限纳税义务和有限纳税义务的理解。

［选项分析］选项 B 为重点干扰项。国际税收管辖权包括居民税收管辖权和所得来源地税收管辖权。居民税收管辖权是指一国政府对于本国税法上的居民纳税人来自境内及境外的全部财产和收入实行征税的权力，纳税人承担的是无限纳税义务。所得来源地税收管辖权是指一国政府针对非居民纳税人就其来源于该国境内的所得征税的权力，纳税人承担的是有限的纳税义务。《个人所得税法》第 1 条第 2 款规定：“在中国境内无住所又不居住，或者无住所而一个纳税年度内在中国境内居住累计不满一百八十三天的个人，为非居民个人。非居民个人从中国境内取得的所得，依照本法规定缴纳个人所得税。”甲国人里德来中国是为了完成会计师事务所交办的涉及中国某项目的财务会计报告，其收入属于“独立个人劳务所得”。国际税收协定对于“独立个人劳务所得”一般都有专门规定，也一般都遵循“183 天”规则，即在有关纳税年度中在缔约国另一方停留连续或累计超过 183 天，该缔约国另一方可以仅对在该缔约国进行活动取得的所得征税。本题中，里德在我国工作半年多，并非中国纳税居民，但在我国停留连续或累计超过 183 天，我国可对其从源征税。因此，选项 A 错误，选项 B 正确。

尽管题干未提供甲国税法的有关规定，但永居甲国的甲国人里德应属于甲国税法上的纳税居民，因此，甲国可以基于居民税收管辖权对里德收税。这样，即使中国已对里德征税，甲国也可以基于居民税收管辖权对里德的全球所得（包括来源于中国境内的所得）进行征税，中国对里德的从源征税并不影响甲国对其依其本国法行使居民税收管辖权。因此，选项 C 错误，选项 D 正确。

易混淆点解析

考生要正确解答本题，还需掌握国际税收协定的基本知识，以及国际税收协定与国内税法的关系。尽管根据国内税法规定的所得来源地税收管辖权，一国可以对非纳税居民来源于本国的所得征税，但是国家间签订的税收协定通常还有更为具体的规定。比如，国际税收协定通常规定有“183 天”规则，即在有关纳税年度中在缔约国另一方停留连续或累计超过 183 天，该缔约国另一方可以仅对在该缔约国进行活动取得的所得征税。不了解这一点，考生可能就会在选项 B 的判断上发生犹疑甚至失误。

5. [答案] B　　[难度] 易

[考点] 居民税收管辖权；所得来源地税收管辖权；国际重叠征税；国际重复征税；国际税收协定

[命题和解题思路] 本题选项 B 的正确性比较明显，因此解题相对容易。其他三个选项分别涉及国际税收管辖权的理解，以及对国际重叠征税和国际重复征税区分。相对而言，国际重叠征税和国际重复征税的区分可能考生容易忽略，从而对其解题形成干扰。通常而言，国际重叠征税是对不同纳税人的同一所得两次或多次征税，而且，不同的纳税人至少有一个纳税人是公司。

[选项分析] 甲国以国籍为标准确定纳税居民身份，即只要具有该国国籍，无论是否在该国居住，均为该国的纳税居民。李某是甲国人，因此，甲国对李某可以行使居民税收管辖权。居民税收管辖权是指一国政府对于本国税法上的居民纳税人来自境内以及境外的全部财产和收入实行征税的权力，也就是说，纳税人对该国承担的是无限纳税义务。因此，本题中，甲国不仅可以对李某在甲国的房租收入行使征税权，也可以对其在乙国经营公司的收入行使征税权。因此，选项 A 错误。

国际税收协定是指两个或两个以上的国家为了协调相互间在处理跨国纳税人征纳事务方面的税收关系，依照平等原则所缔结的确定各方国际税收分配关系的具有法律效力的书面协议，是各国解决国与国之间税收权益分配矛盾和冲突的有效工具。因此，甲乙两国可以选择通过双边税收协定协调居民税收管辖权的冲突，这正是国际税收协定的主要功能。因此，选项 B 正确。

选项 C 是重点干扰项。本项涉及国际重叠征税和国际重复征税的区别。国际重叠征税是指两个或两个以上的国家对不同的纳税人就同一课税对象或同一税源在同一期间内课征相同或类似性质的税收。国际重复征税是指两个或两个以上的国家对同一跨国纳税人的同一课税对象或税源同时征收相同或类似性质的税收。可以看出，区分国际重叠征税和国际重复征税的重要因素之一就是纳税主体是否为同一主体。本题中，甲国和乙国对李某在乙国的收入同时征税，纳税主体都是李某，这就属于国际重复征税而不是国际重叠征税。因此，选项 C 错误。

所得来源地税收管辖权是指一国政府对非居民纳税人就其来源于该国境内的所得征税的权力，也就是说，纳税人对该国承担的是有限纳税义务，仅就来源于该国的所得纳税。如前所述，李某是甲国居民纳税人，甲国对李某在乙国经营公司的收入行使的是居民税收管辖权而不是所得来源地税收管辖权。因此，选项 D 错误。